中国青少年成长必读

主编◎郭 漫

不能忘记的历史

Unforgettable History

一部中国历史
就是一部轰轰烈烈的史诗。
在这部史诗里，
充满了我们整个民族的
自豪、屈辱、敬佩、景仰和快乐……

航空工业出版社
北京

Foreword 前言

一部中国历史就是一部轰轰烈烈的史诗。在这部史诗里，充满了我们整个民族的自豪、屈辱、敬佩、景仰和快乐……

我们应该自豪，因为我们拥有5000年不间断的文明史，从遥远的远古时代，到华丽的汉唐王朝，再到重新崛起的当今中国，直至充满希望的未来。当世界四大文明的其他三个文明已经消亡在历史深处的时候，只有我们华夏民族的文明依然在延续、在传承。所以，我们应该骄傲，应该自豪。

我们倍感屈辱。鸦片战争的硝烟还在眼前，北洋水师的沉船还沉重地躺在黄海海底，八国联军贪婪的身影依然在我们眼前晃动，还有南京城那30万魂灵哭泣的泪……面对这些，我们怎能不沉重！我们怎能不感到屈辱！华夏民族在一个多世纪以前的灾难无疑成为了我们的文明当中最沉重的篇章。可是，我们必须记住这些屈辱的过去，它们是一条鞭子，狠狠地抽在所有华夏儿女的心上，一个沉重的声音告诉我们：落后就要挨打！

我们敬佩那些曾经为祖国的统一和民族的繁荣南征北战、呕心沥血的英雄们，正是他们一代一代的努力，正是他们创造的无与伦比的文治武功，才使我们的祖国如此繁荣，我们的民族如此具有生命力。

站在前辈创造的辉煌文化面前，我们高山仰止；面对前辈的爱国气节和高尚美德，我们景仰和敬佩。

正是这些自豪、屈辱、敬佩和景仰给予了我们力量，于是，我们编纂了这本《不能忘记的历史》。本书包括辉煌篇、屈辱篇、爱国篇、文治武功篇、文化篇、科技篇、美德篇和友好往来篇等几个篇章。每个篇章我们都选取了一些比较厚重的历史史实，并将其编写成故事，旨在让广大青少年读者重温那一段段不能忘记的历史。

我们想告诉所有人那不能忘记的历史，我们想告诉所有人，我们民族的历史不能忘记。

目录

第1章 辉煌篇

第2章 屈辱篇

第3章 爱国篇

第4章 文治武功篇

目录

第5章 文化篇

第6章 科技篇

目录

第7章 美德篇

第8章 友好往来篇

辉煌篇

Part 1

中华民族是一个历史悠久的民族，她创造了辉煌璀璨的文化，取得了举世瞩目的成就，铸就了无数的奇迹，孕育了众多伟人与英雄。

我们的祖国曾经是世界上最文明、最强大的国家。有引以为荣的四大发明，有被誉为“世界第八大奇迹”的秦始皇兵马俑，有凝聚着古代劳动人民智慧和汗水的万里长城……这些无不令我们为作为一个中国人而感到骄傲、自豪！

华夏民族的形成

位于河南新郑黄帝故里的黄帝雕像

华夏民族早在先秦时期就已形成，是在原始社会氏族、部落的基础上经过不断的迁徙、战争融合而成的。

原始社会中晚期，逐渐形成了华夏、东夷、苗蛮三大集团。华夏民族的始祖是黄帝，黄帝不仅通过涿鹿、阪泉战争统一了黄河流域的各个部落，成为中原的大盟主，而且还发明了衣裳、舟车、宫室等，为华夏民族的形成提供了物质和文化条件。

黄帝部落与九黎族

远古时期的黄河流域气候温暖，土地肥沃，森林茂密，水草丰盛，很适宜发展农牧业生产。居住在四周的各部落都向这里迁徙，有来自东方的九黎族，有来自西方的炎帝部落，有来自北方的黄帝部落等。炎帝部落和黄帝部落是从两个互通婚姻的集团发展来的，后几经迁徙，由黄河支流渭水上游一带向黄河下游的中原发展。

黄帝部落的首领是黄帝，姓公孙，号轩辕氏。出生时就聪慧异常，长大后更是才干出众，见闻广博。

在东方最有影响的要数九黎族，首领叫蚩尤。他们活动在山东一带，共有 9 个部落，81 个氏族。传说九黎族都有野兽一般的强壮身躯，铜头铁额，以沙石为食，骁勇善战，威震天下。

黄帝战蚩尤

蚩尤部落曾在比较弱小时归附黄帝，后来他们制造了刀、戟、弓、弩等各种各样的兵器，常常侵夺别的部落，并开始积极向黄河流域扩充自己的势力，进逼中原。

▼黄帝大战蚩尤

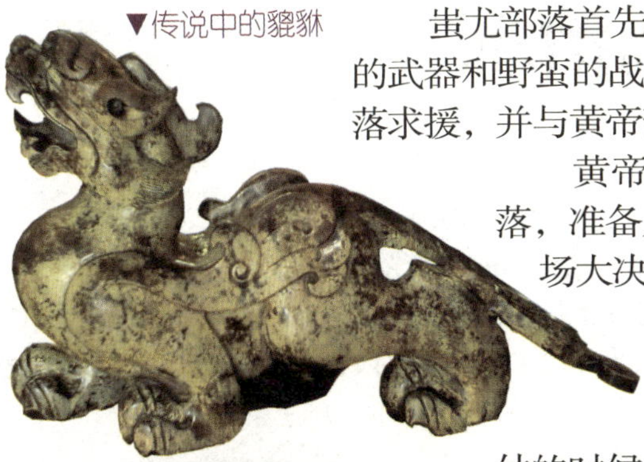

▼传说中的貔貅

蚩尤部落首先和炎帝部落发生冲突，他们凭着精良的武器和野蛮的战斗，打败了炎帝。炎帝被迫向黄帝部落求援，并与黄帝部落结成同盟。

黄帝早就想除去这个祸害，就联合各部落，准备人马，在涿鹿的田野上和蚩尤展开一场大决战。

关于这场大战，有许多神话式的传说。据说黄帝平时驯养了熊、罴、貔貅、貙、虎几种野兽，在打仗的时候，就把这些猛兽放出来助战。蚩尤的兵士虽然凶猛，但是遇到黄帝的军队，加上这一群猛虎凶兽，也抵挡不住，纷纷败逃。

▶中国军事博物馆馆藏汉代蚩尤石刻像

黄帝部落把握战机，带领兵士乘胜追杀。忽然天昏地暗，浓雾迷漫，狂风大作，雷电交加，使黄帝的兵士无法追赶。

蚩尤请来风伯、雨师助战，黄帝也不甘示弱，让大臣风后制造了指南车，辨清了方向。并请旱神魃帮助，驱散了风雨。最终黄帝战败蚩尤，蚩尤落荒南逃，被黄帝擒获并杀于野外。

不久，蚩尤的同盟者刑天又与黄帝大战，因寡不敌众被黄帝斩首。但刑天的尸身不倒，他的两乳变成双目，肚脐变成了嘴巴，继续舞动武器战斗，最终还是战败。

黄帝取得了对九黎族的决定性胜利，九黎族这一支力量融入到炎黄族中。

华夏民族的形成

黄帝、炎帝打败蚩尤后，同盟关系破裂，两个部落战于阪泉，即阪泉大战。经过3次艰苦卓绝的战争，黄帝战胜炎帝。

这次战争后，黄帝向南发展，经过52次战争后天下归附，黄帝由此成为黄河中下游部落联盟的大盟主。

涿鹿、阪泉大战使各个部落逐渐融合，共同发展，推动了原有的氏族部落发生分化和改组，并使不同的氏族部落之间交错居住、互相通婚，这样就打破了原有部族的界限，奠定了华夏民族形成的基础。分散的各个部落杂错和融合、各个部落间的战争和联盟、文化的交流和发展，逐渐地形成了不同的民族。华夏族就是这样形成的。

▶陕西黄帝陵

大禹治水

▶尧帝

▶禅让时代的舜帝

▶治服洪水的禹

在黄帝之后，华夏民族又出现了颛顼、帝喾、尧、舜等杰出的帝王。尧在位的时候，黄河流域发生了一场特大水灾，庄稼被淹，房屋被毁，加之不少地方还有毒蛇猛兽，伤害人和牲畜，使得百姓流离失所，根本无法安心度日。

禹的神奇出生

尧召开部落联盟会议，商量治水的问题。各部落的首领们都推荐鲧。可尧并不信任鲧，因暂无治水的合适人选，只得勉强同意鲧去。

传说鲧偷了天帝的宝物"息壤"，用堵的方法治水，就是水来土掩，造堤筑坝。鲧花了 9 年时间治水，却没有把洪水治服。咆哮的洪水把他筑就的堤堰都冲塌了，水灾闹得越来越凶。

尧去世时将帝位禅让给了舜。舜当上部落联盟首领以后，亲自前往治水之地考察，发现鲧办事不力，就责令鲧的儿子禹继续治水。

禹的出生充满了神秘色彩。据传说，因鲧偷了天帝的"息壤"，天帝十分生气，命火神祝融把鲧在羽郊杀死。鲧死后 3 年尸体都没有腐烂，有人用刀剖开他的肚子，禹就从里面跳出来，而鲧自己则变成一头黄熊隐入山中。

禹生下来 3 天就会说话，3 个月就会走路，3 岁就长成了一个壮实的汉子。

大禹治水的故事

禹长大后，暗暗发誓，一定要继承父亲的事业，治服洪水。他改变了父亲鲧的做法，用开渠排水、疏通河道的办法，把洪水引到大海中去。禹身先士卒，亲自率领 20 多万百姓一起治水，和老百姓一起劳动。他头戴箬帽，手拿着锹，带头挖土、挑土，弄得皮肤黝黑，蓬头垢面，手上长满了老茧，指甲也脱落了，脚底布满了血泡，小腿上的汗毛都被磨光了，老百姓见了无不心痛落泪。

传说禹忙于治水，连回家都顾不上。结婚的时候，也只在家里待了 3 天。在治水时，他的妻子涂山氏给他送饭，禹叮嘱她说："要以我的鼓声为号，不准提前来送饭。"

为了打通山路，大禹变成一头黄色的巨熊，用爪子和嘴巴开山打洞。有一次，禹不慎将一块石头踩飞了，正巧击中了放在那里的鼓。涂山氏以为是丈夫发的信号，赶忙把饭送来，却看到丈夫是头熊，顿时吓得变成了石头。当时涂山氏已经怀孕了。大禹急忙变回人形，趴在涂山氏变成的石头边痛哭。

大禹挂念涂山氏肚子里的孩子，慌乱之中指着变成石妇的妻子的肚子大喊："启，启！"（意思就是"开，开！"），石妇的肚子果然开了一个洞，把里面的儿子送了出来，这孩子就叫启。

◀《禹贡》所载随山浚川之图

另外一个传说是，禹一心治水，新婚第四天就离开了妻子涂山氏，一去就是13年，为了治水到处奔波，3次经过自己的家门都没有进去。

第一次，奔波治水的禹从家门外经过，正巧他妻子涂山氏生下了儿子启，婴儿正在哇哇地哭，禹在门外经过，十分想看看自己的儿子。可是考虑到治水的紧迫，禹硬是狠下心没进去探望。

第二次是在4年后的一个早晨。大禹走近家门，听见妻子的骂声和儿子的哭声，大禹想进去劝解，又怕惹恼了妻子，耽搁了治水的时辰，于是就悄悄地走开了。

第三次是几年之后的一天傍晚，大禹因治水来到家的附近。突然天下起了瓢泼大雨，大禹来到自己家的屋檐下避雨，只听见屋里妻子对儿子说：“你爹爹治平了洪水就回家。”大禹听了非常感动，更坚定了治水的决心，立刻又转身上路了。

◀大禹治水

这就是大禹三过家门而不入的故事，千百年来广为传诵。大禹不仅是人们心目中的英雄，也是中华民族不屈不挠、顽强奋斗的象征。

传说禹治水最困难的时候是开凿龙门山。当时，黄河中游有一座大山，叫龙门山（在今山西河津市西北），堵塞了河水的去路。奔腾东下的河水受到龙门山的阻挡，立刻溢出河道，淹没了周围的土地。禹到了龙门山，观察好地形，带领人们开凿龙门，把这座大山凿开了一个大口子。这样，河水就畅通无阻了。

在禹的领导下，人们经过13年的艰苦劳动，终于疏通了9条大河，使洪水沿着新开的河道流入大海，而不再泛滥成灾。他们又继续疏通各地的支流沟渠，彻底治服了水灾。治水完成后，禹又请各方勇士射杀毒蛇猛兽，让人们的生活更加安定。

禹治水劳苦功高，得到了各地区氏族部落的拥戴，被尊称为“大禹”。

王位世袭制出现

舜年老以后，因为禹治水有功，大家都推选禹继任部落联盟首领。

禹死后，禹所在的夏部落的贵族拥戴禹的儿子启继承了禹的帝位，可是有人不服。大禹原来有个助手叫做皋陶，曾经帮助禹治理政事。皋陶死后，皋陶的儿子伯益也做过禹的助手。按照氏族社会传统的禅让制度，本来是应该让伯益做禹的继承人的。拥护伯益的部落不服气，于是，启兴兵讨伐这些部落，最终打败了拥护伯益的部落联盟，正式继承了大禹的帝位。这样，氏族公社时期的部落联盟的禅让制被废除，变为王位世袭的制度。我国历史上第一个奴隶制王朝——夏朝出现了。

万里长城

▲万里长城像一条矫健的巨龙，蜿蜒曲折，蟠伏在中华大地上

万里长城是中华民族的象征和骄傲，也是世界上修建时间最长，耗费人力最巨、物资最多的军事性防御工程。万里长城凝聚着我们祖先的血汗和智慧，是中华民族辉煌历史的见证。

最早的长城

长城的修筑从春秋时期就开始了。在春秋中期，南方的诸侯国楚国就修筑了长数百千米的非封闭性城墙，叫做方城。目的是为了抵御中原各诸侯国的攻击蚕食。

到了战国时期，北方的少数民族匈奴日益强大，经常骚扰攻击中原的诸侯国，为了抵御匈奴的攻击，靠近北方的诸侯国燕、赵、魏、韩、秦等都相继在边界筑起了长城。那时候的长城抵御的敌人主要是北方的匈奴和其他诸侯国。那时候的长城已经异常坚固，很好地抵御了北方匈奴的军队。

可是再坚固的长城也阻挡不了民族统一的步伐。由于东周王朝的衰弱，东周国君根本管辖不住各诸侯国。诸侯国之间连年争战，争夺土地，一些诸侯国进行了改革，用封建制度取代了落后的奴隶制度，这些诸侯国逐渐强大，大有取东周而代之的趋势。其中西方诸侯国秦国的势力最为强大且稳固。公元前256年，秦国军队直捣洛阳，灭了周朝。秦国也就此走上统一天下的道路。公元前221年，秦王嬴政灭六国统一天下。

秦始皇修筑长城

秦始皇统一六国之后，北方的匈奴成为其最大的威胁。为了抵御匈奴，秦始皇派大将蒙恬北伐匈奴，并把燕国、赵国和秦国原有的北方长城连接起来，西起临洮，东至辽东，绵延万余里，遂称万里长城。

秦长城历经二千余年，到今天大多已经毁坏。目前只有一些遗址尚存。现在的山西大同北部、甘肃岷县城西等地都有秦长城的遗址。

▲战国、秦、汉、北魏、明五朝修筑的长城

秦始皇修筑长城的工程空前浩大，据史料记载，秦始皇动用了30万人，创造了人类建筑史上的一个奇迹。

孟姜女哭长城

由于当时诸侯连年征战，天下的百姓已经劳苦不堪，秦始皇刚刚统一天下就迫使全国数十万的劳力脱离正常生产去修建长城，因苦役而惨死于长城脚下的劳动人民不计其数，其中最著名的是民间流传的孟姜女的故事。

传说，洞房花烛之夜，一帮如狼似虎的差役涌进了喜堂，无情地把孟姜女的丈夫范喜良强征去修万里长城。丈夫被征走后长期没有音信，孟姜女思念在长城边服苦役的丈夫，便万里跋涉，到长城脚下为丈夫送寒衣。

◀传说哭倒长城的孟姜女

不料丈夫范喜良早已被繁重的劳役折磨致死，狼心狗肺的监工命令人把他的尸首埋在了长城下。孟姜女听到这一消息，悲恸欲绝，在长城边痛哭，居然把长城哭倒了，就在倒塌的长城废墟下，孟姜女发现了丈夫的尸骸。

孟姜女的故事在我国民间流传甚广，家喻户晓，许多戏曲、歌谣都以此为题材。至今，山海关下还建有孟姜女庙。这个故事充分反映了古代人民对秦王朝暴政的痛恨。

雄伟的长城

秦之后，汉、隋、宋、明等朝代为了抵抗来自北方的少数民族的侵略，都对长城进行了修缮和修筑。西汉文帝到宣帝时期，继续对长城进行修建。汉长城西至大宛贰师城（今新疆境内），经河西走廊往东，一直延伸到黑龙江北岸，全长近 10000 千米，是历史上最长的长城。当时著名的丝绸之路有一半都是沿着长城往西。

我们今天看到的万里长城为明长城。明朝建立后，前后 20 次修缮、修筑长城。明长城西起嘉峪关，东至鸭绿江，全长约 6300 千米。明长城主体是城墙。山西东面至山海关一段，平均底宽 6 米，高达 6.5 米。城墙顶部用三四层砖铺砌，最上一层是方砖，用石灰勾缝，十分平整坚实，连野草也难以生根，平均宽 5 米，可容 5 马并骑、10 人并进。墙顶两侧还砌有砖墙，内侧砌成高约 1.5 米的矮墙，外侧砌成高约 1.5 米的垛墙，每一垛牙上面有瞭望孔，下面有一射击眼。城墙上有排水沟、吐水嘴等设施，在关口和险要的地方还设有凸出的罗城。

▼古老、雄伟的明长城在夕阳下的朔风中更显得莽莽苍苍

修筑长城是一项浩大工程，据统计，筑长城所用土方，如用来筑一道厚 1 米、高 5 米的墙，可绕地球一周有余。

长城有极高的历史文化意义和旅游观光价值。现在万里长城已成为驰名中外的旅游胜地。是中华民族古老文化的丰碑和智慧的结晶。

相关知识全接触

蒙恬

秦朝初期的名将，祖籍齐国。他的祖父、父亲都是秦国大将，为秦国立下过赫赫战功。蒙恬还有一个弟弟蒙毅，也是著名的将领。秦始皇统一六国之后，蒙恬奉命率领 30 万军队北上反击匈奴，收河南地（今内蒙古河套一带），并筑长城。驻军上郡数年，匈奴不敢进攻。秦始皇死后，丞相李斯与中车府令赵高合谋，篡改遗诏，将蒙恬赐死。

大一统的汉朝

▶汉高祖刘邦

汉朝，分为西汉和东汉，合称两汉。其中西汉的国力最为昌盛，是中国第一个强盛稳固的朝代。公元前206年，汉高祖刘邦自称汉王。打败西楚霸王项羽之后，刘邦于公元前202年称帝，建立汉朝，定都长安（今陕西西安）。公元8年，外戚王莽篡汉称帝，改国号为新，西汉灭亡。

▶继承休养生息政策的汉景帝

西汉是中国文化发展的一个高峰，社会经济、文化全面发展，对外交往日益频繁，成为当时世界上最强盛的国家之一。因此，我们华夏民族的主体民族称为汉族。

文景之治

汉朝最强盛的时期在汉武帝时期。在汉武帝之前，西汉初期的皇帝采取了道家无为而治的治国手段。一方面与匈奴和亲，维持了和平；另一方面注意兴修水利，大力发展农业，休养生息。很快，汉代的经济开始发展起来。汉高祖刘邦死后，刘邦的皇后吕后执政，吕后发展吕家的势力，打压刘姓家族。吕后死后，周勃、陈平领导军队消灭了吕氏家族，并迎立刘邦之子刘恒为帝，就是汉文帝。中国历史从此进入了一个空前盛世——文景时代。

汉文帝是个勤俭节约、谦逊克己的君主。他用道家的“黄老之学”治国，放开手脚让百姓发展经济。汉文帝即位后多次下诏劝课农桑，鼓励农民发展生产。同时又减轻税率，在公元前178年和公元前168年两次将赋税减半，即把租率从十五税一减至三十税一。公元前167年，汉文帝又下令尽免民田租税。此后，三十税一成为汉朝田税定制。汉文帝还采取了其他许多措施，使得汉朝农业、商业等迅速发展，社会富庶繁荣。

公元前157年，文帝去世，太子刘启继位，此即历史上的汉景帝。

汉景帝继承了父亲的休养生息政策，赋税很轻，汉朝的国力继续得到增强。

汉景帝的安定国家、发展经济的方针使汉朝的经济日趋繁荣。和秦朝相比，汉朝政治开明、国泰民安、社会经济迅速发展。历史上把汉文帝和景帝父子执政时期的这种繁荣昌盛的形势，誉称为“文景之治”。

▶西汉军戎服饰复原图

汉景帝的另外一个功绩是平定了“七国之乱”，设法削弱各个诸侯王的力量，加强中央集权。这些措施都为汉武帝时期的强盛打下了基础。汉景帝于公元前141年去世。

汉景帝去世之后汉武帝刘彻继位。武帝继位时，汉朝经济已经十分繁荣，人口增加，财富充裕，社会安定，国家繁荣富强，人民安居乐业。史书上甚至记载说：当时国库里的钱堆积如山，串钱的绳子都烂断了；粮仓满了，粮食堆在露天，以至腐烂不能吃了。文景之治奠定的民富国强的雄厚物质基础，为汉武帝时期西汉盛世的出现创造了条件。

颇有作为的汉武帝

汉武帝的功绩主要有三个：一是“天下一统”，二是讨伐匈奴，三是派张骞出使西域，打通了西域的丝绸之路。

所谓“天下一统”体现在两个方面。一方面，汉武帝加强了对诸侯势力的削弱。他使用“推恩令”，进一步削弱诸侯王的力量。“推恩令”就是命令诸侯王多分封子弟为侯。如一个诸侯有两个儿子，那么他必须把领地分成两块分封给他们，而他们的儿子又必须把自己的领地再分成若干块分给自己的儿子。

汉武帝还禁止诸侯国自己铸造钱币，将煮盐和冶铁的事业收为国有，加强了对经济的控制。

另一方面，由于儒家思想提倡君臣伦理，仁义忠孝，完全符合汉武帝中央集权的要求。因此他采纳董仲舒的“罢黜百家，独尊儒术”的建议，大力提倡儒学，打压其他学派，甚至任命官员也只从儒生里挑选。这种措施使得儒家的君臣伦理、仁义忠孝的思想深入人心，从而达到了控制百姓思想的目的。至此，汉武帝完成了政治经济的中央集权和文化思想上的“大一统”。

▲汉武帝刘彻

另外，汉武帝还兴兵讨伐匈奴。汉武帝手下有许多著名的将领，其中卫青和霍去病最为出名。经过几次征伐，彻底打败了匈奴，解除了北方少数民族对中原的威胁。同时，汉武帝派张骞作为使者，两次出使西域。在张骞等人的努力下，汉朝打开了通往西域的河西走廊，使得从中原通往西域，再从西域通往西亚和欧洲的丝绸之路畅通无阻。从此正式揭开了同西亚和欧洲的贸易友好往来。

汉武帝在位期间，充分施展了他的雄才大略，把西汉推向了极盛阶段。汉武帝之后，西汉逐渐衰落。不过到了汉昭帝和汉宣帝时期，又恢复了文帝和景帝的政策，西汉又兴盛一时，史称“昭宣中兴”。

西汉的经济贸易

西汉时期经济繁荣，国力雄厚。当时牛耕和铁器的使用已经非常普遍，手工业也获得了巨大的发展，尤其纺织业和瓷器制作更是发达。

西汉是中国古代商业非常发达的一个朝代，国家的稳定和交通的发达为商业的发展提供了良好的环境。不仅国内贸易，而且对外贸易也非常发达。通过丝绸之路，西汉甚至与古罗马、印度等国家有间接的贸易关系。

西汉文化对东亚和东南亚国家的影响深刻，越南、朝鲜、日本等国家都接受西汉文化的影响。周边国家都称西汉王朝为大汉天国。

光武中兴

西汉后期，外戚王莽篡权称帝，改国号为新，西汉灭亡。但王莽改制未能挽救社会危机，反而引起更大的混乱，最后被推翻。西汉皇族刘玄继位，称更始帝。可不久，更始帝又被农民起义队伍赤眉军打败。

公元 26 年，刘玄族弟刘秀打败赤眉军，结束了西汉末年天下混乱的局面，建立东汉，定都洛阳，称光武帝。刘秀统治时期政治清明，注重发展经济，汉朝又重新恢复强盛的景况，史称“光武中兴”。

大唐雄风

▶深得人心的隋文帝杨坚

▶弑父杀兄的隋炀帝杨广

唐朝的建立

汉朝之后，中国又陷入长期的分裂混乱局面。东汉末年，汉室已经衰微，贵戚和宦官把持朝政，导致社会混乱、民不聊生。困苦的农民发动了著名的黄巾起义。起义被镇压之后群雄并起，天下大乱。群雄中曹操、刘备、孙权脱颖而出，曹操雄踞北方，刘备在四川地区建立蜀汉，孙权占据江南建立吴国，即东吴。这就是中国历史上著名的三国鼎立。

后来魏臣司马懿的儿子司马昭灭蜀汉，其子司马炎取代魏建立晋朝，史称西晋。晋灭吴，统一天下。可是西晋是个短命的王朝，建国几十年就被少数民族攻破都城，晋朝贵族琅邪王司马睿在建康（南京）即位为元帝，史称东晋。东晋偏安于江南，中国历史从此进入混乱的南北朝时期。

南北朝末期，北朝的北周日益强大。公元577年，北周灭了与其并立的北齐，统一了北方。北周末年，外戚杨坚掌握了朝政。他几经准备，废黜9岁的北周静帝宇文阐，代周称帝，改国号为隋，定都大兴，后改为长安。隋文帝杨坚是个很有能力的人，他即位以后，在政治、经济、军事上进行了一系列的改革，内修制度，外抚四夷，崇尚节俭，勤理政务。对反叛旧臣、豪强大吏诛夷罪退，毫不手软，对百姓则实行较宽缓的政策。经过长期准备，公元589年，杨坚挥兵南下，一举歼灭了南朝陈的大军，灭了南朝，统一了天下。

可是隋也是个短命的王朝。虽然隋文帝进行了各方面的改革，使得国力增强，百姓生活逐渐好转，可是他的儿子隋炀帝杨广却是个有名的暴君。隋文帝死后，隋炀帝继位——传说隋炀帝为了继承皇位杀死了自己的父亲和哥哥。隋炀帝继位后，为了加强对全国政治上的控制，在洛阳建造了一座新的都城，叫东都。在建造东都的同一年，为了使江南地区的物资能够更方便地运到北方来，隋炀帝就下令征发河南、淮北各地百姓一百余万人，开凿大运河。他曾三次远征高丽，均大败而归；隋炀帝还不惜财力，从大兴至江都（今扬州）建行宫四十余座，以便他游江南。

隋炀帝的每项工程都规模庞大，再加上对高丽发动战争，导致民不聊生，国内烽火频起，最后隋炀帝在江都被叛军所杀。

隋朝末年，盘踞山西的贵族李渊反叛，杀入隋都长安。李渊废除了隋朝的小皇帝，扫除群雄，统一天下，然后自己登上皇位，建立了唐朝。唐朝是我国最伟大、最强盛的朝代，在政治、经济、军事、文化、中外关系等方面都取得了辉煌的成就。

贞观之治

◄太原起兵雕塑

公元626年，唐太宗李世民继位。由于隋朝末年连年的战乱，造成了经济凋敝、国库空虚、文化衰退的局面。面对这种形势，唐太宗和他的臣子们勇于探索和创新，终于找出一条富国强民之路。

唐太宗接受隋末农民起义的教训，把人民和君主的关系比喻成水与舟，认识到"水可载舟，亦可覆舟"。在政治上励精图治，选择执法官吏尽量避免枉滥；国君率先遵守法制，执法不避亲贵。重视地方政治，慎择刺史，吏治清明。释放宫女，纵放鹰犬，提倡节俭。实行了一系列的开明政策和措施，政绩卓著。

►开创『贞观之治』的唐太宗李世民

另外，唐太宗虚怀若谷，很注意倾听不同意见，鼓励群臣犯颜直谏，并留心选拔德才兼备的人才当官，不计身份，不别亲疏，推行"任人唯贤"的政策。

对外方面，唐太宗注意与各民族的关系。公元641年，唐太宗把文成公主嫁给吐蕃赞普松赞干布，为汉藏两族间的友好交往开了先河。

同时，他还采取了各种措施，消除了各民族间的隔阂，密切了唐朝与周边少数民族间的交往。

在唐太宗执政的贞观年间，中国历史上出现了一个政治清明、经济发展、文化繁荣、社会安定、人民安居乐业的太平盛世，史称"贞观之治"。

空前绝后的女皇帝

武则天自幼聪明伶俐，极善表达，胆识超人。

父亲深感她是可造之才，于是教她读书识字，使她通晓世情。

唐太宗贞观十一年（公元637年），14岁的武则天因长相俊美，入选宫中，受封才人。

入宫之后，武则天行事干练，善解人意，再加上姿色娇艳，颇得太宗欢心，遂赐号"媚娘"。

贞观二十三年（公元649年），唐太宗去世，太子李治继位，就是唐高宗，武则天被送往长安感业寺削发为尼。

然而，唐高宗在当太子的时候就看中了武则天。他即位仅仅两年，就把武则天从感业寺里接出来，并封她为昭仪（嫔妃的称号）。

◄中国历史上空前绝后的女皇帝武则天

◀武则天墓地外任世人评说的无字碑，武后个性彰显无余

后来，唐高宗废掉原来的皇后，立武则天为皇后。

公元683年，高宗病逝，武则天先后把两个儿子立为皇帝，但都不中她的意。她把中宗废了，把睿宗软禁起来，自己以太后名义临朝执政。

公元690年9月，武则天接受大家的请求，自称圣神皇帝，改国号为周，成为中国历史上空前绝后的女皇帝。

开元盛世

武则天死后，李旦复位，不久让位给儿子李隆基。李隆基就是唐玄宗。唐玄宗在位44年，前期（开元年间）政治比较清明，经济迅速发展，农业上发明了曲辕犁和筒车，使得农业生产力大幅提高，国力迅速上升，唐朝进入全盛时期，史称“开元盛世”。这一时期被认为是继汉武帝时期之后，中国历史上出现的第二次鼎盛局面。都城长安成为当时世界上最大的城市。但是唐玄宗后期的生活比较荒淫。他宠爱杨贵妃，沉溺酒色，致使朝政混乱。

▶传奇式的古代美女杨贵妃

▲61尊蕃臣像。高宗驾崩后，各国的王侯与使节，纷纷来唐都长安（今日之西安）吊唁，并亲往乾陵送葬，为纪念当时的盛况，武则天命人将参加葬仪的各地王宾和使节，仿真人服饰及大小雕刻成61尊像分站两旁，其神态逼真，每尊像都宽腰束带，躬礼侍立，遗憾的是头都被砸掉了

公元775年，爆发了“安史之乱”，叛军攻破长安，唐玄宗南逃。虽然这场叛乱最终被平定，但是经过叛乱的唐朝元气大伤。唐朝后期，各地的节度使不再听命于中央政权，使得藩镇割据严重，战争不断，政治经济衰退，农民起义不断。到了公元907年，统治时间近300年之久的唐朝灭亡了。

繁荣的北宋经济

在北京故宫博物院里，珍藏着一幅北宋张择端所作的惊世奇画《清明上河图》。这是一幅绢本设色长卷，全图规模宏大，结构严谨，描绘了不同阶层的人物约有 550 人。画面生动细致地描绘了北宋京城汴河两岸物阜民丰、兴旺繁荣的景象，生动地反映出当时社会各阶层的生活情态。

唐朝灭亡之后，我国又进入一个混乱的时期，史称五代十国。五代的后周有一员大将叫赵匡胤，在后周末年掌握了兵权。公元 960 年，担任殿前都点检的赵匡胤发动了陈桥兵变，废除了后周皇帝，建立宋朝，定都东京（今河南开封），史称北宋，赵匡胤就是宋太祖。宋太祖赵匡胤和弟弟赵光义南征北战，消灭了偏安的小国家，到公元 979 年，宋朝统一了大部分领土。

北宋是一个国力并不强大的朝代。与北宋同时存在的国家还有北方的辽国、西方的西夏、南方的大理以及青藏高原的吐蕃国。但是当时，北宋的经济出奇繁荣。

▲此碗为北宋汝窑珍品，造型美观大方，比例匀称。釉色浅绿莹润，质地古朴厚重

繁荣的经济

这一时期是中原经济大发展时期，宋朝农业、印刷业、造纸业、丝织业、制瓷业均有重大发展。航海业、造船业成绩突出，海外贸易发达，与南太平洋、中东、非洲、欧洲等地区约 50 个国家都有通商。

在封建时代，农业是其他产业的基础。宋朝大兴水利，大面积开荒，又注重农具的改进，农业发展迅速。北宋时长江流域和珠江流域经济发展迅速，南宋时太湖地区稻米产量居全国之首，有“苏湖熟，天下足”的美名。农业发达了，其他产业也随之繁荣起来。

北宋的制瓷业空前兴盛，北宋时有河北曲阳定窑、河南汝州汝窑、禹县钧窑、开封官窑、浙江龙泉哥窑、江西景德镇景德窑、福建建阳建窑等七大名瓷窑和分布在各地的许多大小瓷窑，所产宋瓷通过海上丝绸之路远销海外。

北宋的造纸业、印刷业和丝织业也很发达，在当时的世界上处于遥遥领先的地位。而宋朝造船技术水平居当时世界之冠。1078 年，明州造出两艘万

▼《清明上河图》被后世尊为“中华第一神品”

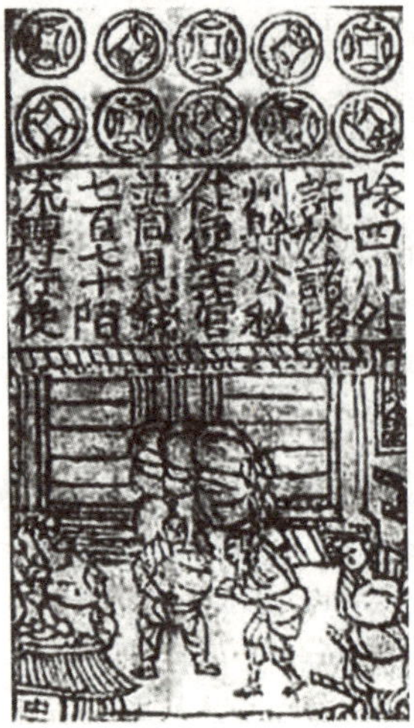

▲世界上第一批纸币——交子

料（约 600 吨）神舟。1974 年，福建泉州出土一艘宋朝古船，有 13 个隔水舱，一两个隔水舱漏水，船也不会沉。隔水舱技术，后来经马可·波罗介绍，传入欧洲。

由于各个行业的发达，商业也随之发达起来。宋朝商业繁盛，通行的货币有铜钱、白银。

宋朝还出现了世界上最早的纸币。当时，四川地区出现了世界上最早的民办纸币“交子”，宋仁宗天圣元年（1023 年）改为官办“会子”，这是世界上最早的官方纸币。

北宋末年（1126 年）发行的会子达到 7000 万贯的惊人数字，甚至造成世界上第一次由于滥印纸币而引起的通货膨胀。这也客观地说明，我国在北宋时期，商品经济已经非常发达。

由于经济的发达，宋朝人口开始增多。据记载，当时全国人口已超过 1.5 亿；10 万户以上的城市有 50 个，其中临安人口超过 120 万，开封人口超过 100 万，是当时世界上最大的两个城市。

发达的海外贸易

宋朝还拥有发达的海外贸易。宋朝在广州、杭州、明州、温州、泉州、密州、华亭海 7 个城市各设市舶司，专门管理海外贸易。当时与宋朝通商的海外国家有：占城、真蜡、三佛齐、吉兰丹、渤泥、巴林冯、兰无里、底切、三屿、大食、大秦、波斯、白达、麻嘉、伊禄、故临、细兰、登流眉、中里、斯伽里野、木兰皮等欧亚地区 58 个国家。

▲宋泉州市舶司遗址

宋朝的瓷器、糖、纺织品、茶叶、五金大量出口，而象牙、珊瑚、玛瑙、珍珠、乳香、安息香、胡椒、琉璃、玳瑁等几百种商品也从其他国家输入中国。

据记载，宋朝大量进口货物，通过市舶司获得税收，从北宋皇祐（1049~1054 年）的 53 万贯，治平（1064~1067 年）的 63 万贯，到了南宋绍兴（1131~1162 年）已达 200 万贯，约占全国财政收入的 6%，对宋朝的繁荣起了重要作用。

繁荣的文化和先进的科技

北宋的文化也很发达。宋词与唐诗并称；出现了苏氏三父子、欧阳修等著名文学家；司马光所著《资治通鉴》贯穿了 1362 年的历史；还出现了奠定了北宋理学基础的哲学家、教育家程颢、程颐以及沈括、苏颋等科学家；科技方面也成就卓著，毕昇发明活字印刷术，是印刷史上的一次伟大革命；在战争中已经广泛使用火药做的武器。

四大发明

▶东汉造纸术的发明者蔡伦

中华民族5000年的文明，对世界科技贡献最大的是中国古代的四大发明——纸、印刷术、指南针和火药。

造纸术

中国古代四大发明首推造纸术。根据考古发现，早在公元前2世纪的西汉年间，我国劳动人民就已经发明了造纸术，而且当时造出的纸已经可以用于书写。只是，那时候的造纸术比较复杂，流传也不广，造出的纸张书写效果也不是太好。到了公元105年，蔡伦在东汉京师洛阳总结前人经验，改进了造纸技术，以树皮、麻头、破布、旧渔网等为原料造纸，大大提高了纸的质量，扩大了纸的原料来源，降低了纸的成本。

蔡伦，字敬仲，桂阳（郡治今湖南郴州）人。东汉永平十八年，即公元75年，蔡伦入皇宫为宦官。公元92年，蔡伦被任命为尚方令，并监制宫廷器物兵械。蔡伦巧于思考，经他设计、监制的器物、刀剑做工精巧，皆被世人效仿。

◀造纸术发明之前，文字大都书写在竹简、木牍上

东汉时，我国著书、记事都是用竹简和缣帛。竹简笨重，制作、书写、传递、保管都不方便；缣帛昂贵，一般人都用不起。蔡伦担任尚方令后，利用供职之便，常到乡间作坊去察看。

一天，蔡伦看见蚕妇缫丝漂絮后，竹箪上留下薄薄一层短毛丝絮，揭下像缣帛一样，可以用来书写。蔡伦从中得到启发，开始试验用植物纤维造纸。他收集树皮、麻头、破布、旧渔网等原料，在宫廷作坊用锉、煮、浸、捣、抄各种方法，反复试验。经过近10年的努力，蔡伦终于造出植物纤维纸。

公元105年，蔡伦将制造纸的过程、技术写成奏章，连同造出来的植物纤维纸呈报汉和帝。汉和帝大加赞赏。蔡伦的造纸技术很快传遍全国。造纸的原料到处都有，价格又低廉，全国各地都能制造这种纤维纸。人们把这种纸称为“蔡侯纸”。

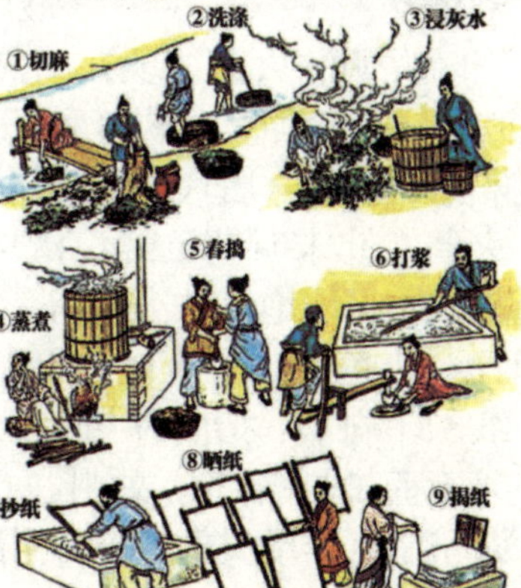

◀古代造纸的工艺流程

但随着近代考古学的发展，在学术界引起了争论，人们开始怀疑造纸术是否真的由蔡伦发明。如果不是蔡伦首先发明，那又是谁呢？这是一个尚未解开的谜。

印刷术

▶北宋庆历年间发明活字印刷术的毕昇蜡像

与造纸术密切相关的是印刷术。早在公元前，我国的劳动人民已懂得印章的使用方法，后来又会拓印碑石。到了隋朝，人们发明了雕版印刷，就是把图文刻在木板上用水墨印刷的。雕版印刷盛行于唐朝，到了宋朝的时候已经非常完备。北宋庆历年间，即 1041 年，毕昇发明了活字印刷术，更是印刷术的一大改革。

毕昇，徽州（今安徽歙县）人。1041 年，毕昇首创泥活字印刷，使书籍印刷更为方便。据记载，毕昇在胶泥片上刻字，一字一印，把它烧硬后，便成活字。排版前，先在置有铁框的铁板上敷一层掺和纸灰的松脂蜡，活字依次排在上面，加热，使蜡稍熔化，以平板压平字面，泥字即固着在铁板上，可以像雕版一样印刷。此外，他还研究过木活字排版。

活字印刷术是人类历史上最伟大的发明之一，比欧洲国家整整早 400 年，是中国对世界文化的重大贡献。

指南针和火药的发明

▶司南

▶指南鱼

▶罗盘

四大发明的另外两个发明是指南针和火药。指南针在战国时已出现，称司南，其实早在传说中黄帝与蚩尤大战的时候，黄帝的部下应龙就发明了指南车。到了北宋，指南针开始用作海上导航，称罗盘。之后，阿拉伯人才将罗盘技术传到欧洲。以前不少西方人认为首先用指南针航海的是阿拉伯人，其实中国使用罗盘见于文字明确记载的至少比西方早 80~100 年。因此，用罗盘导航也是由中国通过海上的交通、贸易传给阿拉伯人，再由阿拉伯人传至全世界的。

火药的诞生一开始与炼丹术有关，古人为求长生不老而炼制丹药，炼丹术的目的和动机都是荒谬和可笑的，但它的试验方法还是有可取之处，最后导致了火药的发明。

当时发明的火药，现在叫黑火药；因为它呈褐色，又有人叫它褐色火药。它是硝酸钾、硫磺、木炭 3 种粉末的混合物。这种混合物极容易燃烧，而且燃烧起来相当激烈。唐代孙思邈的《丹经》中已记载有原始火药的配方。

火药在北宋时期已经广泛应用在军事上，在以后的战争中，人们多方使用火器，如霹雳炮、铁火炮等。后来火药由蒙古人和阿拉伯人传入欧洲。直至 19 世纪，黑色火药一直是世界上唯一的爆炸材料。

纸、印刷术、指南针与火药，作为中国古代的四大发明，象征着中华民族悠长久远而灿烂辉煌的文明。它们的外传对于近代欧洲的崛起产生了深远影响，如印刷术推动文艺复兴，指南针促进地理大发现，而火药则成了摧毁中世纪欧洲封建堡垒的重型武器。

蒙古铁骑

南宋灭亡之后，在华夏大地上崛起一个新的王朝——元朝。元朝是由蒙古族统治者建立起来的庞大王朝，它是中国历史上第一个在全国范围内建立起来的少数民族统治的政权。

元朝以其强大的武力，不仅征服了中原及长江以南地区，还将其控制范围扩张至整个西亚地区，成为中国有史以来疆域最大的王朝。

◀蒙古铁骑

成吉思汗——铁木真

蒙古族是一个古老的民族，他们一直过着游牧生活。大约在12世纪时，蒙古族出现了一位杰出的领袖——铁木真。铁木真统一了蒙古高原上的各个部落，成为蒙古高原最高的统治者。

1206年，铁木真在斡难河（今鄂嫩河）源召开大会，被推为大汗，称成吉思汗，建立蒙古汗国。蒙古汗国统一各部落后，开始形成共同的蒙古民族，实力异常强大。成吉思汗凭借其强大的武装力量和优越的军事组织，开始了对外大规模的军事扩张。

1205~1209年，成吉思汗曾三次进军西夏，逼其请和。1211年，成吉思汗率领大军攻金。1213年，蒙古大军兵分三路横扫华北平原。1215年，蒙古军占领金国的中都（今北京）。1217年，成吉思汗分兵两路，一路专门攻打金国，另一路准备西征。1218年，蒙古大军灭了盘踞在中亚的西辽。1219年，成吉思汗亲率20万大军西进。1220年，成吉思汗攻克讹答剌城、不花剌、撒马尔罕（今乌兹别克斯坦撒马尔罕）、玉龙杰赤（今乌兹别克斯坦乌尔根奇），进入呼罗珊地区（今伊朗境内）。1221年，成吉思汗的儿子拖雷占领了呼罗珊全境。

西征胜利后的蒙古国，其版图已扩展到中亚和斡罗思（后称俄罗斯）南部。成吉思汗将这一大片土地分封给长子术赤、次子察合台、三子窝阔台，后发展成为钦察、察合台、窝阔台三大汗国。1226年，成吉思汗再次出征西夏。次年西夏被灭。1227年，成吉思汗病逝。成吉思汗是我国历史上最伟大的帝王之一，他奠定了蒙古帝国的基础，为后来的元朝以及中亚的蒙古族国家的强大埋下伏笔。

▲成吉思汗引兵西征图

元朝的军事扩张

成吉思汗去世之后，他的儿子窝阔台继任蒙古大汗。蒙古大军继续西征。这次大规模的西征成为历史绝唱。

1235年，蒙古大军以骑兵为主力开始大规模进攻中亚的钦察和欧洲的俄罗斯，攻占了莫斯科等城市。

1240年，成吉思汗的孙子拔都攻占基辅（今乌克兰首都基辅）。1241年，拔都率部继续西征欧洲，入侵波兰、匈牙利、斯洛伐克、捷克，直至莱茵河流域的奥地利首都维也纳。莱茵河流域的维也纳城是蒙古大军所到最西的地方。

蒙古大军横扫西亚、欧洲的征战令欧洲各国惶恐万分。他们的联军根本阻挡不住蒙古铁骑的脚步。蒙古大军对欧洲的攻击止于1242年。1242年，大汗窝阔台的死讯传来，拔都率军东归，放弃了对西欧的攻击和占领。

窝阔台死后，经过贵由的短暂统治，成吉思汗的孙子蒙哥继位。1247年，大汗蒙哥收服西藏。

▲元朝的创建者元世祖忽必烈

1252年，蒙哥派弟弟旭烈兀再次西征。这次西征的目标是中东地区。1258年，西征军攻占了巴格达（今伊拉克首都）。1259年，旭烈兀征讨叙利亚，1260年，攻克大马士革（今叙利亚首都）。攻占叙利亚之后，蒙古大军和非洲的埃及大军开始了正面的接触。可正当旭烈兀准备攻打埃及时，大汗蒙哥攻打南宋战死的消息传来。旭烈兀回师争夺大汗位，只留下少量的蒙古军队在大马士革，后来这些留守的蒙古军队被埃及打败。蒙古大军也丧失了进攻非洲最好的机会。

1260年，蒙哥的弟弟忽必烈战胜了其他竞争者，继承大汗位。1267年，忽必烈定都大都（今北京）。1271年，忽必烈改国号为“元”，就是元朝。1267~1279年，经过对南宋多年的征战，南宋灭亡。

元朝建立初期，由蒙古族建立的其他4个汗国都属元朝管辖。当时元朝的疆域达到了中国历朝历代的最高点。

元朝是当时世界上最富庶的国家之一，与欧洲及西亚的贸易频繁，从而推动了经济的全面发展。但是忽必烈之后的继任者生活多奢靡，元朝内部斗争激烈，对汉族和其他非蒙古民族的压迫严重，不断引发农民起义。到了1368年，明朝的起义军领袖朱元璋北伐元朝，攻陷大都，结束了元朝的统治。

▼元朝蒙古官僚和仆人

元朝为我国划定了以后的大致范围，自元末直到清朝中后期，中国的疆土在此基础上一直未发生太大变化，而蒙古族在此之后也成为了中华大家庭的一部分。

郑和下西洋

▶中国最伟大的航海家——郑和

朱元璋推翻了强大的元朝后，建立了明朝。即位后，他立刻对以往的制度进行改革，制定大明律法，促进了社会的稳定。

朱元璋在位 31 年，他死后由他的孙子惠帝朱允炆即位。没多久，朱元璋第四子燕王朱棣以入京除奸为名，发动了“靖难之役”。经过 4 年的战争，燕王打败惠帝统治集团，夺取了明朝政权。

明成祖朱棣是一位比较英明的皇帝，他在位时，一方面加强了对北方少数民族的防御和控制，一方面加强国内的经济建设。明朝的经济很快得到了恢复，商品经济发达，与西方的贸易也进一步扩大。明成祖时期，出现了中国历史上对外交往的一位杰出人物——郑和。

◀明成祖朱棣

1405 年，明成祖正式派郑和为使者，带领一支船队出使“西洋”。从此，郑和开始了历时 28 年的七下西洋。这是中国和世界航海史上一个极其重要的事件，郑和也被国际上公认为世界历史文化名人。

自幼憧憬当“船长”

郑和出身回民家族，虔诚信奉伊斯兰教，祖辈是名门望族，西域普化力国王苏菲尔是其远祖。他们向往中国的文明昌盛，远程迁徙到中国，“乐不欲归”，几代人定居于云南昆阳州。由于他们大部分是从海上进入中国，又有朝觐圣地的传统，往返海洋，从不间断，保持着航海习性。

郑和的祖父和父亲在“哈只精神”支配下，不惧千辛万苦，不怕挫折失败，乘风破浪，越洋涉海，实现朝觐功课，受尊称为“哈只”。所以，郑和虽然出身在云南高原地区，却生活在一种充满航海传奇的家庭氛围中。

郑和在云南度过 12 年的童年，生活在“烟波浩渺五百里”的滇池湖畔。当地人把广袤无边的滇池称作“海”，郑和便在这里感受着“海洋”的气息。这里丰富的历史文化、人文资源和优越的地理环境，不仅为郑和提供了理想的戏水闹海的场所，而且造就了影响他一生的航海意识和像大海一样宽广的胸襟、气度和胆略。

▼在郑和出生地昆明市晋宁县修建的郑和公园

郑和故里的父老乡亲、海内外的郑氏后裔，传颂着许多有关郑和童年鲜为人知的动人故事。

▶郑和船队的粮船模型

▶郑和宝船模型

郑和从小最喜欢做的事情是：读书、习武、听故事和玩水造船。他自幼聆听祖父和父亲讲述漂洋过海，到遥远的麦加朝觐的故事，没完没了地缠着他们讲述惊险的航海生活以及沿途各国的奇闻轶事。郑和幼小的心灵受到“大海”的熏陶和感染，向往远航、渴望朝圣。

他从小喜欢学叠纸船、造小木船，在滇池边上同小伙伴一起乘着木盆搞划船比赛，喜欢与兄妹一起到滇池边看渔家打鱼造船和运石运粮。稍大后，他就学会了划船、使帆，还独自乘船到省城体验“远航”的感受，并练就了良好的水性。

良好的家庭环境，激发了他的航海兴趣，启蒙了他的海洋意识，铸就了他当海员的体魄与素质。

他憧憬海洋生活，立志抱负海洋，干一番显赫大业，将来要当“船长”，亲自驾船到麦加朝觐，这奠定了后来他成为伟大的航海家的坚实基础。

郑和下西洋

明朝初期，人们通常以现在的文莱为界，文莱以东的海洋称为东洋，以西称为西洋。

▲江苏省太仓市刘家港郑和下西洋起锚纪念地

1405 年 7 月 11 日，郑和率领庞大船队从苏州刘家港（今江苏太仓市东浏河镇）启航，开始了第一次下西洋，到占城（今越南南部）、爪哇、苏门答腊、锡兰（今斯里兰卡）等地，经印度西岸折回，至 1407 年返国。郑和第一次下西洋规模就很宏大。在郑和的船队里，大船有 62 艘，这种大船又称宝船，最大的宝船长 44 丈 4 尺，阔 18 丈，可容 1000 人，在当时的世界，除了中国还没有哪个国家可以建造这么庞大的船只。郑和的船队异常庞大，据记载，直到 19 世纪以前，郑和的船队是世界上出现过的最大的一支船队。

据载，郑和第一次远航即爆发了一场海战，但对手不是国家，而是一个海盗集团。该海盗集团的头领是祖籍中国广东的海盗陈祖义。战争爆发在郑和船队结束远航返回中国的途中，地点在现在的马六甲海峡。战争爆发的原因是郑和船队满载的宝物让陈祖义非常眼羡。当时的陈祖义并非流窜海上的小股匪盗，他早已控制了苏门答腊重要港口城市旧港，并以其为基地。面对郑和船队的优势武力，陈祖义突然声称愿意投降归顺，但郑和得到线报说那是陈祖义的一个圈套。于是，郑和将计就计，在将陈祖义的船队诱入埋伏圈后，突然施用各种火器密集发起攻击，陈祖义的船被焚毁 10 艘，被俘获 7 艘，而郑和船队几乎无损失。但陈祖义本人侥幸率残部逃脱，数月后，郑和的海军还是设法将陈祖义等人俘获，带回南京处决。

航海外交

◀明宣德青花瓷盘

郑和前三次下西洋主要到达印度以东，最远到达古里，古里是古代东西方海上贸易的重要港口。第四次开始到达西亚、东非地区。有学者对航线进行了认真的研究，认为郑和重要航线有 56 条，航线总长 15000 英里。

郑和的船队所到之处，都得到了当地人的热烈欢迎。东南亚、印度和阿拉伯国家的百姓对中国丝绸、瓷器、工具非常喜欢，郑和船队一到，都争先恐后划船或到码头交易，有的还请官兵到当地的集市设摊交易。同时，郑和的船队也带回了换来的珠宝、香料、药材、珍奇动物等。

郑和下西洋也加强了中国同海外国家的联系。当时南洋各国都积极到中国来朝贡。据统计，明成祖在位的 22 年，与郑和下西洋有关的亚非国家使节来华共 318 次，平均每年 15 次。甚至于文莱、满剌加、苏禄、古麻剌朗国 4 个国家先后有 7 位国王亲自率团前来中国。最多一次有 18 个国家朝贡使团同时来华，还有 3 位国王在访问期间在中国病逝，现在南京还有文莱国王的墓址。

◀在印度发现的郑和鎏金铁像

郑和下西洋的船队配备了当时最先进的武器装备，像碗口铳（一种可灵活操作的火炮）、喷筒等，这使得郑和的船队格外强大。郑和也借此清理西洋的各种海盗，调解西洋各国的矛盾。郑和的行为客观上维护了东南亚、南亚地区的稳定和海上安全，提高了明朝的声望。

郑和在七下西洋的过程中留下了许多珍贵的资料，像《郑和航海图》就是郑和留下的珍贵资料。

郑和七下西洋，途经太平洋和印度洋两大洋，一共到过印度洋沿海约 30 个国家，最远到达非洲的木骨都束国（在今索马里的摩加迪沙一带），开辟了亚非的洲际航线，是人类历史上有记载以来最早的远洋航行。郑和的七次航行，表现了我国古代人民顽强的探索精神，也说明当时我国航海技术已经有很高的水平。通过郑和出使，促进了我国和亚非许多国家的经济文化交流和友好往来。直到现在，那些国家还流传着郑和的事迹。

▼南京牛首山郑和墓

郑和死于第七次下西洋的途中，归葬南京牛首山麓。也有说宣德十年（1435 年）病死于南京。

China 的由来

◀北宋耀州窑青釉印花水波纹盏托

在英语里，称中国是 China。英文单词 China 既有“中国”的意思，也有“瓷器”的意思。在西方其他国家的语言里，对中国的称呼基本上也都有瓷器的意思。也就是说，西方人很久以来就称中国为“瓷国”。由此看来，中国的瓷器在世界上有极大的影响力。

中国瓷器发展史

瓷器是中国人发明的，这是举世公认的。瓷器的发明是在陶器技术不断发展和提高的基础上产生的。考古资料已经证明，瓷器的前身是原始青瓷，它是由陶器向瓷器过渡阶段的产物，既有瓷的特点，同时又残留有原始陶器的痕迹。中国最早的原始青瓷，发现于山西夏县的龙山文化遗址中，距今约 4200 年。在商朝，出现了一种叫白陶的工艺。白陶是用瓷土（高岭土）作为原料，用 1000℃以上的高温烧成的，它是原始瓷器出现的基础。

白陶的烧制成功对由陶器过渡到瓷器起了十分重要的作用。到了商末和西周出现的青釉器已明显具有瓷器的基本特征。但是它们与瓷器还不完全相同，被人称为“原始瓷”或“原始青瓷”。原始瓷从商朝出现后，经过西周、春秋、战国到东汉，历经了 1600~1700 年间的变化发展，逐渐成熟。东汉以来至魏晋时制作的瓷器多为青瓷。那时候的青瓷加工精细，胎质坚硬，不吸水，表面施有一层青色玻璃质釉。这种高水平的制瓷技术，标志着中国瓷器生产已进入一个新时代。

◀白釉五瓣花口瓶

我国白釉瓷器萌发于南北朝，到了隋朝，已经发展到成熟阶段，至唐朝更有新的发展。瓷器烧成温度达到 1200℃，瓷的白度也达到了 70%以上，接近现代高级细瓷的标准。这一成就为釉下彩和釉上彩瓷器的发展打下了基础。

◀元代青花珍品——鬼谷下山

10 世纪至 13 世纪初的唐、宋时期，中国制瓷技术继续发展。唐三彩就是这一时期产生的一种彩色陶瓷工艺品，所谓“三彩”，并不只限于三种色彩，除白色（一般微带黄色）外，还有浅黄、赭黄、浅绿、深绿、蓝色，也有少量茄紫色的。先将坯体烧至 1100℃左右，施彩后，再以 900℃的温度烧成。唐三彩吸取了中国国画、雕塑等工艺美术的特点，采用堆贴、刻画等形式的装饰图案。

宋朝的瓷器，在胎质、釉料和制作技术等方面，又有了新的提高，烧瓷技术达到完全成熟的程度。在工艺技术上，有了明确的分工。宋朝闻名中外的名窑很多，耀州窑、磁州窑、景德镇窑、龙泉窑、越窑、建窑以及被称为宋朝五大名窑的汝、官、哥、钧、定等窑都有它们自己独特的风格。

◀唐三彩枕头

◀清康熙时期的素三彩花蝶纹寿字形茶壶

明朝精致白釉的烧制成功，以铜为呈色剂的单色釉瓷器的烧制成功，使明朝的瓷器丰富多彩。明朝瓷器加釉方法的多样化，标志着中国制瓷技术的不断提高。成化年间创烧出在釉下青花轮廓线内添加釉上彩的“斗彩”，嘉靖、万历年间烧制成的不用青花勾边而直接用多种彩色描绘的五彩，都是著名的珍品。清朝的瓷器，是在明朝取得卓越成就的基础上进一步发展起来的，制瓷技术达到了辉煌的境界。康熙时的素三彩、五彩，雍正、乾隆时的粉彩、珐琅彩都是闻名中外的精品。

瓷器远销海外

中国精美的瓷器在对外贸易中占据着重要的位置。中国瓷器向国外输出的历史最早开始于8世纪。在此之前，著名的丝绸之路早已沟通了中外商贸及文化交流，中国被誉为“丝国”。进入8世纪后，伴随着瓷器的外销，中国又开始以“瓷国”享誉于世。

中国陶瓷输出的地区最初主要是亚洲地区。进入17世纪，西欧皇室和宫廷开始兴起收藏中国瓷器之风。葡萄牙开辟新航路之后，瓷器也成为欧洲社会最珍贵的礼物。这一时期，欧洲流行的罗科科艺术风格，以生动、优美、自然等为特色，其倡导的艺术作风与中国艺术风格中的精致、柔和、纤巧和幽雅殊途同归。这也促进了有“中国风格”的物品（包括瓷器在内）流传整个欧洲社会。据不完全统计，17世纪中国每年输出瓷器约20万件，18世纪最多时每年约有100万件。

▶精美的瓷器行销全世界

中国瓷器行销全世界，成为世界性的商品。“China”一词也随着中国瓷器在英国及欧洲大陆的广泛传播，转而成为瓷器的代名词，使得“中国”与“瓷器”成为密不可分的双关语。至于这种变化最终在何时最后确定下来尚不得而知，但可以肯定的是，正是基于中国古代陶瓷的辉煌成就以及由此而引发的陶瓷传播之路，使得这种独具中国特色的物品被世界人民所喜爱，将中国与瓷器永远地结合在了一起。

康乾盛世

大清奠基人努尔哈赤

明朝的辉煌持续的时间非常短暂。明朝后期，宦官专政达到了历史的顶峰，其中最著名的是“九千岁”魏忠贤。宦官专政使得明朝后期政治混乱，经济发展受到破坏，统治者不断加重对人民的剥削，加上连年的灾荒，人民处于水深火热之中，农民起义频繁。明朝中期就已经开始的资本主义萌芽，在明末腐败的社会环境中发展艰难。这时，我国东北地区崛起一支少数民族部落——女真族，建立了后金，逐渐对明朝政权产生了巨大的威胁。

女真族初期的杰出领袖是努尔哈赤。努尔哈赤属于女真族的爱新觉罗部族。努尔哈赤统一了女真族，1616年，在长城之外、满洲一带建国，为了与过去的金朝相区别，历史上把它称为“后金”。努尔哈赤死后，继往开来的皇太极、多尔衮等雄才将领，指挥满洲铁骑，攻城略地，国势逐渐强大。1636年，后金改国号为“清”。

中国封建王朝的三位英明的皇帝康熙、雍正、乾隆，他们在位期间国力强盛，政治清明，故史学界将康、雍、乾时期称为『康乾盛世』

1643年，皇太极驾崩。随后，年仅6岁的爱新觉罗·福临被推举为顺治皇帝，多尔衮成为摄政王。多尔衮采纳范文程、洪承畴等的建议，趁李自成大顺军攻占北京立足未稳之机，联合镇守山海关的明朝总兵吴三桂进行夹击，击败李自成的20万大军，一举攻破北京。攻破北京之后的清军继续南下，扫平了明朝的残余势力和各路农民起义军，统一了中国。至此，开始了中国历史上最后一个封建王朝——大清王朝。

雄才大略的康熙帝

1662年农历正月，顺治皇帝因当时十分可怕的传染病“出痘之症”（天花）病亡，临终诏立时年8岁、已患过天花的爱新觉罗·玄烨继承帝位，年号康熙。

康熙是个拥有雄才大略的皇帝，他开创的康乾盛世是中国封建王朝最后一个繁荣时期。康熙之后的雍正和乾隆两个皇帝同样英明，他们安内攘外，开疆辟壤，治河开荒，振兴经济，实现了中国社会的政局稳定，使得国力强大，人丁兴旺，文化昌盛。康乾盛世是一个长达一百三十余年的太平盛世。能在如此疆域辽阔、人口众多的多民族国家创造出如此长时间的兴盛时代，在世界史上是绝无仅有的。

康熙在位时，战功卓著。他16岁计擒权臣鳌拜，然后运筹帷幄，用8年时间决胜“三藩战争”。1683年，康熙又派福建水师提督施琅收复台湾。

▲康熙帝平定准噶尔图卷

在统一台湾前后，康熙亲自巡行东北，部署抵御沙皇俄国数十年来对黑龙江流域的侵扰。1685年，清政府先礼后兵，击败侵占雅克萨的俄军，并在其发誓不再入侵之后予以释放。清军撤走之后，俄军再次侵占雅克萨，康熙再次出兵将其围困。康熙在有着绝对军事优势的情况下做出一定让步，与沙俄当局签订中俄《尼布楚条约》，阻遏其东扩势头，这是中俄第一个界约。康熙皇帝还三次亲征，歼灭了沙俄支持下的蒙古噶尔丹分裂势力。

经过康熙的南征北战、开疆辟壤，清朝时中国的疆域超过汉唐，东起太平洋，西至巴尔喀什湖和葱岭，南起南沙群岛，北至贝加尔湖和外兴安岭，形成空前大一统的多民族国家。

▲中俄《尼布楚条约》划定中俄边界示意图

在政治经济上，康熙一方面放宽和鼓励农工，免荒征熟，鼓励开垦，多次普免全国地亩、人丁租税，甚至破天荒地推出了“自是后年所生人丁永不加赋”的政策；一方面数十年如一日地坚持“御门听政”、“大治天下”。他积极推行“满汉一体”的政策，缓解民族矛盾，治理清初圈地弊政。康熙还亲自治理泛滥成灾的黄河，解决了黄河泛滥对农业的威胁。

在对外政策上，康熙调整沿海外贸禁令为“弛禁”，并指定广州、漳州、宁波、云台山作为对外通商口岸，但规定禁止炮械、军器、火药、硝磺的贸易。康熙还对西方传教士所展现的历法、医学、仪器等自然科学采取客观、宽容的态度。康熙王朝的励精图治，开创了清代中国的百年盛世局面。

1722年康熙病逝。康熙在位61年，是我国历代封建王朝中在位最久的皇帝。康熙逝世后，爱新觉罗·胤禛继承帝位，年号雍正。雍正一方面严整朝纲，凛然澄清吏治时弊，一方面继续奖励垦荒种粮和多种经营。雍正末年，仓廪充实，积贮的粮食可以用大约20年。雍正还平定了青海和硕特蒙古草原的叛乱，在西宁设置办事大臣；在西藏设置驻藏办事大臣；在湖广和西南少数民族地区推行“改土归流”制度（流就是流官，由朝廷派官，有任期，可以流动，所以叫改土归流），进一步巩固和促进了多民族国家的统一和稳定。

乾隆帝——弘历

1735年，雍正去世，其子爱新觉罗·弘历继位，于次年改年号乾隆。乾隆皇帝进行了一系列边患平定和边区治理，使得清朝的经济文化事业达到高峰。

◀乾隆时期的珐琅彩云鹤纹盘

◀乾隆时期的青花缠枝莲纹六连瓶

乾隆在政治上、经济上和文化上的贡献非常巨大。乾隆即位后，政治上整顿吏治，优待士人；经济上奖励垦荒，兴修水利，全国呈现出一派繁荣昌盛之势，“康乾盛世”在此期间达到了顶峰；文化上，乾隆特别重视文物典籍的收藏与整理，命令大臣将皇宫珍藏编成《石渠宝笈》、《西清古鉴》。乾隆帝最突出的文化成就是在全国范围内征集图书，编纂中国历史上一部规模最大的丛书《四库全书》。

乾隆帝还曾六下江南，六到五台山，祭奠孔林，数十次木兰秋猎，多次于避暑山庄宴见西北边疆少数民族首领，这些举措对发展经济、巩固统治、安定边疆产生了重要作用。

同时，乾隆帝的“武功”卓越。他在位时，主要进行了 10 次战争：1747 年平大小金川；1755 年平新疆准噶尔部；1757 年再平准噶尔部；1759 年平回部；1769 年平缅甸；1776 年再平大小金川；1788 年平台湾；1789 年平越南；1791 年平尼泊尔；1792 年再平尼泊尔。其中，政绩最大的是征服了清帝国的宿敌准噶尔汗国，为清帝国开拓疆土 190 万平方千米。

但乾隆为人重奢靡，晚年时国库耗竭，并重用贪官和珅，加之乾隆帝本人年事已高，致使吏治败坏，弊政丛出，贪污盛行，以致农民起义层出不穷，是清王朝从强盛走向衰败的标志。

乾隆帝执政 60 年，是我国封建时代在位时间第二长的皇帝。但乾隆让位于其子嘉庆之后，又以太上皇的身份进行了 3 年统治。所以，他是实际执政时间最久的皇帝。

◀清乾隆时期的竹园雕朱金漆大僧小僧摆件

康乾盛世

康、雍、乾时期，中国社会的文化事业广泛发展，在教育、文学艺术、史学、哲学、地理、数学、天文、医学、军事等诸多领域人才辈出，异彩纷呈。与当时刚刚兴起的西方工业社会比较，自然经济鼎盛的康乾时期，中国社会物质文明发达，商品丰富。形形色色的西方人漂洋过海，不远万里来到神秘的中国淘金，大量进口、走私茶叶、丝绸、瓷器、陶器、漆器、古董、药材、书籍等回去。与此同时，一度占英国出口总额 90% 的呢绒类西方工业品在中国市场却并不畅销，即使加上军火和鸦片走私，当时中国在国际商贸中仍长期保持大量出超。

从康熙中叶起，清朝出现了相对繁荣的局面，到雍正、乾隆年间，清朝国力达于鼎盛。这段时期，其时间跨度一百三十余年，是清朝统治的高峰，故中国部分历史学者将康、雍、乾时期称为“康（雍）乾盛世”。

屹立于世界民族之林

▶就任临时大总统时的孙中山先生

从清朝后期到中华人民共和国成立的一百余年间，是中国历史上最屈辱的时期。

当时，西方国家已经进入了资本主义时代，而中国还是处于落后的封建时代。在近代西方疯狂的殖民扩张浪潮中，中国也成为资本主义列强殖民的目标之一，并逐渐沦为半殖民地半封建国家。

中国的落后和屈辱引发了浪潮迭起的革命，从百日维新到辛亥革命再到中国共产党领导的民族革命，一百余年间，中国在革命的洪流中辗转。

第一个起来推翻腐败的清王朝并最终达到目标的是孙中山。

孙中山逝世后，由同盟会的后身国民党领导的北伐军消灭了其他军阀，统一了中国，建立中华民国南京政权，大军阀蒋介石当权。他疯狂打击新兴的革命组织共产党，从此引发了国民党与共产党长达20年的斗争。

没有共产党就没有新中国

1921年7月23~31日，13名各地共产主义小组的代表在上海举行第一次全国代表大会，正式成立中国共产党。中国共产党成立之后，领导着中国人民向帝国主义和中国的军阀宣战，展开了漫长的统一中国的斗争。

中国共产党成立后，先后领导了三次国内革命。第一次是和国民党合作，征讨北方军阀，但是，由于国民党的背信弃义，第一次国内革命失败。共产党也由此认识到，没有自己的武装力量，革命就只能是一纸空谈。

由此，中国共产党开始了漫长的军事斗争。在中国共产党领导下的工人暴动和农民斗争不断。最终，由毛泽东领导的农民革命军占据了江西瑞金地区，建立了红色政权。其他的农民革命军也相继建立了自己的根据地，开始与蒋介石的腐败政府抗衡。但是，在国民党政权疯狂的围攻下，红色根据地的生存受到威胁。在1934年，红军开始了战略大转移，这就是著名的“二万五千里长征”。并于1936年取得了辉煌胜利，成功实现了中国革命重心由东南向西北的转移。

▼孙中山先生珍贵的手迹，充分体现了其充满人性关爱的政治主张

1937年7月，日本发动了全面的侵华战争。蒋介石迫于

压力，同共产党合作，开始了艰苦的8年抗战。在抗日战争中，共产党采取深入敌后建立根据地的方式，同日本侵略者斗争。

1945年，日本投降，抗日战争胜利。抗战胜利后，国民党与中国共产党的正面冲突加剧，由此引发了3年解放战争。

中国共产党领导的军队在抵御了国民党军阀的攻击之后，全面反攻。通过辽沈战役、淮海战役、平津战役三大战役，中国共产党领导全国人民全面击垮了国民党军阀政权。

▲1949年10月1日，毛泽东主席宣告中华人民共和国中央人民政府成立

▲瑞金红军烈士纪念塔

1949年，中国共产党领导的人民解放军横渡长江，全面解放了中国。国民党残余势力逃到台湾。

1949年10月1日，中华人民共和国宣告成立。新中国的成立，结束了100年来帝国主义勾结封建统治者剥削压迫中国各族人民和内外战乱频仍、国家四分五裂的局面，实现了民族解放和国家独立。

中国人民从此站立起来，中华民族以崭新的姿态屹立于世界民族之林，中国历史开始了新的纪元。

▼抗日战争时期的"欢呼楼"

▼瑞金革命旧址。瑞金是共和国摇篮，享有"红色故都"的美誉

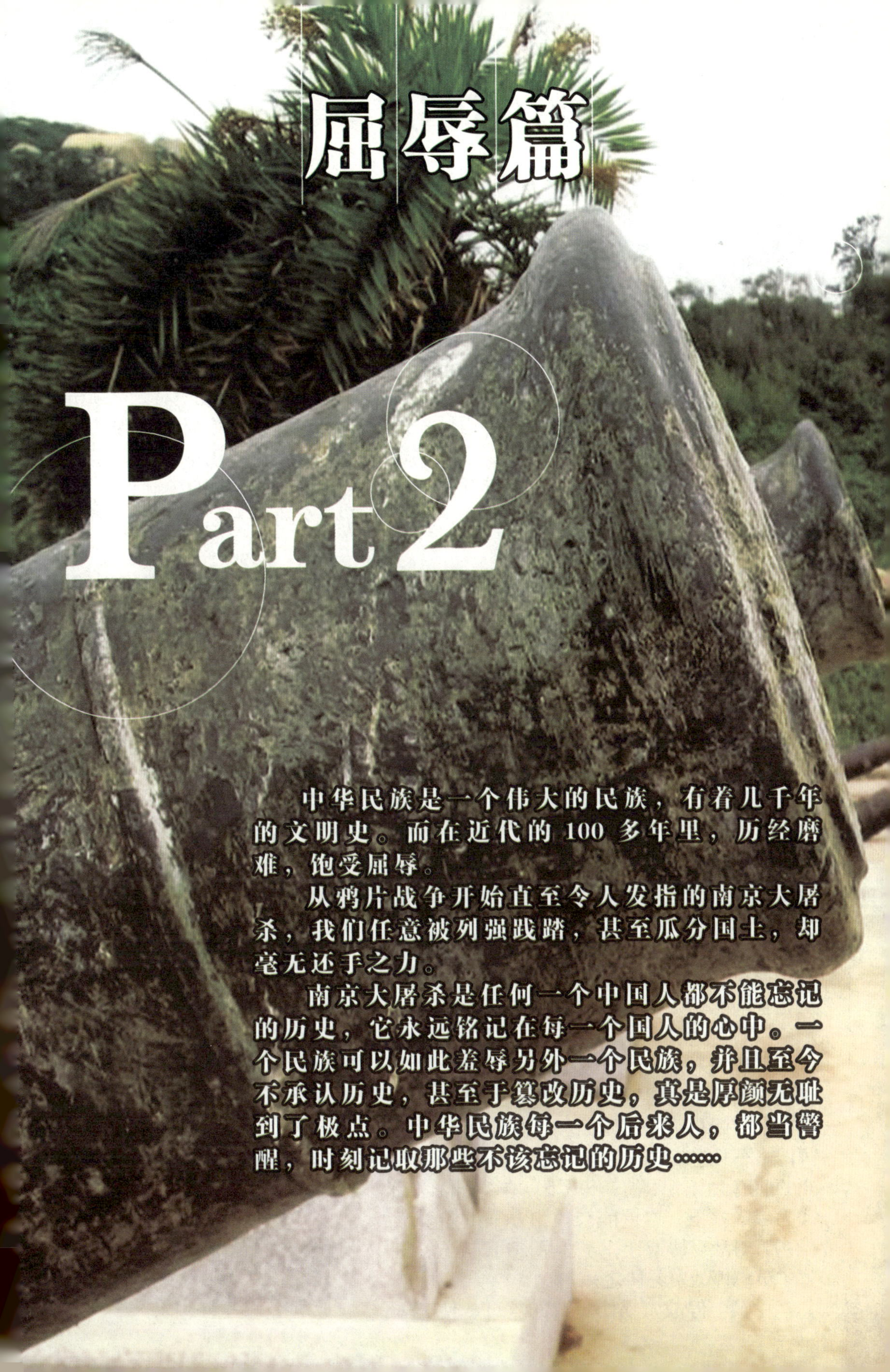

屈辱篇

Part 2

中华民族是一个伟大的民族，有着几千年的文明史。而在近代的 100 多年里，历经磨难，饱受屈辱。

从鸦片战争开始直至令人发指的南京大屠杀，我们任意被列强践踏，甚至瓜分国土，却毫无还手之力。

南京大屠杀是任何一个中国人都不能忘记的历史，它永远铭记在每一个国人的心中。一个民族可以如此羞辱另外一个民族，并且至今不承认历史，甚至于篡改历史，真是厚颜无耻到了极点。中华民族每一个后来人，都当警醒，时刻记取那些不该忘记的历史……

第一次鸦片战争

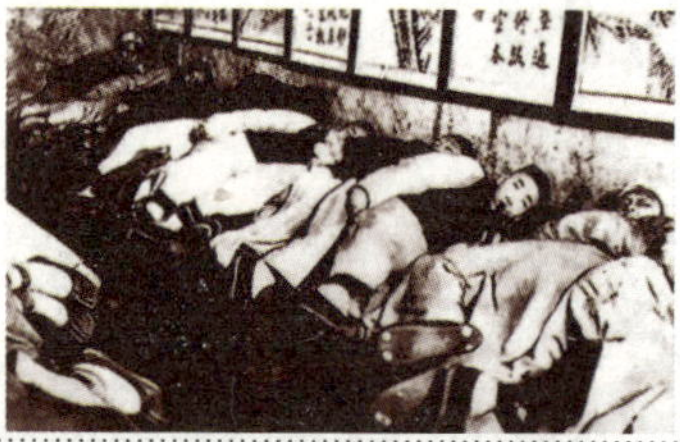

◀鸦片贸易使中国的烟馆比比皆是，简陋的烟榻上总是躺满了吸食鸦片的人

◀清朝末年吸食鸦片的人们

清朝末年，清廷积弱。不过当时中国在对外贸易上一直处于顺差的地位，中国的丝绸、茶叶、陶瓷大量出口，而西方的洋货在中国根本没有市场。为了占领中国市场，西方国家开始向中国大量输入鸦片。结果鸦片在中国泛滥成灾。为此，1839年3月至6月，林则徐领导中国人民进行了禁烟斗争并取得了伟大胜利，给了西方的资产阶级一次沉重的打击。英国出于维护其“鸦片贸易”侵略中国的目的，于1840年6月，发动了蓄谋已久的第一次鸦片战争。

第一次鸦片战争

英国侵略军到达中国海面后，对广州实行了封锁。广州军民在林则徐的带领下，对入侵者早已严加戒备。侵华英军总司令义律见无机可乘，便按原定计划，掉转船头，率军北窜。7月，英军进犯福建厦门，新任闽浙总督邓廷桢率军将其击退。英国侵略者在厦门受挫后，即派伯麦率领军舰5艘、武装轮船3艘、运输舰21艘，于1840年7月4日闯进定海水域。清军在定海设有水师镇守，但当英国舰船闯入定海时，清军水师竟毫无戒备。5日下午，伯麦见清军不投降，便发起进攻，清军损失严重。6日，英军攻陷定海。

从1840年8月~1841年1月，清政府委派直隶总督琦善为钦差大臣，先后在天津大沽和广东穿鼻与英国侵略者的代表义律进行过谈判。可是1841年1月26日，义律公然派兵强占了香港。1841年1月27日，当英军攻破大角、沙角炮台的消息传到北京后，使道光帝的态度发生了极大转变。他由主和一变而为主战，立即下诏对英宣战，并做出将琦善交刑部议处的决定，任命奕山为靖逆将军，户部尚书隆文和湖南提督杨芳为参赞大臣，从各省调集军队17000人开赴广东。

◀大力禁烟的民族英雄林则徐

义律获悉清政府准备反击的消息后，决定先发制人，抢先对虎门炮台发起了进攻。62岁的水师提督关天培率军英勇抵抗。终因孤立无援，弹尽粮绝，与守军数百人一起壮烈牺牲。虎门失陷后，英国侵略军又连续攻占乌涌、定功台，攻破了广州的前道大门，兵临广州城下。在英国侵略者武力威逼之下，奉旨前来“剿办”的参赞大臣杨芳对敌妥协退让，于3月20日被迫签订了中英《停战贸易协定》。

▶虎门销烟

中英《停战贸易协定》的签订，使英国

侵略者得以在中国倾销大量鸦片，并从中国运回英国所急需的茶叶，同时调兵遣将，为进一步扩大战争作准备。

4月，贪婪的英国政府认为获得的侵略权益太少，极为不满。因此，决定撤回义律，改派璞鼎查为全权公使。同时还更换了司令官，增派了侵略军。并给璞鼎查一个详细训令，还特别指出，只有清政府无条件允诺英国索取的各项特权，才能停止军事行动。

从8月下旬至10月中旬，璞鼎查率领侵略军先后攻占了厦门、定海、镇江三城，使得清廷大为震动，道光帝下令重新迎战。1842年6月16日凌晨，英国海军司令巴加率军舰约70艘进入长江口，先后侵占了吴淞和宝山。6月19日英军侵占上海，还蛮横地勒索赎城费100万元，然后才于6月23日退出。

▲1842年8月29日清政府在英国军舰上被迫签订了中英《南京条约》

英国侵略军撤出上海后，溯江而上。7月17日，英舰进入镇江江面，随即封锁瓜洲运河北口，切断漕运。21日晨，英军发起攻击。英国侵略者遭到清兵的顽强抵抗，守城爱国官兵与英军展开激烈巷战和肉搏战。统帅海龄身先士卒，督率旗兵堵击。在他身受重伤的情况下，仍鼓励将士作最后努力，争取胜利。但终因寡不敌众，无法挽回大局。他在最后时刻，将自己的房子烧毁，自缢而死。在海龄的影响下，旗兵全部战死，无一人投降。镇江最后失守，但英军受到清军爱国官兵的沉重打击，死伤达一百八十余人之多。

中英《南京条约》的签订

在英国侵略军步步威逼和清军连连失利的情况下，清朝统治者中投降派占了上风。1842年8月4日，被侵略者的炮舰政策吓破了胆的道光帝，立即派钦差大臣耆英、两江总督牛鉴、署浦副都统伊里布为代表向侵略者乞和，进行长达3个星期的谈判。1842年8月29日，他们正式与英国侵略者的代表璞鼎查在南京下关江面的英国兵船“康华利”号上，签订了中国有史以来第一个不平等条约——中英《南京条约》。

中英《南京条约》的主要内容是：一、割香港岛给英国；二、赔款2100万元（货币单位，这里指西班牙银元，每枚重量在7钱2分至3分之间）；三、开放广州、厦门、福州、宁波、上海五处为通商口岸；四、英商进出口货物缴纳的税款，中国须同英国商定。

中英《南京条约》是近代史上中国跟外国签署的第一个不平等条约。1843年，英国侵略者又强迫清政府签署了《五口通商章程》及《虎门条约》作为《南京条约》的附约，增加了领事裁判权、片面最惠国待遇等条款。

英国在鸦片战争中的胜利在西方引起了很大的轰动。各资本主义国家纷纷接踵而来，对中国发动一次比一次更为严重的侵略战争。

1844年7月3日，美国逼迫清政府签署了中美《望厦条约》。1844年10月24日，法国仿效英美，逼迫清政府签署了中法《黄埔条约》。从此，中国走上了半封建半殖民地的屈辱道路。

第二次鸦片战争

"马神甫事件"和"亚罗号事件"

▲英国制造了所谓的"亚罗号事件"，作为向中国发动侵略战争的借口

1854年，中英《南京条约》届满12年，英国援引"最惠国条款"，提出修约要求，美、法两国表示支持。但是侵略者提出的条件太多，没有得到清政府的同意。

1856年2月29日，广西南林县依照中国法律判处经常潜入中国内地进行非法活动的法国天主教传教士马赖死刑，法国侵略者便抓住所谓"马神甫事件"，以保护教会作为向中国发动侵略战争的借口。

与此同时，英国也制造了所谓"亚罗号事件"，作为向中国发动侵略战争的借口。

1856年10月8日，中国广东水师官兵检查走私船只，从中国船"亚罗"号上拘获海盗及嫌疑犯12人。本来这纯系中国内政，但是英国驻广州领事巴夏礼却借口说"亚罗"号在香港领过英籍登记证，对中国水师检查船只横加干涉；而且伪造情节，诬赖中国水师撕毁了船上的英国国旗，侮辱了英国。23日，英国出动军舰3艘，海军陆战队约2000人进攻广州，挑起了一场新的侵华战争——第二次鸦片战争。

《天津条约》的签订

1857年，英国任命额尔金为专使，率军扩大侵华战争。法国任命葛罗为修约全权专使，率军参加对中国的武装侵略。

▲签订《天津条约》时的情景

10月，英法组成联军。12月28日晨，英法联军32艘舰艇上约100门大口径火炮同时炮击广州城。随后，约4000名侵略军分别从二沙尾以及猎德炮台与东固炮台之间登陆。中路约2000人主攻东固炮台。当晚，英法联军继续发炮轰击广州城。

29日晨，占领城东一带的英法侵略军队全面发起战争。下午英法联军占领了广州城。英法联军攻占广州后，指派英国驻广州领事巴夏礼和一名英国军官、一名法国军官3人组成所谓"联军委员会"，对广州实行"军事管制"近4年。

▲八国联军在大沽口登陆

卖国贼柏贵、穆克德讷在“联军委员会”严密监督下，照旧担任原职，为外国侵略者维持殖民统治。这是中国近代史上由外国侵略者用大炮在中国制造的第一个地方傀儡政权。

▲1860 年英法联军设在大沽炮台北面的总部遭到清军顽强抵抗

英法联军攻占广州后，额尔金、葛罗决定率联军舰队北犯。1858 年 4 月 20 日，英、法、美、俄公使在大沽口会齐。24 日即分别照会清政府，要求派出全权大臣前往天津海口进行谈判。他们互相配合，演出了一幕双簧戏：英法公使的口气十分强硬，扬言若不满足所提要求必定采取军事行动；美俄公使则以“调停”的面目出现，劝告清政府尽快会谈。与此同时，英法等国兵舰陆续驶抵大沽口，并派出侦察船探测水道、地形和大沽炮台的军事设施，做好进攻大沽口的各种准备。

▲被英法联军占领的大沽炮台

5 月 20 日，英法联军同时轰击大沽口南北两岸炮台，悍然发起进攻。各炮台守军发炮还击，击沉击伤侵略军舢板、舰船多艘，毙伤敌军约 100 人。但在敌人舰炮的接连轰击下，北炮台被击毁，南炮台的炮墙被轰塌，守军伤亡惨重。

随后，英法联军派陆战队强行登陆，向炮台进攻。守军冲出炮台，与敌人展开了白刃格斗。但炮台后路清军不仅没有前往增援，反而向后溃逃，守军孤立无援，不少将士奋战身亡。当天中午，各炮台相继失守，联军攻陷大沽炮台。

英法联军攻占大沽炮台后，随即溯白河而上，向天津进犯。5 月 26 日，英法联军侵入津郊。同一天，英法公使通知清政府派出大臣，迅速前往议和，否则立即攻击天津城，并带兵进入北京。

5 月 28 日，咸丰帝派大学士桂良和吏部尚书花沙纳为全权代表赶往天津谈判，企图与侵略者妥协以缓解北方的军事压力。6 月上旬开始谈判。在谈判过程中，英法代表十分蛮横，要清政府的代表在他们事先拟就的条约上签字，不准更改一字。

咸丰帝认为英法提出的条件太苛刻，一再讨价还价。桂良、花沙纳认为英法侵略者“枪炮迅利”，难以战胜，极力主张对侵略者让步，集中力量镇压太平天国起义。咸丰帝在英法联军压境、门户洞开的情况下，最后接受桂良等人的主张。桂良、花沙纳先后与俄、美、英、法四国代表签订《天津条约》，《天津条约》加速了中国半殖民地半封建化的进程。

决战大沽口

英法侵略者在与清政府签订了《天津条约》以后，并不满足已经攫取的权益，极力想利用换约的机会进行新的勒索。1859 年 6 月，英法公使普鲁斯和

▲英法联军攻占北京城

布尔布隆相继到达上海。但他们拒绝清政府提出的在上海换约的要求，与先已到来的美国公使华若翰各率一支舰队北上到大沽口，准备进京换约。

面对严重的军事威胁，清政府被迫妥协，但指定各国公使由北塘登陆进京，随行人员不得超过 20 人，也不准携带武器。英法凭借武力断然拒绝清政府的安排，坚持以舰队护送公使由白河经天津进京换约，重新挑起战争。

6 月 25 日，英国侵略军司令何伯率联军舰队突然袭击大沽炮台。守卫炮台的爱国官兵奋起还击。直隶总督史荣椿、大沽协副将龙汝元亲自点燃巨炮，轰击敌舰。经过一天一夜的激战，清军击沉击毁英法兵舰约 10 艘，打死打伤登陆的侵略军近 500 人，英军司令何伯负重伤。史荣椿等爱国官兵 36 人也在战斗中壮烈牺牲。中国军队在大沽最终击退了侵略者。

1860 年春，英法政府再次分别任命额尔金、葛罗为全权专使，率新组成的联军侵华。这支联军共有舰船约 200 艘，英军 1.8万人，法军约 7000 人。8 月 1 日，英法联军 1 万人兵分两路进攻新河与军粮城。驻防的中国蒙古族骑兵冒着猛烈的炮火，与侵略者展开激战，终因寡不敌众，致使新河、军粮城失守。14 日，塘沽失守。21 日，英法联军猛攻大沽口北岸炮台，守将直隶提督乐善率兵拼死抵御，全部牺牲，北岸炮台失守。原守南岸炮台的僧格林沁撤至通州，直隶总督恒福轻易地将南岸炮台放弃，大沽失陷。接着，侵略军又占领天津。

9 月 21 日，英法联军对通州（今属北京市）八里桥发起进攻。广大爱国官兵奋力抵抗，但主帅僧格林沁却撤军逃跑，致使全军军心动摇，八里桥失守，北京危在旦夕。咸丰帝改派恭亲王奕䜣为钦差大臣负责向英法侵略者求和，而自己则于 22 日率后妃、皇子及一些王公大臣仓皇逃往热河（今河北承德市）避暑山庄。英法联军迅速进抵北京城下。10 月 5 日，英法联军由北京城东绕至城北，僧格林沁等所率清军不战自溃，联军进至海淀，在圆明园等处大肆烧掠。10 月 13 日，一些投降的清朝官员打开安定门，迎接英法侵略军入城。英法联军迅速控制了北京城。

英法联军火烧圆明园

▼被英法侵略军抢劫、烧毁的圆明园残迹

英法侵略军所过之处，烧杀淫掠，无恶不作。他们攻占北京后，洗劫烧毁了世界文化艺术宝库——圆明园。

圆明园是个曾经驰名中外、举世无双的大型皇家园林。它位于北京西郊，占地约 5000 亩，周长约 10 千米。这里与西山峰峦接应，绿水青山，风景优美。圆明园的规模之宏大、园景之秀美、建筑之雄伟、陈设之富丽，在中外园林史上，都是屈指可数的。它集中了中华民族文化艺术之精华，显示了中华民族的高度智慧和伟大创造力，被世人誉为“万园之园”。

▲1860年《北京条约》签订后，清政府不得不开放口岸，越来越多的西方人进入了封闭的中国

1860年10月，英法联军占领海淀，到达圆明园附近，管理圆明园的大臣文丰在万般无奈中投福海自杀。当天，法国侵略者闯入了圆明园。他们发现园中每间屋子都装满了价值连城的物品，每间大厅都摆设着价值昂贵的瓶缸，每座库房都堆满了精美的绸缎和珍贵的毛皮，于是他们像野兽一般贪婪地饱掠而归。英军得知后，也于次日扑向这些无价之宝，加入洗劫圆明园的行列。

◀畅春园

◀静宜园

◀清漪园

◀静明园

◀焚烧前的圆明园景致

除了疯狂抢劫外，粗俗野蛮的联军士兵还撕毁珍贵的古籍并用来点火吸烟；用刺刀戳破墙上的名画；遇到珍贵而又难以携带的瓷器便用棒棍击毁，必至粉碎而后快。10月18日，联军司令部下令焚烧圆明园。顷刻间，这个世界上最壮丽的园林成为一片火海，无数珍贵文物、历史典籍在烈焰中化为灰烬。

与圆明园一起被焚毁的，还有圆明园附近的畅春园、清漪园（颐和园）、静宜园、静明园以及万寿山、玉泉山、香山。侵略者如此毁灭人类文化的罪行，在中外历史上都是罕见的。

清王朝的钦差大臣奕䜣，按照咸丰皇帝的“委曲将就”的谕旨，于1860年10月24日，代表清政府与英国全权代表额尔金交换了中英《天津条约》文本，并签订了中英《北京条约》，进一步出卖了中国主权。

第二次鸦片战争对中国社会所造成的损害比第一次鸦片战争还要严重：由于大批新口岸的开辟，外国侵略势力不仅扩展到沿海各省，而且深入到长江中游地区；由于改定关税，中国经济处于无法与外国抗争的地位。总之，从第二次鸦片战争以后，中国进一步陷入半殖民地的深渊。

沙俄的蚕食

中俄《瑷珲条约》的签订

▶俄军入侵黑龙江

第二次鸦片战争爆发后，沙俄认为趁火打劫的时机已到，于1857年2月任命普提雅廷为使华全权代表来到天津，向清政府勒索其他列强已经取得的各种侵略权益，并要求重新划分中俄两国东段边界。普提雅廷的无理要求遭到清政府的驳斥后，便决定南下，于同年11月中旬在香港与英、法、美三国公使共谋侵华之计。至此，英、法、俄、美四国的侵华联合战线正式形成。

▶瑷珲历史陈列馆门前的两块荣誉碑

1858年4月，四国公使陆续北上，到达大沽口外。5月，正当英法联军炮口指向大沽口时，沙俄政府指使东西伯利亚总督穆拉维约夫利用清政府陷入困境的机会，与中国谈判所谓东段边界问题。

5月20日，英法联军攻占大沽口，沙俄认为机会难得，即对清政府采取南北胁迫之势。穆拉维约夫于22日率领军舰到达瑷珲（今黑河市南）。23日，穆拉维约夫与清政府代表奕山谈判，提出中俄东段必须沿黑龙江、乌苏里江划界的无理要求；普提雅廷利用清政府担心英法攻打京津的心理进行敲诈勒索，表示可以从中“调停”，代向英法说合，条件是从速接受俄国提出的重新划界要求。但是，在谈判中，奕山表示中俄东段边界在中俄《尼布楚条约》中已经明确划定，不应更改。而俄方扬言如果不接受要求就要联合英法联军进攻中国，并出动军舰在黑龙江上示威，鸣枪放炮炫耀武力。

当时，中国东北地区边防空虚，沙俄已在黑龙江和蒙古边境集结了2万多人的兵力。奕山在沙俄的武力威胁下，于5月28日与穆拉维约夫签订了不平等的中俄《瑷珲条约》。

▼沙俄割占中国东北领土示意图

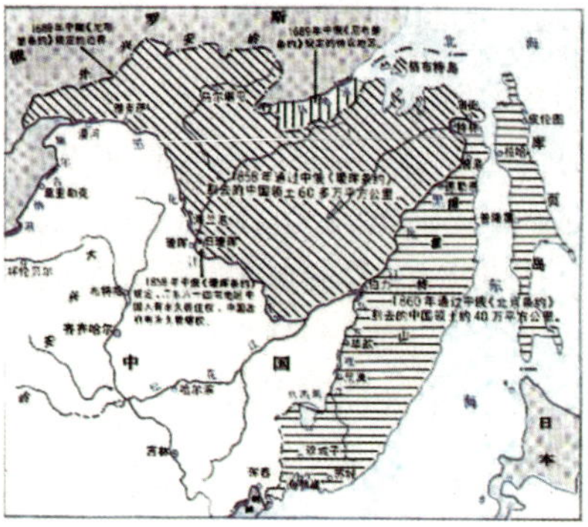

中俄《北京条约》

中俄《瑷珲条约》规定，黑龙江以北、外兴安岭以南约60万平方千米的中国领土割让给俄国；原属中国的乌苏里江以东约40万平方千米的土地划归为中俄“共管之地”；黑龙江、松花江、乌苏里江“此后只准中国、俄国行船，个别外国船只不准由此江河行走”。

中俄《瑷珲条约》签订后，沙俄于1858年冬派伊格那提也夫出使中国，诱

▲签订不平等条约的仿真实景再现

逼清政府签订新的割地条约。1859年6月，伊格那提也夫到达北京，要求中国割让乌苏里江以东的广大领土。清政府大臣肃顺断然拒绝俄方的要求，表示中俄东段边界中俄《尼布楚条约》早已明确划定，不应更改。于是，伊格那提也夫根据沙俄外交部训令，设法利用英法联军威胁清政府，造成有利于俄国的形势，从中渔利。

1860年10月，英法联军攻占北京后，趁清政府陷入困境之机，沙俄充任“调停”。中英、中法《北京条约》订立后，伊格那提也夫便以“调停”有“功”为名，威逼清政府答应俄国的全部侵略要求。扬言所提条款“一字不能更易”，只能签字画押，否则把英法联军召回北京。

11月14日，奕䜣被迫与伊格那提也夫签订了中俄《北京条约》。条约规定：将乌苏里江以东约40万平方千米的中国领土，强行划归俄国；规定中俄西段疆界，自沙宾达巴哈起经斋桑淖尔（今斋桑泊）、特穆尔图淖尔（今伊塞克湖）至浩罕边界，“顺山岭、大河之流及现在中国常驻卡伦等处”为界。根据这一规定，于1864年签订了中俄《勘分西北界约记》，将巴尔喀什湖以东、以南和斋桑淖尔南北44万平方千米的中国领土割给俄国；开放喀什噶尔（今喀什市）为商埠；俄国在库伦（今蒙古国乌兰巴托）、喀什噶尔设立领事馆。

沙俄的侵略

▲乌苏里江，满语意为“下游的江”，原本是我国一条内河

通过中俄《北京条约》，沙俄不仅迫使清政府事实上认可了一直拒绝批准的中俄《瑷珲条约》，还吞并了中俄《瑷珲条约》规定的所谓中俄“共管”的乌苏里江以东约40万平方千米的中国领土。

但是沙俄侵略者并不满足，1863年4月中旬，又陆续侵入塔城、斋桑泊、伊塞克湖、伊犁地区，并不断与中国守军发生武装冲突。到8月，沙俄在中国西北边疆的军事挑衅急剧升级。清政府在俄方武力威逼之下，终于被迫妥协，接受了按沙俄提出的方案划界的要求。

1864年10月，明谊等与俄方代表札哈罗夫、巴布科夫签订了中俄《勘分西北界约记》，同时在由俄方一手绘制的分界地图上签字画押。中俄《勘分西北界约记》规定：浩罕西原属中国的大片土地划归俄国。此后，清政府又陆续与沙俄签订了《科布多界约》、《乌里雅苏台界约》、《塔尔巴哈台界约》，使沙俄鲸吞了中国西部巴尔喀什湖以东、以南约44万平方千米的领土。

1871年7月14日，沙俄侵占伊犁，逼清政府签订《伊犁条约》，割占霍尔果斯河以西及斋桑泊以东约1万平方千米的中国领土。

中法战争

从 19 世纪 70 年代开始，资本主义列强加紧掀起抢夺殖民地、分割世界领土的高潮，而地域辽阔、国力衰弱的中国就成为列强争夺的主要目标。

黑旗军抗法

19 世纪 50 年代，法国曾经趁第二次鸦片战争之机侵入越南，被越南军民击退。1862 年法国进攻南圻（越南南部），逼签不平等条约。在随后的几年里，逐渐侵占了南圻诸省。1873 年，法国又向北进犯，攻陷河内、海阳、宁平、南定四省。越南政府无力遏止法国的侵略，遂请求驻扎在中越边境的刘永福的黑旗军协助抗法。

黑旗军原为太平天国运动时期广西天地会的一支起义军，因为用七星黑旗作战旗，所以被称为“黑旗军”。在接到越南政府的邀请后，刘永福为支援越南抵抗侵略的斗争，捍卫祖国边疆安全，立即率千余人加入越南人民抗法斗争的行列。

▶黑旗军在越南大败法军

1873 年 12 月，黑旗军在河内城郊配合越南军队痛击法国侵略者，击毙法军统帅安邺，歼敌数百。将法军赶出红河，收复了河内。法军被迫退守海防。此后十余年，黑旗军与越南人民为抵抗侵略，一直团结战斗在红河两岸。

1882 年 4 月，法军再次占领河内。黑旗军与越南军民协同作战，在 1883 年 5 月，河内城西纸桥一仗中大获全胜。

1881~1882 年，法国侵略越南日趋严重时，清政府曾应越南政府请求，以剿匪为名，陆续派兵进入北圻。法国占领越南首都顺化后，便把矛头指向中国，一面命令侵越法军向北进犯，一面要挟清政府撤退在越南北部的军队，召回刘永福，开放云南边界。

◀曾担任两广总督的左宗棠

面对法国将进一步侵略中国的严重局势，清廷迫于舆论的压力，调左宗棠为两广总督，并命令照常接济黑旗军。1883 年 12 月 11 日，法国远征军新任总司令孤拔率领法军从河内出发向中国军队驻守的北圻山西地区进犯，中法战争爆发。

12 月 14 日，法国侵略军在舰炮掩护下，向中国军队发起进攻。中国军队奋起抵抗，歼敌近 1000 人，给侵略者以沉痛打击。但终因伤亡过重，又孤立无援，被迫弃城而走，山西城失陷。

次年 3 月，法军又调 1.2 万人分水陆两路向北宁进攻，清军全线溃散，退往太原方向。

不久，太原、兴化、临洮、宣光等北圻要地先后被法军攻占，清军余部退守谅山、镇南关（今友谊关）一带，法军逼近中越边界。6月，法军在谅山首先攻击清军。驻防清军被迫自卫，在北黎大败法军。法军便以北黎冲突为借口，准备从海路大举进攻中国，矛头指向台湾和福州。

▲福建水师在马尾海战中损失惨重

马尾海战

1884年7月14日，法国远东舰队主力舰艇10艘，兵力约1700人，集结于福州闽江口。法军以“游历”为名，提出入泊马江的要求，以便伺机寻衅，挑起新的战火。

软弱的清政府非但不对法国舰队阻拦，反而给予友好款待。同时还命令福建水师各船舰不准先行开炮，违者虽胜亦斩。8月中旬，法国远东舰队闯入闽江口内，上驶至福建水师集泊场下游的水面抛锚，将福建水师锚泊的全部舰只完全控制在其舰炮火力范围之内，形势十分危急。

8月23日，法军舰队突然猛烈炮轰福建水师。事起仓促，福建水师备战不及，被迫应战。虽然爱国官兵奋勇抵抗，但终因实力悬殊，又无余地回旋，而损失惨重，马尾军港落入敌手。24日上午，法舰乘潮上驶至福州船政局造船厂附近，用重28千克的榴弹猛轰船厂，击毁船厂后又大肆炮击马江附近的中国民船和闽安炮台，史称“马尾海战”。

▶冯子材团结各军将士，大力整顿溃军，一举粉碎了法军的进攻，取得了闻名中外的镇南关大捷

胜利后签订的屈辱条约——《中法新约》

8月26日，清政府被迫向法国宣战。1885年2月，清政府命冯子材帮办广西关外军务。3月，冯子材率领清军粉碎了法军的进攻，一举取得闻名中外的镇南关—谅山大捷，扭转了中法战争的整个战局。

法军战败的消息传到巴黎以后，法国朝野震动，政局动荡。在人民抗议、议会质询下，茹费理内阁被迫下台，法国面临军事、政治交困的严重局面。而中国军队已完全取得了战场上的主动权，形势对中国十分有利，冯子材等约会西路滇军，做好了进攻北宁、河内的准备。

▼晚清重臣李鸿章

就在这时，昏庸的清政府却做出停战撤兵的荒唐决策，并派出李鸿章为全权代表与法国进行停战谈判。6月9日，李鸿章与法国驻华公使巴德诺在天津签订了中国近代史上虽取得战争胜利却屈辱求和的不平等条约——《中法新约》。

中法战争中国不败而败的可耻结局，彻底暴露了清政府腐败软弱的本质，进一步滋长了帝国主义侵略中国的野心。

甲午海战

在中国沦为列强瓜分的对象时，经过明治维新以后的日本迅速走上了发展资本主义的道路。日本的资本主义具有强烈的掠夺性和扩张性。早在明治维新时期，日本便提出要以武力征服中国和世界。

1894年春，朝鲜爆发东学党领导的农民起义。朝鲜的统治者无力镇压这次起义，便请求清政府派兵支援。日本认为这是发动侵略战争的大好时机，一面竭力怂恿清政府出兵，一面秘密下达动员令，准备挑起事端，发动与中国的战争。

清政府中了日本人设下的圈套，于6月5日派直隶提督叶志超率军1500人开赴朝鲜，驻守在汉城以南的牙山。

日本眼见阴谋得逞，遂以保护使馆、侨民为借口派大量军队进入朝鲜，控制了从仁川到汉城一带的军事要地，并于6月10日占领了汉城。随后，日军源源不断地开入朝鲜，总兵力达万余人。

▲甲午战争博物馆

清政府看到朝鲜内部局势已趋平稳，建议中日双方同时撤兵，但却遭到日本的无理拒绝。日本军国主义恣意挑起战争的凶恶面目暴露无遗。

7月22日，日军攻占了朝鲜王宫，劫持国王，组建傀儡政权。

7月25日，日本迫使朝鲜大院君傀儡政府宣布“授权”日军驱逐在朝的中国军队。

就在同一天，日本不宣而战，兵分两路向驻守牙山的中国军队及牙山口外丰岛海面的中国兵舰发动了突然袭击，挑起了侵略中国的甲午战争。

甲午中日初次海战

在这一天，我国“济远”、“广乙”两舰从牙山出发，驶往旅顺，途经丰岛海面时，遭到日本3艘军舰的拦截和围攻。“广乙”舰在躲避日舰追击时触礁而毁，死伤70余人；“济远”舰在遇日舰后，管带方伯谦挂出白旗示降，然后转舵回逃。舰上的爱国士兵不堪受辱，奋起抵抗，以尾炮击伤敌舰，摆脱了追击。

这时，正有运兵船“高升”号及1艘护航舰“操江”号从天津行驶至此，日舰以强压弱，俘获了“操江”号，强迫“高升”号中国官兵投降。中国将士宁死不屈，进行自卫。日舰开炮射击，“高升”号上的1100名官兵除250人死里逃生外，其余全部遇难。日本在海上发动偷袭的同时，又派陆军向驻守牙山的清军发起进攻。聂士成率部与日军激战，而主将叶志超竟弃城逃往平壤，牙山失守。在遭到日军突然袭击之后，清政府被迫应战。8月1日，中日双方同时宣战。

黄海海战

中日两国宣战后，日本联合舰队积极寻机与北洋舰队主力决战，企图击败

▼中日甲午战争之黄海大战

中国海军，完全夺取黄海制海权，以掩护和支援陆军的地面作战行动。

1894年9月上旬，平壤战役爆发，清政府决定调兵增援。派北洋水师提督丁汝昌率“定远”号等12艘军舰和4艘鱼雷舰护送招商局5艘轮船，装运驻防大连的6000名士兵入朝，增援驻守平壤的清军。

9月16日，在北洋舰队护卫下，清军搭乘轮船由大连出发，于当晚在大东沟安全登陆。日军实际已于前一天夜里攻陷了平壤，并开始实施进攻中国的战争准备。而且，此时日本海军联合舰队正在海面搜索北洋舰队，企图全歼北洋海军，以取得黄海、渤海的制海权，确保对中国陆军作战的顺利进行。当得知北洋海军出动的消息后，日军舰队准备出海攻击清朝舰队。

9月17日晨，北洋舰队正准备起锚返航，日舰忽然出现在北洋舰队附近海面。丁汝昌闻报立即下令迎战。中午，北洋舰队“定远”舰首先发炮，打响了黄海战役第一炮。日舰利用速度快、炮位多的优势，避开北洋舰队“定远”、“镇远”两主力舰的正面炮火，绕向北洋舰队侧后，以左右舷炮轰击两翼小舰，并集中火力攻击我旗舰“定远”号。

▲甲午海战前，“致远”号军官合影（图中双手交叉者为邓世昌）

战斗一开始，旗舰“定远”号一发炮就震塌了飞桥，正在台上督战的丁汝昌坠落甲板摔伤，信号旗语装置被日舰炮火击毁，舰队指挥失灵，造成北洋舰队阵形混乱，陷于各自为战的被动局面。丁汝昌虽伤却不下火线，坚持指挥旗舰“定远”号炮击敌舰。北洋舰队官兵英勇战斗，奋不顾身，重创日本旗舰“松岛”号、“赤城”、“比睿”、“西京丸”号，击毙“赤城”号舰长坂元八太郎，而且还不同程度地击伤“吉野”、“浪速”、“松岛”、“高千穗”、“秋津洲”等日舰。

到下午2时左右，北洋舰队遭到日本舰队的夹击，除“定远”、“镇远”舰能相互策应外，其余各舰被分割异处。“致远”号在激战中多处受创，舰身倾斜，弹药将尽。管带邓世昌见日舰“吉野”号十分猖狂，毅然下令开足马力向前猛冲，准备用冲角撞击“吉野”号，与敌人同归于尽。不幸中雷沉没，全舰250名官兵除7人遇救外，其余全部壮烈牺牲。“经远”号也被敌鱼雷击沉，管带林永升及手下约200名官兵大都壮烈牺牲。当“致远”号、“经远”号与敌激战时，“济远”号管带方伯谦和“广

◀登载在《伦敦新闻画报》上的美术作品——黄海海战中的『致远』号

◀维多利亚涂装的『靖远』号舰艉照片，可以清晰地看到舰艉的龙纹

甲”号管带吴敬荣却贪生怕死，临阵脱逃。“济远”号在逃跑时还误将“扬威”号撞沉；“广甲”号在大连湾三山岛外搁浅，被敌舰击沉。“靖远”号、“来远”号因中弹过多，被迫退出战斗。“定远”、“镇远”两舰分别在总兵刘步蟾、林泰曾指挥下，保持相互依恃的阵形，虽中弹多处，仍继续奋战。

◀黄海海战后『致远』号露出水面的残骸

下午3时半，日本旗舰“松岛”号被“镇远”号巨炮击中，甲板上炸药爆炸，官兵死伤约100人。不久，“靖远”号、“来远”号抢修完毕，重新投入战斗。一度退出战斗的“平远”号、“广丙”号及各鱼雷艇也相继折回。下午，日军感到形势对自己不利，各舰从东南方向逃出战场。北洋舰队追击约10海里，然后整队返回旅顺。

黄海海战，其规模之大、时间之长，在近代世界海战史上都是罕见的。在这次海战中，中国北洋舰队伤亡管带以下千余人，损失战舰6艘，其余各舰也不同程度受伤；日舰5艘受重创，死伤舰长以下约600人，参战各舰均受伤，其中旗舰“松岛”号完全失去战斗能力，“西京丸”号几乎被击沉。经此一战，日本虽未达到消灭北洋舰队的目的，但由于李鸿章从此不许北洋舰队巡海作战，日军便控制了黄海制海权。

旅顺惨案

日本陆军占领平壤、海军取得黄海制海权后，便决定入侵我国的辽东半岛。10月24日，日军在朝鲜新义州强渡鸭绿江，猛攻虎山。清军顽强抵抗。激战6小时后，虎山最终被日军占领。26日，日军占领重镇九连城，并分兵进占安东、凤凰城。清军的鸭绿江防线3天内就被日军突破。此后，日军第一军分东西两路进犯，占领长甸、宽甸、岫岩、海城，进逼沈阳。与此同时，日军第二军第一师团在日本海军掩护下，分三批在辽东半岛东岸花园口登陆，直抄旅顺、大连后路。

11月5日，日军猛攻金州。6日，清军战败，退回旅顺，金州遂失陷。7日，日本陆海军互相配合，向大连发起进攻。由于大连守将赵怀业已于6日逃往旅顺，兵勇溃散，日军未受抵抗便占领了大连，缴获清军大炮120多门，炮弹约246万发，子弹约3200万发以及大量军用物资。当天，日军混编第十二旅团也在花园口登陆完毕。

日军在大连休整10天，于11月18日向旅顺发起进攻。21日，日军主力猛攻可以瞰制各炮台的椅子山炮台。22日，椅子山炮台和其他炮台相继被日军攻破，守军溃散，号称“固若金汤”的旅顺军港失陷。至此，辽东半岛被日军全部占领。

日军在占领辽东半岛过程中，烧杀抢掠，无恶不作。更令人发指的是，日军制造了惨绝人寰的旅顺惨案。日军侵入旅顺后，兽性大发，竟借口为在攻城战中死去的官兵“复仇”和捕杀躲藏在城内的清军士兵，使用各种极其残忍的手段，对手无寸铁的旅顺居民进行一连 4 天的血腥大屠杀，旅顺居民 2 万多人惨遭杀害。

惨败的北洋水师

黄海海战后，北洋水师在旅顺整修。1894 年 10 月 18 日，北洋水师又移师威海卫。日军占领旅顺后不久，便向山东半岛进犯，用海陆军夹攻威海卫，妄图一举摧毁北洋舰队。1895 年 1 月 20 日，日军出动 2 万人，兵分两路，一路佯攻登州以迷惑清军，主力则在 25 艘军舰护送下陆续在荣成湾成山头登陆，占领了荣成县。25 日，日军分南北两路西犯威海卫，南帮炮台和北帮炮台被日军攻陷。北洋舰队在港东口已无立足之地，被迫移至西口。至此，威海卫陆上的据点全落敌手，北洋舰队和刘公岛陷入重围。

2 月 3 日，日本舰队倾巢进犯，轮番向停泊在刘公岛、日岛的北洋海军炮击。日军连续几天的强攻和偷袭，使北洋舰队受到重创，遭受很大损失。“定远”舰中雷受重伤，不久自毁；“来远”、“威远”等舰被日鱼雷艇袭沉。

2 月 7 日，日军对北洋舰队发起总攻，炮声轰鸣，硝烟蔽海，战斗异常激烈。清海陆守军经过 10 余天艰苦的鏖战，伤亡过重。随着战势日益险恶，在北洋舰队服役的外国海员伙同部分中国卖国将领煽动兵变，逼迫丁汝昌投降。11 日，丁汝昌接到密报，得知已不可能从陆路得到增援，便命令各舰突围，但外国海员和一些准备投降的将领坚决反对。

丁汝昌在绝望中自杀殉国。在此前后自杀的将领还有威海守将戴宗骞、“定远”舰管带刘步蟾、刘公岛北洋护军统领张文宣、“镇远”舰管带杨用霖等人。12 日，营务处道员刘昶炳等人盗用丁汝昌名义，起草乞降书，向日本舰队投降。16 日，刘昶炳代表清军在投降条约上签字，并交出威海卫港内北洋舰队全部残余舰只以及刘公岛、日岛等各炮台所有军械弹药。17 日，日本联合舰队正式占领威海卫。清政府耗费无数钱财，苦心营办的一支空前强大的近代化的北洋舰队就这样彻底覆灭了。

◀为国捐躯的北洋水师提督丁汝昌像

1895 年 3 月 19 日，清政府任命李鸿章为全权大臣前往日本马关，与日本全权代表、总理大臣伊藤博文议和。经过近 1 个月的谈判交涉，在日本帝国主义的高压下，李鸿章被迫与日本签订了屈辱的《马关条约》：赔偿日本军费白银 2 亿两；并将台湾全岛附属岛屿、澎湖列岛和辽东半岛割让给日本；开放沙市、重庆、苏州、杭州为商埠，日本轮船可沿内河驶入以上各口；允许日本在中国的通商口岸开设工厂，产品运销中国内地免收内地税。从此，台湾变成了日本的殖民地，直到 1945 年台湾才回到祖国的怀抱。

八国联军洗劫紫禁城

▶侵略北京的八国联军

▶八国联军向北京进发

由于西方列强的不断侵略，中国已经逐渐沦为半封建半殖民地国家，广大人民生活在水深火热之中。

19 世纪末 20 世纪初，在我国北方爆发了反帝爱国的义和团运动。义和团以农民为主体，以“扶清灭洋”为口号，反抗侵略者的压迫，这一举动，沉重打击了列强在华的统治。因此，列强就叫嚣要用武力镇压义和团。

八国联军进京

1900 年 5 月 28 日，奥、英、德、法、意、日、俄、美八国一致决定，以“保护使馆”的名义调兵进入北京。5 月 31 日和 6 月 2 日，八国的海军陆战队 450 人陆续从天津开抵北京，进驻东交民巷。随后继续向中国增兵，24 艘军舰和二千余侵略军向大沽口集结。10 日，八国拼凑了二千多人，在英国海军中将西摩尔的率领下向北京进犯。14 日，西摩尔联军所乘的火车在廊坊车站等处受到义和团的袭击，被迫沿北运河向天津逃窜。15 日，各帝国主义国家舰队司令在大沽口开会，议决出兵，以助清“剿匪”为名义，屠杀中国人民，扩大侵华战争。16 日，俄军中尉巴赫麦季耶夫把最后通牒送交大沽炮台守将罗荣光，限次日凌晨 2 时交出炮台。罗荣光严词拒绝。17 日凌晨，联军发动猛攻，驻守大沽炮台的爱国官兵奋起反击，终因弹尽而无后援，使炮台失陷。

在八国联军大规模入侵面前，清朝政府内部出现“战”与“和”的对立主张。以端王载漪、庄王载勋为首的一派主张利用义和团抗击列强，竭力主战；以李鸿章、张之洞为首的另一派则主张把义和团镇压下去，不给列强以借口，他们在光绪帝的支持下坚决反对下战书和围攻使馆，尤其反对向列强同时宣战。为此，从 6 月 16 日开始连续几天在御前会议上，两派唇枪舌剑，展开激烈争论。

▶西什库教堂

正当此时，有一偶然事件发生，即慈禧太后得到一份伪造的洋人照会，其中内容之一是“勒令太后归政”。慈禧闻听勃然大怒，于 6 月 20 日发出宣战诏书，并将反对宣战的大臣处死。同时，颁布了正式招抚义和团的上谕。可惜，就在清政府宣战后不久，慈禧太后就指示荣禄派人与使馆议和，又电令驻外国使臣，乞求各国体谅，并保证“设法相机自行惩办”义和团。

与清政府对列强乞和的态度相反，京津义和团和爱国清军奋勇抵抗侵略者，表现了中华民族不畏强暴的英雄气概。

天津义和团和驻军在大沽炮台失守后，又在紫竹林东面的武备学堂、东局子和老龙头火车站、纪家庄、八里台等处与八国联军展开激烈搏斗。八国联军不断向天津增兵，达一万余人。7 月 14 日，联军用炸药轰塌城墙，清军和义和团与侵略军展开激烈巷战。不久，天津失陷。

在天津保卫战的同时，北京义和团和清军也在攻击使馆区和西什库教堂。从 6 月 20 日至 8 月 4 日，义和团和清军围攻东交民巷使馆区 56 天。清政府则对义和团施行借刀杀人的毒计，对使馆区实行严加保护的策略，因此义和团终未攻下使馆区。从 6 月 15 日至 8 月 16 日，义和团和清军进攻西什库教堂 62 天，也未能将教堂攻下。

8 月 4 日，八国联军 2 万人，以英、日、美军为左翼，俄、法等军为右翼，从天津沿运河西岸北犯。虽然义和团和清军奋力抵抗，但由于主将自杀，军心涣散，致使八国联军长驱直入，于 13 日直抵北京城下。夜里，俄军抢先攻破东便门，北京陷落。15 日凌晨，慈禧太后带着光绪皇帝和少数亲信臣仆仓皇逃离北京。

炮火下的北京城

8 月 14 日，八国联军攻占北京后，在北京城内疯狂屠杀义和团民众，仅在庄王府一处就屠杀、烧死约 1700 人。这些侵略军无恶不作，凶暴肆虐，不论什么时候，也不论在什么地方，凡是遇到中国人就枪击。八国联军还对北京的官邸府院、寺庙民宅、城垣宫苑乃至档案图书等进行焚烧和破坏，以致把殿宇巍峨、金碧辉煌的北京城变为处处颓垣断壁的荒城。

在烧杀破坏的同时，八国联军还大肆进行劫掠。八国联军总司令部下令，特许侵略军在北京抢劫 3 日，实际上公开抢劫了 8 天。参与抢劫的除侵略军的军官、士兵外，外交官、传教士、部分侨民也加入了抢劫的行列之中。直到八国联军撤出北京，这种野蛮行为才终止。皇宫、颐和园、三海、坛庙、陵寝、王公府第、各部衙署，直至店铺民房，无一例外地遭到侵略者的抢劫。典章册籍、珍本图籍、稀世文物、字画碑帖等珍奇国宝，甚至妇女的簪花、耳佩首饰，无一不遭到抢劫。

事后，经内务府清点，仅在宫内丢失秘籍、古版善本图书就有约 20 种，丢失宝物二千余件。其实宫内被劫的各种宝物珍藏的数目是无法查实的；至于宫外以至民居、商号、店铺所受的损失，其详细数字永远也不能查清。

1901 年 9 月 7 日，奕䜣和李鸿章代表清政府与英、法、日、俄、德、美、意、奥、西、比、荷 11 国的代表在最后议定书上签字。因为这一年是农历辛丑年，所以议定书被称为《辛丑条约》。

▲这是李鸿章和庆亲王奕劻代表清政府与各国列强签订《辛丑条约》时的情景

《辛丑条约》的订立，使帝国主义从政治、经济、军事等方面大大加强了对中国的统治。《辛丑条约》的订立，标志着中国已经完全沦为半殖民地半封建社会。

丧权辱国的"二十一条"

第一次世界大战爆发

1914年，爆发了帝国主义重新瓜分殖民地和划分势力范围的第一次世界大战。战争双方是两大帝国主义集团：一方是德国、奥匈帝国、保加利亚、土耳其等组成的同盟国，另一方是英、法、俄以及比利时、塞尔维亚等组成的协约国。后来，日、意、美等国陆续加入了协约国，对同盟国作战。

第一次世界大战爆发后，当时在北洋军阀控制下的北京政府于8月6日宣告中立，并宣布"各交战国在中国领土、领海不得有占据和交战行为"，"各交战国之军队军械及辎重品，均不得由中国领土、领海经过"，等等。

然而，中国政府的中立态度以及上述声明，丝毫未能阻止帝国主义对中国的侵略。早就对中国怀有极大侵略野心的日本帝国主义，利用欧洲列强卷入大战而无暇东顾之机，加紧了对中国的侵略，并首先把侵略矛头指向山东。

日本帝国主义强占山东

这次日本侵略山东，是打着对德作战的幌子进行的。在中国政府宣告中立后的第三天，日本军舰就出现在青岛海面上。8月15日，日本对德国发出最后通牒，要求"德国军舰立即从日本和中国海上撤退，不能撤退的解除武装"；还要求"在9月15日以前，德国将全部胶州湾租借地无偿无条件交付日本，以备将来交还中国"。以上要求，限8月23日正午前答复。

由于德国对日本的最后通牒置之不理，日本便高唱所谓"保卫东亚和平"的高调，对德宣战。英国在无法阻止日本进攻山东德军时，为维护其在华的侵略权益，也象征性地派遣部分英军参加进攻青岛的军事行动。随即日舰炮轰青岛要塞，封锁胶州湾。

9月2日，日军2万多人从龙口登陆，先占领莱州半岛，接着又强占了潍县车站，并以胶济铁路系德国政府的财产为借口继续沿胶济铁路西进，强占青州、济南车站。

11月7日，日军攻占了青岛，驻青岛德军向日军投降。至此，日军在中国境内的对德作战宣告结束，日军完全占领了整个胶州湾租借地和胶济铁路沿线。

日军对山东的侵略，不但破坏了中国的中立状态，而且在它所过之地任意妄为。日军在占领平度县张贴的布告中，狂妄宣称："妨碍日军一切行动者处斩。"

日军在沿胶济铁路西进途中，威胁中国军队从胶济铁路撤开，无理宣称："若有冲突，日本将认为是助德敌日之举。"日军对所经过的中国地区肆意蹂躏，在其经过的潍县、高密、即墨、平度、黄县、掖县、招远、昌邑、安邱、昌乐、益都、临淄、历城等14个县就发生了35起日军暴行事件，其中以人命案居多。

对于日军在中国领土上的侵略行径，袁世凯政府逆来顺受，不敢马上要求日本撤军。直到1915年1月7日，北京政府才正式照会日、英驻华公使，声

▲急于称帝、并到处寻求帝国主义支持的袁世凯

明战事平定，中国取消中立区域，要求两国撤走这一区域内的军队。9日，日本复照，断然拒绝撤兵的要求。此后，日本长期霸占青岛和胶济铁路；而且它在青岛驻屯军还成立了市政机构，控制海关，实行殖民统治，并以此为据点，在北伐战争时期还两次出兵干涉中国内部事务。日本帝国主义的胃口越来越大，此后还不断提出侵华的无理要求，给中国人民造成极大的灾难。

灭亡中国的“二十一条”

第一次世界大战爆发后，日本朝野上下无不认为是“天赐良机”，决心实现其独霸中国的野心。而中国当时的袁世凯政府是一个卖国的政府，除了发几个书面抗议和进行所谓的“交涉”外，根本就不可能以武力抵抗日本的侵略。而在这时，袁世凯正在紧锣密鼓地筹划称帝丑剧，到处寻求帝国主义的支持。日本也看出袁世凯急于称帝，便以支持帝制为诱饵，使袁世凯成为其妄图灭亡中国的工具。所以在入侵山东、占领青岛以后，日本不但拒绝中国政府提出的撤军要求，而且还抛出了灭亡中国的“二十一条”。

1915年1月18日，日本驻华公使日置益向袁世凯当面递交了一份用日文写的“二十一条”，并逐条加以说明，表示如能答应这些要求，日本对袁世凯“亦可遇事相助”。“二十一条”的主要内容为：承认日本继承德国在山东的全部权益，并加以扩大；延长旅顺、大连的租借期限及南满、安奉两铁路的期限为99年，并承认日本在南满及内蒙古东部的特权；汉冶萍公司改为中日合办，附近矿山不准公司以外的人开采；中国沿海港湾、岛屿不得租借或割让给他国；中国政府须聘用日人为政治、财政、军事顾问，中国警政及兵工厂由中日合办，日本在武昌与九江、南昌间及南昌与杭州、潮州间有修筑铁路权，在福建有投资筑路和开矿的优先权。

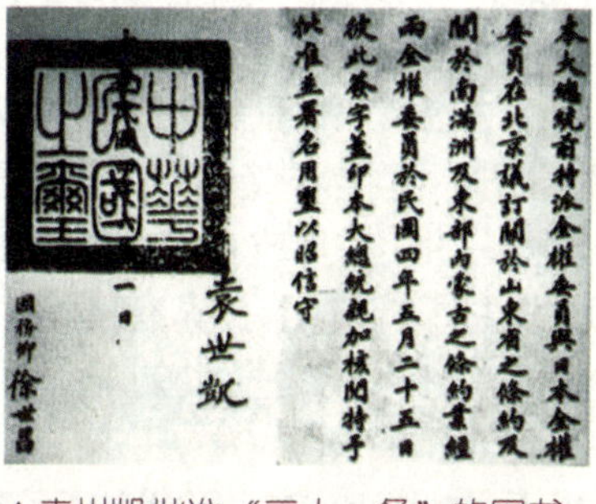

本大總統前特派全權委員與日本全權委員在北京議訂關於山東省之條約及關於南滿洲及東部內蒙古之條約業經兩全權委員於民國四年五月二十五日彼此簽字蓋印本大總統親加核閱特予批准並署名用璽以昭信守

中華民國之璽

袁世凱

國務卿徐世昌

▲袁世凯批准“二十一条”的国书

袁世凯为得到日本对他复辟帝制的支持，派出外交总长陆徵祥、次长曹汝霖与日本代表日置益秘密谈判。

在谈判期间，日本以“换防”为名增兵东三省、山东、天津等地，实行武力威胁。北京政府被迫做出让步，于5月9日接受“二十一条”。

“二十一条”是中国的奇耻大辱，故从一开始就遭到中国人民的强烈反对，全国教育联合会还因此将5月9日定为“国耻纪念日”。

▲北洋政府与日本签署丧权辱国的“二十一条”

伪满洲国

九一八事变

1931年9月18日晚10时许，驻南满铁路日本关东军守备队，按照关东军司令部预定计划，炸毁了南满铁路沈阳北郊柳条湖一段铁轨，制造了所谓的“柳条湖事件”。然后，日军反诬中国军队破坏铁路，以此为借口，在11时左右，大举进攻中国东北军驻地北大营。守军奉东北边防军司令部命令不战而退。

◀南满铁路

日军在占领东北军营地后，于19日凌晨向沈阳发动进攻，中午占领了沈阳城及郊区的重要军事机关和设施。同日，日军又以闪电般的速度攻占了二十余座城市，掠地一千余里，这就是九一八事变。随后，日本军队迅速占领了东北大部分地区。

◀日军炮轰中国东北军驻地北大营

11月31日，日军又准备对锦州发动总攻，但中国军队奉命撤出锦州。

1932年1月3日，日军占领锦州。紧接着又占领了辽西，回过头北上进攻哈尔滨。27日，日军借口哈尔滨有4名日本人被杀，开始发动进攻。经过几天激战，中国军队于2月2日撤退，哈尔滨沦陷。

从九一八事变到哈尔滨失陷，仅4个月零18天的时间，东北全境近百万平方千米的土地和3000万同胞都陷于日本帝国主义的铁蹄之下。

傀儡政权

九一八事变爆发时，中国驻守东北的军队有近20万人，而日本关东军连援军在内也不过两万多人。中日兵力对比如此悬殊，而日本侵略军却能轻易地在一夜之间占领东北重镇沈阳城，4个多月占领东北全境，除了日本帝国主义事先做了周密计划，事变中搞突然袭击外，其根本原因在于国民党政府实行卖国的不抵抗政策。

日本帝国主义侵占我国东北后，为了在东北三省及热河和内蒙古建立其殖民统治，先后炮制出《满蒙问题解决方案》、《满蒙共和国统治大纲草案》、《满蒙自由国建设大纲》等方案，确定在东北建立“独立国家”。为此，选中已被废黜的清朝末代皇帝溥仪为其傀儡，充当“元首”，建立伪满洲国。

在关东军的指使下，汉奸们大搞“独立”运动。在各地方成立伪“维持会”，并在各省扶持组建伪政权。1931年9月26日，在日本军国主义策划下，吉林省政府召开地方士绅会议，宣布解散吉林省政府，另组长官公署，以熙洽为长官，日本坪井大佐为警备司令。公署下设民政厅和军务厅，职官人数中、日各半，而实权完全掌握在日本顾问手中。该伪政权还发布宣言和通电，声明与南京国民政府脱离关系，宣布独立。

12月16日，关东军强行解散辽宁地方维持会，正式成立伪奉天省政府，汉奸臧式毅为省长。

1931年11月10日，沈阳成立了伪奉天省地方自治指导部，汉奸于冲汉为"部长"，然后派"自治指导员"到各县扶持地方傀儡政权，组织地方武装。

◀傀儡皇帝溥仪

伪满洲国

1932年，关东军决定将各省伪政权联合起来，建立起在日本控制下的"新的统一政权"。2月16日，在关东军操纵下，张景惠、熙洽、臧式毅等在沈阳召开"建国会议"，成立"东北行政委员会"，张景惠任"委员长"，臧式毅、熙洽、汤玉麟、齐王、凌升与张景惠6人为"委员"，并决定3月1日成立"新国家"。

◀伪满洲国国务院旧址

18日，伪"东北行政委员会"发表宣言，宣布脱离南京国民政府。25日，公布《新国家组织大纲》，规定伪国名为"满洲国"，元首叫做"执政"，国旗为红、蓝、白、黑、满地黄的五色旗，年号为"大同"，定都长春并改称"新京"。

29日，"全满建国促进运动大会"通过宣言和决议，并派代表去旅顺"敦请"溥仪出任"执政"。3月1日，发表《建国宣言》，宣告伪满洲国成立。6日下午，在关东军严密护卫下，溥仪前往"新京"。9日，溥仪就任"执政"。10日，溥仪以"执政"名义公布了由关东军内定的伪官员名单。15日，溥仪便与日本帝国主义签订了一个可耻的卖国密约——《日满议定书》，将"满洲国"的主权拱手交给日本。

▼1932年9月15日《日满议定书》的签订标志着中国东北成为日本的殖民地

日本宣布正式承认伪满洲国。1934年3月，伪满洲国改称"满洲帝国"，"执政"改称"皇帝"，"年号"由"大同"改为"康德"。实际上，溥仪这个傀儡"皇帝"一切都得听任日本帝国主义摆布，充当了日本帝国主义侵略中国的工具。

南京大屠杀

日军一路杀向南京

1937年，日本在卢沟桥打响了全面侵华战争的第一枪。同年，日军大举进攻上海，并与国民党军队展开了淞沪会战。国民党军队在战役中大败，日军占领了上海。

日本侵略者占领上海后，便迅速分兵三路向南京进犯。当时防守南京的是南京卫戍司令长官唐生智指挥的15万国民党官兵。12月7日，日军发动对南京城的全面进攻。8日，日军攻破南京外围防线。10日，进攻城郭。12日午后，日军突入城内，唐生智仓皇下令总撤退。由于缺乏周密的突围计划，10多万军队迅速溃败。13日，南京几乎在没有抵抗的情况下失陷了。

在未占领南京之前，松井石根就对其部属主要军官提出，南京是中国的首都，进犯南京必须进行周详的研究，要大张“武威”，使中国“畏服”，妄图迫使中国政府投降，使中国人民停止抗日。12月13日晨，日军谷寿夫师团首先从中华门进入南京，血洗了聚集在中山北路、中央路的难民区。由此，一场惨绝人寰的大屠杀便开始了。

◀南京大屠杀中的悲惨场面

◀被杀害的南京市民的尸体

血腥屠杀

13日，约有10万难民和溃散的中国士兵，被日军围逼到燕子矶江边沙滩上，遭到数十挺机枪的疯狂扫射。顿时，尸体蔽江，水不为流，至少有五万余人惨遭杀害。

14日，日军在汉西门外集体屠杀难民和非武装军警七千余人，江岸之上，尸体纵横，血流成河。

15日，日军在司法院难民区搜捕二千余人，押至汉中门外，用机枪扫射，又用木柴、汽油焚烧。同日下午2时，在挹江门姜家园南面，日军将居民三百余人或用机枪扫射，或纵火烧死；夜里又将所俘军民九千余人押往海军鱼雷营，用机枪密集扫射杀死。

16日，在中山北路前法官训练所旧址，日军将一百余人拖至4条巷塘边，用机枪全部射杀；在鼓楼5条巷4号难民区，日军俘虏军民数百人，驱集他们到大方巷广场上，用机枪射杀；同日，日军还将华侨招待所难民五千余人，押至中山码头，用步枪、机枪射死，并把尸体推入江中灭迹。

17日，日军在下关上元门屠杀三千余人，又在三叉河杀害四五百人。在煤炭港，将二千余人衣服脱光，先用机枪扫射，再把未杀死的人关在机房里连人带房一起火烧。

▲被俘的中国人成了日军的活靶子

18日，日军在下关草鞋峡，将男女老幼57000人集体残杀，然后浇上煤油，纵火焚烧，骸骨投入江中，其兽行令人发指。

这一段时间内，日军还在上新河一带残杀被俘军人及难民近30000人。南京城里尸骸遍野，人血染地，简直成了一座血腥的人间地狱。

更令人发指的是，日本兽兵以杀人为乐，甚至开展"杀人比赛"。中岛部队的两名少尉无耻地约定：谁先杀满100人，谁就夺取锦标。一路杀来，到汤山时，究竟谁先杀死100人，无法判明，又改为以杀死150人为标准继续进行"比赛"。

一个日军中队长用一把"助广"大军刀，一口气杀死三百余人。灭绝人性的日本强盗，还将难民吊在树上当活靶子取乐。有的在难民身上浇汽油然后射击，被弹击火烧的难民满地翻滚，日寇鼓掌狂笑。有的逼着难民脱光衣服破冰摸鱼，难民们受冻难忍，而日寇却手舞足蹈。有的将人头挑在枪上，在街上嘻笑取乐。有的把人捆在电线杆上然后用火烘烤，待人被烧焦后，狂呼而去。至于刺鼻挖眼，开肚扒肠，刺穿喉咙的，更是随处可见。

◀杀人魔王的杀人比赛

根据战后日本东京远东国际军事法庭和南京中国军事法庭的调查裁定，在南京大屠杀中，我国死亡人数在30万以上。其中被集体屠杀的有十九万余人，零散被杀的有一万余人。但据近几年发掘的新材料证实，被杀害的人数达38.5万，比原裁定数字还要多。

日寇在灭绝人性地屠杀中国无辜同胞的同时，又犯下奸淫无数中国妇女的滔天罪行。被日寇奸淫的南京女同胞，上至80岁老妪，下至七八岁幼女，景状之惨，难以言诉。日军发泄完兽性后，还灭绝人性地将她们剖腹、刺胸、割乳，施以种种下流手段。据事后南京敌人罪行调查委员会的国际人士粗略统计，当时南京城受辱妇女达80000人之多，其中一部分在遭奸污后又被残忍杀害。日军中将谷寿夫本人，不仅亲自持刀杀人，还像禽兽一样在大街上强奸妇女达10人之多。

日军还在南京城内疯狂地焚烧劫掠。最繁华的商业区街道太平路被烧成一片焦土，市内其他各商业区也遭同样浩劫，全市约有1/3的地方化为灰烬。

日寇在占领南京后的一个半月内，对中国人民犯下了弥天大罪。日军在南京的大屠杀，是人类历史上最野蛮、最可耻的暴行记录。战后，南京大屠杀的主要凶犯松井石根、谷寿夫等都分别受到绞死或处死的惩罚。但是，这一沉痛的国耻，是永远都不能从炎黄子孙的记忆中消失的。

▲饱受日军蹂躏的中国妇女

爱国篇

Part 3

中国是一个领土辽阔、历史悠久、民族众多、有着灿烂文化和优良传统的文明古国。中华民族是一个伟大的民族，有着几千年的文明史。中华民族用自己勤劳的双手建造着自己的祖国，美化着自己的家园。热爱祖国是中华民族的传统美德。自古以来，中华民族就把对祖国的忠、对民族的爱，视为做人的根本与大节。

岳飞精忠报国

◀岳母刺字

岳母刺字

岳飞从小家境贫寒，食不果腹，但他受母亲的严教，性格倔强，为人刚直。一次，岳飞有几个结拜兄弟，因为没有饭吃，要去拦路抢劫，他们来约岳飞。岳飞想到母亲平时的教导，没有答应，并且劝他们说："拦路抢劫，谋财害命的事情，万万不能干！"众兄弟再三劝说，岳飞也没动心。

岳母从外面回来，岳飞一五一十地把情况告诉了母亲，母亲高兴地说："孩子，你做得对，人穷志不穷，咱不能做那些伤天害理的事！"

岳飞十五六岁时，北方的金人南侵，宋朝当权者腐败无能，节节败退，国家处在生死存亡的关头。一天，岳母把岳飞叫到跟前，说："现在国难当头，你有什么打算？"

"到前线杀敌，精忠报国！"

岳母听了儿子的回答，十分满意，"精忠报国"正是母亲对儿子的希望。她决定把这四个字刺在儿子的背上，让他永远铭记这一誓言。

岳飞解开上衣，请母亲下针。岳母问："你怕痛吗？"岳飞说："小小钢针算不了什么，如果连针都怕，怎么去前线打仗！"岳母先在岳飞背上写了字，然后用绣花针刺了起来。刺完之后，岳母又涂上醋墨。

从此，"精忠报国"四个字就永不褪色地留在了岳飞的后背上。

卖国贼秦桧

秦桧本来是北宋时期的大臣。当宋徽宗、宋钦宗两个皇帝被金兵俘虏到北方去的时候，秦桧和他的妻子王氏也跟随他们一起被俘到金国。金太宗认为他很有才干，就把他派到大将挞懒部下当军事参谋。

这时候，金国发现南宋抗金力量越来越强大，又有岳飞、韩世忠等大将坚决主张抗战，不好对付，就决定把秦桧放回南方充当内奸。1130 年，挞懒攻打楚州（今江苏淮安）的时候，把秦桧和他的妻子放回了南宋。

秦桧来到越州宋高宗的行宫求见，天花乱坠地编造了一通谎话，说他在楚州怎样杀死敌人的看守，怎样夺了一条船逃出来。当时就有不少大臣怀疑，楚州到越州路途遥远，秦桧越过金兵防线逃回来，难道金兵没有追捕？再说，即使敌人防备不严，让他偷跑了，一定十分匆忙，又怎能带着王氏一起走？

◀卖国求和并诬陷岳飞使其身亡的奸臣秦桧，死后被塑成跪像，万世跪于岳飞像前，并为后世所唾弃

▲杭州岳王庙《郾城大捷》壁画

但是，当时的宰相范宗尹跟秦桧交往甚密，竭力在高宗面前帮秦桧说话，并且说秦桧是个既可靠又能干的人才。宋高宗本来日思夜想要跟金国讲和，听说秦桧从金国回来，熟悉金国内情，立刻召见秦桧。

宋高宗召见秦桧后，觉得秦桧的主张很合他口味。他任命秦桧做礼部尚书，过了 3 个月，又提升他当副宰相；再过半年，秦桧已成为宰相兼枢密使，掌握了南宋军政大权。

秦桧当了宰相之后，就干起卖国求和的勾当来，但是昏庸的宋高宗却把秦桧当作心腹看待。秦桧利用他的权力和地位，勾结金国，千方百计破坏抗金将领的活动。听到岳飞连战连胜，准备直捣黄龙府，大为恐慌。于是，他就唆使宋高宗发出命令，要岳飞从前线撤兵。

岳飞突然接到宋高宗的撤兵命令，感到莫名其妙。他派人送奏章给高宗说：金兵已经丧尽士气，我军士气高涨，胜利就在眼前，时机不能错过。他请求高宗取消撤兵命令，允许他继续进军。

秦桧接到岳飞奏章，又想了一个恶毒的手段，先命令张俊、刘光世等大将的人马从淮北前线撤兵，然后对高宗说，岳飞的军队在中原已经成为孤军，不能再留，让宋高宗发出紧急金牌，命令岳飞撤军。

岳飞在前线等待高宗的进军诏令，没想到接到的却是朝廷催促退兵的紧急金牌。岳飞接到第一道金牌，正在犹豫，送金牌的快马又到了。从早到晚，快马一个接一个，一连接到 12 道金牌。岳飞知道要改变高宗的决定已经没有希望，气愤地说：“想不到我 10 年来的努力，一下子全给毁了。”

岳飞要从朱仙镇退兵的消息一传出去，附近的百姓十分震惊，纷纷聚集在街头。他们拦住岳飞的马，哭泣着说：“我们顶着香盆，运着粮草，迎接官军，这是金人都知道的事。现在相公要回去，我们只有死路一条了。”

岳飞看到这个情景，也禁不住流下眼泪，他拿出高宗的诏书来给大家看，说：“朝廷下了紧急金牌，我不能擅自做主留在这里啊！”百姓们见留不住岳飞，都放声痛哭；兵士们也个个心酸，掩着脸哭，整个朱仙镇响起一片哭声。

金兵得知岳家军已撤走，马上重整旗鼓，向南进攻。

秦桧和宋高宗决心向金国求和。他们怕岳飞、韩世忠等人阻挠，把他们召回京城，让韩世忠做枢密使，岳飞做枢密副使，名义上是提升，实际上是解除了他们的兵权。

▲精忠报国的岳飞

文天祥与《正气歌》

◀南宋状元郎文天祥

文天祥（1236~1283），南宋杰出的民族英雄和文学家，吉州吉水（今属江西）人。“人生自古谁无死，留取丹心照汗青。”文天祥一片丹心为百姓，在民族危急关头，宁死不屈，谱写了一曲中华正义歌，受到后人的敬仰。

临危受命

南宋末年，朝廷偏安江南，国势弱小。1273 年，元朝丞相伯颜统 20 万大军攻下襄樊，以此为突破口，顺江而下，不到 2 年的时间，便兵临南宋都城临安的近郊。

形势危急，朝廷急忙下诏，要各地派兵勤王。文天祥捐献家资充当军费，招募当地豪杰，组建了一支万余人的义军，开赴临安。但文天祥带兵到临安后，因投降派的刁难，终于未能上前线抗敌。

1275 年正月，元军兵临城下，文武官员都纷纷出逃，伯颜当然愿意受降，朝廷要右相陈宜中去元营洽谈，陈宜中哪有这个勇气，当天晚上便逃之夭夭。谢太后无可奈何，便升了文天祥的官，派他前往。文天祥临危受命，来到元军大营中。但他不是去投降，他考虑的是国家的安危、民族的存亡，他甚至想借此机会观察一下敌营的虚实，以谋“救国之策”。但是他没有想到，正当他被伯颜扣押不能返回宋营时，他的义兵则在同时被投降派命令解散。敌人的凶残不曾使文天祥受困，昏庸的朝廷和无耻的投降派却使他遭到了第一次严重的挫折。

元军占领了临安，但两淮、江南、闽广等地还未被元军完全控制和占领。于是，伯颜企图诱降文天祥，利用他的声望来尽快收拾残局。文天祥宁死不屈，伯颜只好将他押解北方。行至镇江，文天祥冒险出逃，经过许多艰难险阻，于 1276 年（景炎元年）5 月 26 日辗转到达福州，被宋端宗任命为右丞相。

端宗死后，张世杰、陆秀夫、文天祥又拥立了赵昺，继续在南海一带抗敌。后因叛徒引元兵袭击，文天祥在五坡岭（今广东海丰）被俘。

▲白鹭洲书院创建以来，因其特殊的地理位置和历史变迁，既有“青毡晨夕数，书声弦诵闻”的兴旺景象，也有洪水兵燹造成的“满目疮痍、荒草萋萋”的衰败情状。所幸的是历代吉州有识之士、乡宦名贤倡学业，崇诗书，屡毁屡复，才使书院七百余年弦诵之声不绝于耳。文天祥青年时代就曾在这里读过书

浩然正气

文天祥服毒自杀未遂，被元军元帅张弘范押往崖山，让他写信招降张世杰。文天祥将自己所写的一首诗给了张弘范，诗中最后两句是：“人生自古谁无死，留取丹心照汗青。”张弘范读过诗后，苦笑一声，只好下令攻山。

▶文天祥在生死存亡间坚贞不屈，矢志不移

山被攻破后，元军摆酒庆贺，张弘范又劝降文天祥说："现在宋室已经灭亡，你文丞相已经尽忠尽孝。如果你能像对宋朝那样忠心对待元室，你还会当丞相。"文天祥沉痛地回答："国家危难，我无力救亡，为人臣者即使死了也还有罪，何况叫我投降，改事二主！"张弘范只好派人将文天祥送往元京大都。文天祥一路上绝食8天，以示必死信念。

当时，雄心勃勃的元世祖忽必烈正在搜罗中原人才。他首先派降元的原南宋左丞相留梦炎对文天祥现身说法，进行劝降。文天祥一见留梦炎便怒不可遏，留梦炎只好悻悻而去。元世祖又让降元的宋恭帝赵显来劝降。文天祥北跪于地，痛哭流涕地对赵显说："圣驾请回！"赵显无话可说，怏怏而去。后来元世祖又亲自召见文天祥，问他还有什么愿望。文天祥回答说："我受国家重托担任宰相，怎能又投降元朝，我的愿望就是赐我一死。"元世祖不愿杀他，就将他囚禁在元都多年。

1282年，民间的义士聚积了兵马数千人，扬言要打破大都，救出文丞相。元世祖为绝后患，终于下令处死文天祥。

临刑前夕，元世祖亲自出马劝降，以宰相之职作为诱饵，妄图使文天祥投降，但遭文天祥严厉拒绝。元世祖只好问他，那你究竟要什么呢？文天祥回答说："愿一死足矣！"文天祥这种以身殉国、视死如归的伟大精神使得敌人束手无策，一筹莫展。

1283年1月9日（至元十九年十二月初九），文天祥被押解到元大都柴市刑场。监斩官问："丞相还有什么话要说？回奏还能免死。"文天祥喝道："死就死，还有什么可说的！"他问监斩官："哪边是南方？"有人给他指了方向，文天祥向南方跪拜，说："我的事情完结了，心中无愧了！"于是引颈就刑，从容就义，年仅47岁。

文天祥死后留下的大量诗文，都已成为民族精神的宝贵财富。文天祥也因此成为永垂不朽的民族英雄。

相关知识全接触

《过零丁洋》

辛苦遭逢起一经，干戈寥落四周星。
山河破碎风飘絮，身世浮沉雨打萍。
惶恐滩头说惶恐，零丁洋里叹零丁。
人生自古谁无死，留取丹心照汗青！

《正气歌》

天地有正气，杂然赋流形。下则为河岳，上则为日星。
于人曰浩然，沛乎塞苍冥。皇路当清夷，含和吐明庭。
时穷节乃见，一一垂丹青。在齐太史简，在晋董狐笔。
在秦张良椎，在汉苏武节。为严将军头，为嵇侍中血。
为张睢阳齿，为颜常山舌。或为辽东帽，清操厉冰雪。
或为出师表，鬼神泣壮烈。或为渡江楫，慷慨吞胡羯。
或为击贼笏，逆竖头破裂。是气所磅礴，凛冽万古存。
当其贯日月，生死安足论！地维赖以立，天柱赖以尊。
三纲实系命，道义为之根。嗟予遘阳九，隶也实不力。
楚囚缨其冠，传车送穷北。鼎镬甘如饴，求之不可得。
阴房阗鬼火，春院闷天黑。牛骥同一皂，鸡栖凤凰食。
一朝蒙雾露，分作沟中瘠。如此再寒暑，百沴自辟易。
嗟哉沮洳场，为我安乐国！岂有他缪巧，阴阳不能贼！
顾此耿耿在，仰视浮云白。悠悠我心悲，苍天曷有极！
哲人日已远，典刑在夙昔。风檐展书读，古道照颜色。

戚继光驱除倭寇

戚继光（1528~1587），明朝抗倭名将、军事家。他出生将门，自小立志疆场，保国卫民，年轻时就立下了“封侯非我意，但愿海波平”的抗倭壮志。

勇敢善战的戚家军

中日两国一衣带水，很早以来，两国人民就友好交往，但在明朝的时候，由于日本国内形势的变化，日本的一些武士、商人和海盗，经常到我国东南沿海一带进行掠夺和骚扰，严重地破坏了我国沿海地区人民的生产生活，沿海人民把这些日本人叫做“倭寇”。

明朝中期，朝政腐败，海防松弛，倭寇的气焰更加嚣张，沿海人民深受其害。

戚继光从小喜爱军事，并立志做一个文武双全的人，看到倭寇的侵扰，十分痛恨倭寇的暴行。17岁继承父亲的职务，开始了金戈铁马的军事生涯。

▶鸳鸯阵是戚继光在抗倭战争中独创的一种阵法，此阵法以11人为一队，居首一人为队长，旁二人夹长盾，又次二从持狼筅，复次四从夹长矛、长枪，再次二人夹短兵。阵法可随机应变，变纵队为横队即称两仪阵，两仪阵又可变为三才阵

1559年3月，倭寇大举入侵，台州六县同时告急。驻军宁波的戚继光奉命到台州抗倭。他看到台州各卫所的军队纪律松弛，临战不勇，难以肩负抗击倭寇、巩固海防、保护人民的重任，须组建训练一支新军。戚继光以“杀贼保民”为口号，招募了3000名矿工和农民，进行严格的军事训练。教育士兵以“岳家军”为榜样，做到“冻死不拆屋，饿死不掳掠”。戚继光在组建训练新军的同时，根据江南的地形和倭寇惯用重箭、长枪作战的特点，创造出一种适合江南地形制胜倭寇的长短武器配合的集体攻防的战斗队形——鸳鸯阵。戚继光精心挑选、严格训练的这支军队，纪律严明，勇敢善战，以后在抗倭斗争中屡建奇功，被百姓称之为“戚家军”。

九战九捷

1561年，数千倭寇驾百余只战船，大举侵犯台州地区，分三路登陆，进攻宁海的健跳所、临海的桃渚所、温岭的新河所，来势凶猛，形势危急。戚继光不断接到告急的军事情况。他仔细分析了3处倭情后，当机立断，命守卫台州府城的唐尧臣和海门卫的胡守仁发兵赴新河会战，后再剿灭桃渚之敌。

新河是连接海门和松门两卫的海防要地。当时，新河城内的主要兵力已随戚继光出征了，兵力空虚。倭寇逼临城下，将门之女的戚夫人临危不惧，召集城内的妇女，打开军火库，穿上军装，手执武器，和兵士一道登城守卫。5月9日，唐尧臣和胡守仁率军赶到新河，里应外合，痛击倭寇。倭寇败逃，被紧追的戚家军消灭在温岭的大麦坑。戚家军取得新河之战、大麦坑之战的胜利。

当新河在激战时，窜扰桃渚的倭寇乘唐尧臣率军援救新河、台州府城空

◀驱逐倭寇的戚继光

虚之机，扑向府城。台州府城危急。当时，戚继光在宁海取得龙山之战的胜利，大败倭寇，正欲最后痛剿，接到唐尧臣火速驰援府城的紧急军用文书，立即班师，救援台州府城。戚家军不顾饥饿与劳累，运用“鸳鸯阵”大败倭寇，取得了花街之战、瓜陵江之战的胜利。

入侵新河和台州府城的两股倭寇被戚家军彻底消灭后，倭寇非常气愤，侍机报复。5月13日，二千余倭寇在健跳登岸，气势汹汹地扑向台州府城。戚继光得知情报后，率军1500人进剿倭寇，两军相持数日。倭寇慑于戚家军严整的军容，于5月17日夜，乘着大雨，悄悄地从小路逃跑了，戚家军取得了大田之战的胜利。

戚继光料定倭寇是经仙居向兵力空虚的处州（今丽水）去抢劫了，于是火速率戚家军抄近道到倭寇去仙居的必经之地上峰岭设下埋伏。倭寇刚过一半，戚家军冲杀下来。倭寇仓促应战，全军溃退，全部被歼。

▲戚继光纪念馆在台州市椒江区东山西坡，明初时为海门城隍庙，戚继光在台州抗倭时多驻于此

上峰岭之战，戚家军以少胜多，打出了军威。倭寇对戚家军闻风丧胆，再也不敢深入台州内地，但还在沿海骚扰。

5月底，三千余名倭寇在宁波的象山、奉化等地抢掠后，分乘几十条船南下，被戚家军的水师截住去路。倭寇只好在长沙扎营，并占领通往松门卫和楚门所的山岭，进行垂死挣扎。

6月2日，天还没有亮，进军神速的戚家军悄悄地包围了长沙，杀向倭寇的营寨。倭寇被喊杀声惊醒，四处逃窜，部分逃得快的跑向海涂。迎接倭寇的是汹涌澎湃的海浪，倭寇不是被海浪卷走，就是被追敢而来的戚家军歼灭。长沙大捷是戚家军第一次水陆会剿的大捷。

▲戚继光抗倭图

◀戚家军抗倭形势图

在长沙大捷前后，戚家军水师在台州近海的洋坑、仰月沙、悬山等处歼倭寇约1400人，救出被掳难民上万名，取得台州近海之战的胜利。

1561年的5月2日到6月2日的一个月时间，戚继光率领的戚家军在台州人民支持下，取得抗倭斗争的九战九捷，迅速扫平浙江倭寇。戚家军誉满东南。

戚继光在抗倭战争中建立了卓越的历史功绩，赢得了当时以及后世人民的称颂。

史可法血染扬州

◀抗清名将史可法

史可法（1602~1645），河南祥符（今开封）人，字宪之，号道邻。他为官清廉，政绩卓著，是明末著名的政治家。

混乱的明末内政

明朝末年，李自成起义军灭明朝后，明朝官僚在南京拥立福王朱由崧为帝（弘光帝），史可法任兵部尚书。他带兵从严，爱兵如子，打仗身先士卒，深得军民拥戴。清军入关后长驱直入，史可法力主抗清。然而，当时南京政府大权由马士英、阮大铖等一批奸臣把持，他们整日花天酒地，鱼肉百姓，阻挠抗清。史可法便自请到江都（扬州地区）一带督师，防御清军。没多久，清军在多铎带领下，大举南下。史可法指挥四镇将领抵抗，打了一些胜仗，可是南明政权内部却起了内讧。

驻守武昌的明军将领左良玉为了跟马士英争权，起兵进攻南京。马士英非常恐惧，急忙将江北四镇军队撤回，对付左良玉，还用弘光帝名义要史可法带兵回南京保护他。次年4月，江北诸镇先后为清军占领，史可法退守扬州。

誓死守卫扬州城

扬州地处长江北岸，是南京的东北大门，地势十分险要。面对大敌，驻守扬州的几支明军勾心斗角，互相残杀。史可法来到扬州后，督率军队，整肃部队，团结官兵，在只有数千明军固守扬州的情况下，迎战围在城外的十余万清军。为保住城池，他以血书请兵救援，檄招将领火速带兵前来固守，可是只有刘肇基率领4000将士从高邮前来增援，两军兵力悬殊。史可法知道，只有依靠扬州军民，孤军奋战了。

▲梅花岭下有忠魂——史可法之墓

1645年4月17日，清军前锋进抵扬州城郊，集结兵力，搜罗船只。18日，多铎率主力兵临扬州城下，先派明降将李遇春等前来劝降，都被史可法严词拒绝。多铎恼羞成怒，下令把扬州城紧紧包围起来。史可法泣谕士民，发誓死守扬州。22日，总兵李栖凤、监军高岐凤率约4000人乘夜出降，扬州城中守备更加薄弱。23日，总兵刘肇基请求，乘敌不备，背城一战，未被史可法接受。

▲史可法纪念馆

24日，多铎开始指挥清兵用大炮攻城。史可法分析了一下形势，认为西门是最重要的防线，就率领将士不断填堵被轰塌的城墙，并亲自守在城的西北角。扬州守军将士在“誓死跟随史都督，死守扬州，决不后退”的呼喊声中，一次次打退敌人的进攻。

25日，清军的炮火越来越猛烈，一枚炮弹炸开西北角的城墙，史可法正在指挥军民堵缺口，大批清军已经蜂拥着冲进城来。史可法眼看城已无法防守，面朝南京，洒泪跪拜：“我活着是大明的臣子，死了做大明的鬼，愿以死殉国！”说完就拿佩剑往脖子上抹，随从的将领们抢上前去抱住史可法，把他手里的剑夺了下来。史可法还不愿走，部将们连拉带劝地保护他出小东门。这时候，有一批清兵过来，看见史可法穿着明朝官员的装束，就喝问他是谁。史可法怕伤害别人，就高声说：“我就是史督师，你们快杀我吧！”

1645年4月，扬州城陷落，史可法不屈就义，时年仅44岁。

扬州是江南顽强抵抗清军的第一座城，也是清军入关以来首次遇到的军民一体的坚强抵抗。为了对扬州人民进行报复，杀一儆百，多铎竟灭绝人性地下令屠杀扬州百姓。大屠杀延续了10天才结束，历史上把这件惨案称做“扬州十日”。

史可法永垂青史

扬州城破后，史可法就义已12天，由于当时天气较热，尸体腐烂不能辨认。第二年，史可法的义子史德威只好把史可法生前穿过的袍子和用过的笏板，埋葬在扬州城外的梅花岭上。

建国后，扬州建起了史可法纪念馆，朱德题写横额，郭沫若、赵朴初等为之写了纪念诗篇。史可法的抗清事业是不朽的，史可法值得我们尊敬、崇扬和怀念。正如诗人贺敬之所言：“史可法人可法书可法，史可法今可法永可法。”

相关知识全接触

多铎

多铎(1614~1649)，清太祖努尔哈赤第十五子，摄政王多尔衮的同母弟。爱新觉罗氏。初封贝勒，天命十一年（1626年）参与议立皇太极。旋主正白旗，屡从出征。崇德元年(1636年）晋封和硕豫亲王。顺治元年（1644年）入关，镇压李自成部起义军，攻占西安。后移兵南下，杀害史可法，占领江浙地区，清灭南明弘光政权。加封辅政叔王，不久病死。

◀清军将领多铎

郑成功收复台湾

台湾是中国第一大岛屿。岛上物产丰富，土地肥沃。自古以来，中国劳动人民就在岛上生活。他们用勤劳的双手开发和建设着这座美丽的宝岛。在明朝末年时，欧洲的荷兰人趁明朝腐败无能，霸占了台湾的海岸，修建城堡，向台湾人民勒索苛捐杂税。台湾人民不断反抗，遭到了荷兰侵略军的镇压，看到台湾人民遭受的苦难，郑成功决心收复台湾。

英雄郑成功

郑成功，本名森，字大木，福建南安人。在少年时代，他亲眼看到荷兰侵略者对沿海人民进行掠夺和烧杀，对侵略者十分憎恨。郑成功到台湾寻父，第一次与盘踞台湾的荷兰人首领揆一针锋相对，亲历了荷兰人的野蛮。

清兵进入福建后，郑成功与父亲郑芝龙数次在是战是和的问题上起争执。郑芝龙最终决定降清。郑成功劝说无效，与父亲决裂。郑芝龙降清后被软禁，明唐王也因此出走后被清兵擒杀。

郑成功通过重重困难获得了郑家军的领导权，继续进行抗清斗争。清兵一边劝降郑成功，一边偷袭郑成功的老家，郑成功的母亲因此丧生，这让郑成功悲恸欲绝。此时，台湾人民正处于荷兰人高压统治的水深火热之中，郑成功暗中支持以旧部郭怀一为首的抗荷斗争，并承诺有朝一日一定要收复台湾。

收复台湾立大功

1661年，郑成功说服了诸位将领，正式出兵攻打台湾。他亲自率领2.5万将士，分乘战船约350艘，由金门出发，攻入澎湖。在澎湖休整几天，准备直取台湾。

▲郑成功的大刀

荷兰侵略军听说郑军要进攻台湾，十分惊慌。他们把军队集中在台湾（在今台湾东平地区）和赤崁（在今台南地区）两座城堡，还在港口沉了很多破船，想阻挡郑成功的船队登岸。

郑成功叫何延斌领航，利用海水涨潮的时机，驶进了鹿耳门，登上台湾岛。鹿耳门地势十分险要，外围有几十里的浅沙滩。荷兰殖民者在这里沿水边设置了许多炮台。郑成功不顾地形险峻和敌人的严密防守，亲率船队迂回前进，直趋台湾北港。他的队伍在距赤崁城北约5千米的地方迅速登陆。台湾人民听到郑军来到，成群结队推着小车，提水端茶，迎接亲人。郑成功部队在台湾人民的大力支持下，士气更为高涨。荷兰海军司令官彼特尔倚仗着精良的火器负隅顽抗，妄想阻止郑成功的部队。郑成功部队冒着敌人的炮火勇猛进攻，打得荷兰殖民者弃械而逃。

◀郑成功塑像

荷兰侵略军遭到惨败，龟缩在两座城里不敢应战。他们一面偷偷派人到巴达维亚（今爪哇）去搬救兵，一面派使者到郑军大营求和，说只要郑军肯退出台湾，他们宁愿献上10万两白银慰劳。

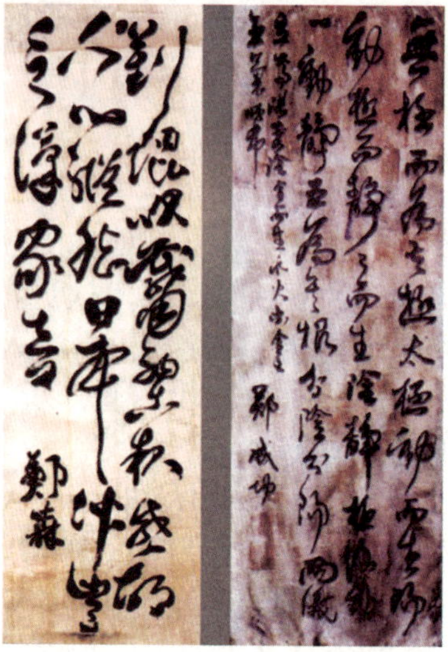

▶珍贵的郑成功墨宝

郑成功扬起眉毛，威严地说：“台湾本来就是我国的领土，我们收回这地方，是理所当然的事。你们如果赖着不走，就把你们赶出去!”

郑成功喝退荷兰使者，派兵猛攻赤崁。赤崁的敌军还在负隅顽抗，一时攻不下来。有个当地人给郑军出主意说，赤崁城的水都是从城外高地流下来的，只要切断水源，敌人就会不战自乱。郑成功照这个办法做了，不出3天，赤崁的荷兰人果然因缺水而乖乖地投降了。

盘踞台湾城的侵略军仍企图顽抗，等待救兵。郑成功决定采取长期围困的办法逼他们投降。在围困8个月之后，郑成功下令向台湾城发起强攻。荷兰侵略军走投无路，只好扯起白旗投降。1662年2月，荷兰殖民者被迫在投降书上签字。荷兰在台湾的所谓“总督”揆一和他的残兵败将狼狈地从台湾撤走。被荷兰殖民者侵占了38年的台湾，终于又回到了祖国的怀抱。

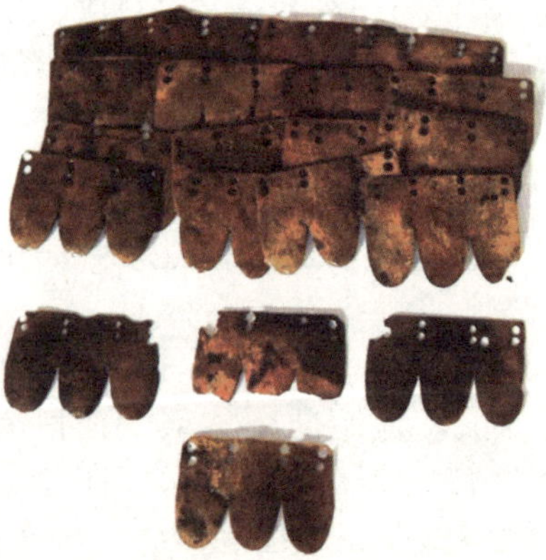

▶郑成功战船遗址发掘

台湾自古以来就是中国的领土。郑成功收复台湾的壮举将永垂史册，而他作为中华民族的英雄，也将永远活在人们心中。

▲荷兰殖民者赤崁投降图

相关知识全接触

赤崁楼

赤崁楼在台湾省台南市北部。建于1653年。原为荷兰侵占台湾时筑的内城，名“普罗文查”，又名“红毛楼”。高10.5米，周长141米。楼内有隧道与楼外相通。郑成功驱逐荷兰侵略者，收复台湾后，赤崁楼作为承天府办事所兼作军火库。

林则徐禁烟

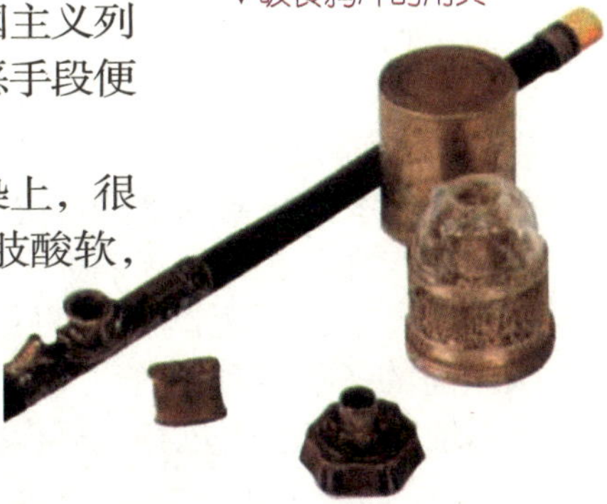
▼吸食鸦片的用具

清朝末年，朝廷腐败，世风日下，帝国主义列强乘机侵略中国，他们发动侵略的一个罪恶手段便是向中国疯狂输入鸦片。

鸦片俗称大烟，是一种毒品，一旦沾染上，很容易使人上瘾，时常会觉得浑身无力，四肢酸软，什么也不想做了。

当时的中国人，上至高官下至百姓，已有一大部分变得越来越离不开鸦片。鸦片的大量输入引起白银不断外流，更为严重的是，鸦片的泛滥极大地摧残了吸食者的身心健康，如任其发展下去，必将使中华民族面临灭亡的危险。

在清朝政府内部，对鸦片贸易持有 3 种不同的态度：禁烟、弛禁、反禁烟。首席军机大臣穆彰阿是反对禁烟的主要人物。广东按察使许乃济主张弛禁鸦片：就是允许进口鸦片，允许本国人种植，但禁止官吏和兵丁吸食。而一些正直的官员则主张禁止鸦片。主张禁烟的官员当中，以林则徐最为坚决。

查禁鸦片

林则徐，字少穆，是福建侯官（今福州）人。他从政多年，一直清正廉洁，对西方世界也有很多了解，一贯主张向西方学习先进的技术，富强中国。

但是，他对鸦片贸易深恶痛绝。在任湖广总督的时候，他就采取严厉的措施禁止鸦片，成了禁烟派的代表人物。林则徐大声疾呼，如果再不禁烟，中国将没有可抵抗侵略的兵勇，也没有充作军饷的银子了。

道光皇帝被林则徐的慷慨陈词打动了。1838 年 12 月，道光帝任命林则徐为钦差大臣，前往广东厉行禁烟。

在广州的街头上，一些骨瘦如柴、脸色黑灰的“大烟鬼”有气无力地缩身在墙角里，不住地打着哈欠，鼻涕眼泪一齐往外流。那些商贩守着店铺货摊，却无人来买。身穿便服进行私访的林则徐看到这令人心酸的情形，心里非常难过。他觉得要想彻底禁烟，非得先从内部整顿不可。一定要查出并严办那些走私鸦片的汉奸和贪官，让老百姓的精神振奋起来。

▶林则徐雕像

经过细心调查，林则徐发现鸦片走私之所以如此猖狂，是因为好多官员充当了外国人的走狗，替他们通风报信，包庇他们，以从中分得好处。林则徐首先对这些败类采取行动，命令他们 3 天内必须交出替外国人私藏的所有鸦片，同时也让他们通知那些外国烟贩，必须交出所有鸦片，并保证不再往中国输入鸦片，要不然一经查出，“货尽没收，人即正法”。

虎门销烟

英国鸦片贩子不愿交出鸦片。他们操纵在广州的外商商会，破坏禁烟。1839年3月22日，林则徐下令逮捕英国大鸦片贩子颠地。这一断然决定震动了尚在澳门的英国政府代表、驻华商务监督义律。24日，义律乘快船从澳门赶到广州，到商馆亲自指挥抗拒缴烟，并在珠江口外布置一艘军舰，进行战争恫吓。不想这次林则徐可不理这一套，他果断下达命令，包围英国商馆，一天不交出鸦片，商馆的门就一天也别想开。平时不可一世的鸦片贩子这下傻了眼，在粮食、水都快要断绝的情况下，只能忍痛交出了大约200万斤的鸦片。

林则徐与邓廷桢等人会商后，就收缴的地点、验收、押运、存储、看管、守卫等各个环节做了无懈可击的安排。4月10日，林则徐、邓廷桢亲赴虎门检查收缴前的各项准备工作。4月11日开始收缴。收缴的这段日子，林则徐一刻不怠地监督了整个过程。日夜操劳，一丝不苟，无一纰漏。

▲林则徐偕同邓廷桢到澳门巡视

缴烟获得了完全的胜利，但如此巨量的鸦片如何处置，外国人推测中国可能对鸦片实行专卖，从而使鸦片买卖合法化，但他们想错了。林则徐报告道光帝，要求验明实物数量，然后焚毁。道光皇帝对林则徐表示了很大的信任，他让林则徐和邓廷桢、怡良等人将收缴的鸦片就地销毁。

1839年6月3日，这是个值得中国人民纪念的日子。虎门搭起了一座礼台，礼台前面挂着一面黄绫长幡，上书“钦差大臣奉旨查办广东海口事务大臣节制水陆各营总督部堂林”，威武气派，迎风飘扬。林则徐率领广东各级军政官员，来到虎门海滩边的高岗上，亲自指挥和监督销毁鸦片。鸦片连续焚烧了20多天，直到6月25日，才全部销毁干净。

▶《虎门销烟》（局部）

历时23天的虎门硝烟，在林则徐的指挥下，向全世界宣告了中华民族决不屈服于侵略的决心。

虎门销烟，是人类历史上旷古未有的壮举，洗去了腐败无能的清政府强加给中华民族的耻辱，向全世界展示出中华民族无与伦比的伟大形象，谱写了近代史上中国人民反对外国侵略光辉篇章的第一页。

▶虎门林则徐销烟池旧址的毒品焚销炉

民主革命的先行者孙中山

▲目光坚定的孙中山

少年立志

孙中山，名文，字德明，号日新，后改逸仙，在日本从事革命活动时曾化名中山樵。1866 年 11 月 12 日诞生于广东香山（今中山）翠亨村，是中国近代民主革命的伟大先行者。

少年时代，孙中山在美国属地檀香山先后就读于英美教会所办的意奥兰尼学校和奥阿厚书院。1883~1886 年，他继续求学于香港拔萃书室、域多利书院。毕业后，他先进广州博济医院附属南华医学堂学习，后来转入香港西医书院学医。在校期间，他不但努力攻读医学，而且还广泛研读了西方国家的政治、历史、军事、科学书籍，并结识了不少有志革命的青年朋友。

中国同盟会的成立

1894 年 6 月，孙中山到天津上书李鸿章，提出革新政治主张，被拒绝。同年，爆发了中日甲午战争，清政府在战争中接连失败，孙中山进一步认清了清王朝的腐败无能，愈发坚定了救国的信念。

同年 11 月 24 日，他在檀香山组织兴中会，提出了“驱逐鞑虏，恢复中国，创立合众政府”的政纲。次年 1 月，孙中山回到香港，成立了香港兴中会，准备在广州发动起义，因事泄而失败，被迫逃亡海外。清政府将他作为重要国事犯到处悬重赏通缉。

1896 年 10 月，孙中山在英国伦敦被清政府使馆诱捕后经他的老师英国人康德黎营救脱险。1905 年 8 月，中国第一个资产阶级民主革命政党——“中国同盟会”在日本东京成立，孙中山被一致推举为总理。在同盟会机关报《民报》的发刊词里，孙中山首次提出了“民族、民权、民生”，即三民主义的政治纲领。

革命历程

孙中山直接领导的起义有 1907 年 5 月的黄冈起义、6 月的七女湖起义、9 月的防城起义、10 月的镇南关起义、1908 年 2 月的钦州起义、4 月的河口起义，1910 年 2 月的广州新军起义以及 1911 年 4 月 27 日（阴历三月二十九日）的黄花岗起义，再加上 1895 年的广州起义和 1900 年的惠州起义，孙中山在辛亥革命前共领导了 10 次武装起义。这些起义虽然失败，却唤醒了中国人民，敲响了清王朝的丧钟。

▲1894 年 11 月，孙中山在檀香山发动华侨成立了中国历史上第一个民主革命团体——兴中会。图为兴中会会员经常活动的场所

▲1921年5月5日，国会非常会议通过了《中华民国政府组织大纲》，推举孙中山为临时大总统。图为孙中山就职时与军政人员的合影

1911年10月10日，武昌起义爆发，孙中山在美国闻讯，立即在欧美各国开展外交活动，争取各国的支持，并于同年12月25日回到上海。29日，在南京举行的17省代表会议上，孙中山被推举为中华民国临时大总统。

1912年1月1日，孙中山到南京宣誓就职，建立了中华民国临时政府，组成了临时参议院，公布了具有宪法性质的《中华民国临时约法》。由于立宪派和其他旧势力对袁世凯的支持以及革命党人的妥协态度，孙中山被迫于1912年2月13日向临时参议院提出辞职，并荐袁世凯任总统。3月8日，袁世凯在北京就职。4月1日，孙中山在南京正式解职。

护法运动

1915年12月，袁世凯不顾全国人民的反对，公然称帝。12月25日，爱国将领蔡锷首先在云南举起了讨袁护国的旗帜，各省纷纷响应。袁世凯被迫取消了帝制，在举国人民的一片唾骂声中一命呜呼。袁世凯死后，中国仍处于各派军阀割据混战的动乱局面。张勋复辟事件发生后，孙中山立即举起护法旗帜，号召国会议员南下护法。

1917年9月1日，在广州召开的国会非常会议上，孙中山当选为中华民国军政府大元帅。军政府成立后，滇、桂军阀通过改组军政府排挤孙中山。1918年5月4日，孙中山向非常国会提出辞职，离粤赴沪。

为了建立一支真正的革命力量，1919年10月，孙中山把中华革命党改组为中国国民党。此时，俄国十月革命和中国五四运动已经爆发。1920年10月，在孙中山的督促下，陈炯明率粤军攻克广州。11月，孙中山回到广州，重整护法军政府。1921年5月，孙中山在广州就任非常大总统，成立正式政府。

1922年6月，陈炯明发动叛乱，孙中山被迫离开广州再赴上海，二次护法运动又告失败。此后，孙中山接受了中国共产党和苏俄的帮助，提出联俄、联共、扶助农工的三大政策。

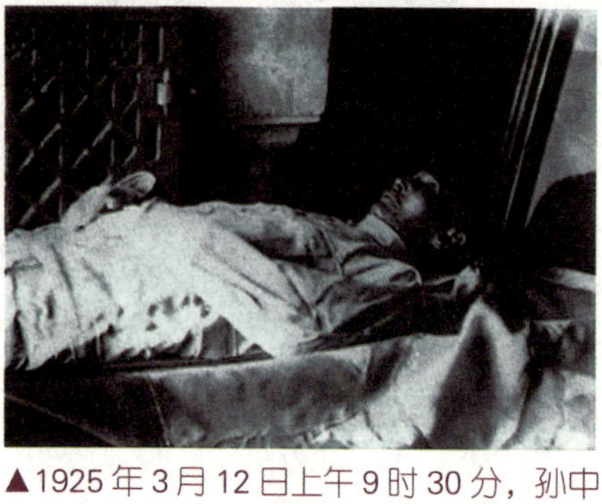
▲1925年3月12日上午9时30分，孙中山在北京铁狮子胡同辞世，享年59岁

1923年初，驱逐陈炯明后，孙中山在广州重建大元帅府，并派出“孙逸仙博士代表团”访问苏联，邀请苏联政治和军事顾问到广州帮助中国革命。1924年10月，在平息广州商团叛乱后，应北京政府之邀，他扶病北上，但终因积劳病剧，于1925年3月12日在北京病逝。

孙中山是伟大的爱国主义者和民主革命先行者，为中国的独立、民主、富强而奋斗了终生。

五四运动

▲参加五四运动的学生在天安门集会

从雄伟的天安门寻访1919年发生的伟大运动的足迹，很多历史遗迹随着岁月变迁，已经消逝或改变，但是天安门作为政治中心的崇高地位不可能改变。

现在的天安门广场是世界上最壮观和广阔的广场，1919年的天安门广场远没有今天这样宽阔雄伟，原清朝的宗人府、吏部、户部、礼部等衙门均在这一带，天安门至正阳门的南北路上，东西矗立着两排厚厚的红墙，天安门的左右各有3座门挡住东西路口。当时这里交通方便、场地适中，所以群众聚会多在此进行。

1919年初，第一次世界大战的战胜国在巴黎近郊的凡尔赛宫召开了战后“和平会议”。北京政府和广州政府联合组成中国代表团，以战胜国身份参加“和会”。会上，中国代表最初提出的取消列强某些特权的七项条件及取消日本帝国主义与袁世凯订立的二十一条不平等条约的要求均被无理否决，最后和会竟将原德国在山东攫取的一切权益转由日本接管，北京政府竟准备在“和约”上签字。

▲触目惊心的『二十一条』

消息传入国内，激起全国人民的强烈抗议。5月4日下午，北大等十几所学校约3000名学生聚集天安门广场，喊出了“外争国权，内惩国贼”、“废除二十一条”、“誓死力争”、“还我青岛”等口号。游行队伍到东交民巷使馆区请愿未果，就前往赵家楼胡同曹汝霖的住宅。

▲北洋军阀政府出动军警，逮捕正在街头讲演的北京大学学生

曹汝霖、章宗祥、陆宗舆是北洋政府与日本具体交涉的亲日派官僚。当时，曹汝霖已吓得躲了起来，愤怒的学生就将在曹宅的章宗祥痛打一顿，并放火焚烧了曹宅。这时，大批军警赶到，当场逮捕了约有30名学生。

▲被捕学生获释

在广大学生针锋相对的斗争下，在各界的强烈声援下，被捕学生很快被释放了，但运动的目的并未达到。

5月19日，北京各大、中学校2.5万多人举行总罢课，并进行了大规模的爱国运动。6月3~5日，更多的学生走向街头，抗议军阀政府的倒行逆施，约800

名学生被捕入狱，当局甚至用北大校舍作为临时监狱来关押学生。

▲巴黎和会

骇人听闻的“六三大拘捕”激起全国各地更强烈的反抗。大江南北、长城内外，群起响应，正义凛然、不畏强暴的爱国斗争从星星之火，渐成燎原之势。

据统计，全国有二十余个省区，一百余个大中城市卷入到这场如火如荼的洪流之中，尤以上海爆发的“六三运动”规模最大。

6月5日，上海工人自动举行罢工，支援学生的反帝爱国斗争。以日商内外棉第三、第四、第五纱厂工人带头，全市六七万工人罢工。同时，上海商人也举行了罢市。一些地方的工人、商人积极响应，推动了斗争的发展。迅猛扩大的斗争形势给反动当局以极大压力。6月7日，北京政府被迫释放被捕学生。6月10日，下令撤销了曹、章、陆的职务。但是，6月17日，北京政府又电令中国代表，同意在和约上签字。为此，又引发了新一轮的抗争，拒绝和约签字的呼声如潮，全国各地发往巴黎抗议签字的电报就达七千余份，中国代表终于没有出席“和约”签字仪式。

卖国贼被罢黜，“和约”被拒签，这场反帝爱国运动取得了初步的胜利。它是中国历史上第一次彻底的不妥协的反对帝国主义和封建势力的伟大斗争。

五四运动是由广大群众参加的爱国政治运动。在这个运动中，无产阶级、城市小资产阶级和民族资产阶级逐步联合起来，组成了一个革命阵营。十月革命后涌现出的大批具有初步共产主义思想的知识分子，是五四运动的发起者、鼓动者和组织者。数十万具有高度爱国热情的青年学生，充当了爱国运动的先锋。觉悟了的中国无产阶级，第一次作为独立的政治力量登上了政治舞台，显示了无比强大的威力，成为争取这次斗争胜利的决定性力量。这一切表明，五四运动较之辛亥革命具有更加广泛的群众基础，是彻底的不妥协的反对帝国主义和反对封建主义的革命。它标志着中国人民反帝反封建的资产阶级民主革命发展到了一个新的阶段，即由旧民主主义革命阶段发展到新民主主义革命阶段。因此，五四运动是中国新民主主义革命的开端。

▼五四运动中上海工人的游行队伍

五四运动不仅是一个反帝反封建的爱国运动，同时也是一个反帝反封建的思想运动。五四运动促进了马列主义在中国的传播，在思想上和组织上为中国共产党的建立作了准备。

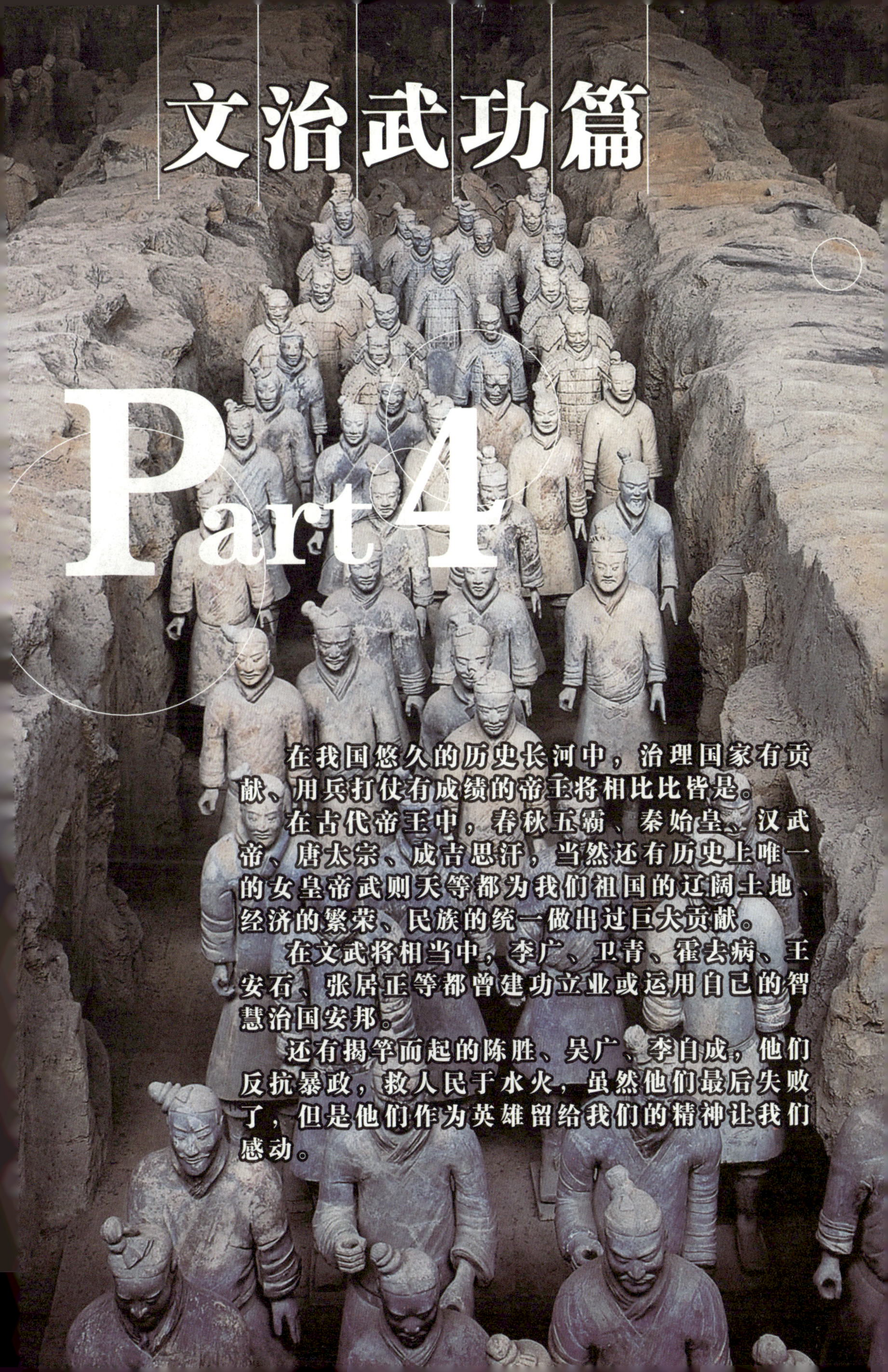

文治武功篇

Part 4

在我国悠久的历史长河中，治理国家有贡献、用兵打仗有成绩的帝王将相比比皆是。

在古代帝王中，春秋五霸、秦始皇、汉武帝、唐太宗、成吉思汗，当然还有历史上唯一的女皇帝武则天等都为我们祖国的辽阔土地、经济的繁荣、民族的统一做出过巨大贡献。

在文武将相当中，李广、卫青、霍去病、王安石、张居正等都曾建功立业或运用自己的智慧治国安邦。

还有揭竿而起的陈胜、吴广、李自成，他们反抗暴政，救人民于水火，虽然他们最后失败了，但是他们作为英雄留给我们的精神让我们感动。

秦始皇统一六国

秦始皇（公元前259~公元前210），是中国历史上一位叱咤风云、具有雄才大略的人物。在中国数千年的历史上占有显著而醒目的一页，给后世留下了深远的影响。

◀秦始皇塑像

横扫六国的天下共主

秦始皇出生在东周末年。当时东周已经开始衰败，有7个比较强大的诸侯国，他们之间发生了历时几百年的“以强凌弱，以众暴寡”的征战，历史上称之为“战国七雄”。

在当时的分裂割据局面中，秦孝公任用商鞅实行变法，秦国取得了很大的成功。到战国末年，秦国在政治、军事、经济诸方面都已具备了统一六国的基本条件。

秦始皇即嬴政，秦孝公的第六世孙，秦庄襄王之子。他出生于赵国，所以又叫赵政。传说他本是大商人吕不韦的儿子，在他的母亲赵姬怀孕后，被献给在赵国当人质的秦国公子子楚，生下了嬴政。后来吕不韦用金钱买通秦国的贵戚，子楚被召回国，立为嫡嗣，几年后嗣位为王，在位3年病死。公元前246年，嬴政继位。

秦始皇亲政后，清除了对自己有威胁的吕不韦和嫪毐之后，便开始对六国采取了军事行动。在嬴政手下，有一批很有才干的文臣武将，在他们的辅佐下，嬴政采取远交近攻、集中兵力、先易后难、中间突破、后扫两翼、最后灭齐的方针。在执行中又及时抓住可乘之机，灵活机动地把握主攻方向。在军事进攻的同时，配合以政治上的分化瓦解，两者结合，得心应手，加速了统一的进程，前后用了10年的时间灭掉了六国，统一了中国。

▼秦始皇陵中兵马俑之驷马战车，秦国当时兵力之强大可见一斑

六国中最先灭掉的是韩国。秦王十四年（公元前233年），韩国割地称臣，但没能挽回败亡的命运。3年后，秦国俘虏了韩王，灭掉了韩国；然后秦国攻打赵国，俘虏了赵王，公子嘉逃到了代郡，称代王。到秦王二十五年，代王也被俘，赵最后灭亡。

在秦王二十年，大将王翦领兵攻燕。在易水西面，秦兵打败了燕、代联军。攻占了燕国都城蓟城（今北京）。燕王向辽东方向出逃。后来，燕王只得杀死了曾经派荆轲刺杀秦王的太子丹，把他的头献给秦军求和。到秦王二十五

年，燕国最后的一个王——喜被俘获，燕国也被灭了。同时，魏国也被秦军灭掉。

秦王二十三年，攻打楚国的秦军因为兵力太少，被楚军打败。秦王又派老将王翦出征，并听从他的建议，给了60万重兵，结果，王翦用了3年时间，终于拿下了楚国。

◀东汉荆轲刺秦王画像石

最后灭掉的是齐国。在秦国先后对其他5国用兵时，齐国不但袖手旁观，而且和秦国结盟，根本没有意识到自己的前途和其他5国一样。因此，齐国没有做任何战争准备。等到秦王二十六年，5国都被灭掉后，齐国这才派兵准备抵御秦国，并和秦国断交，但为时已晚。秦国大将王贲在最终灭掉燕国后，领兵大举南下，一战俘获了齐王。从此，在中华大地上形成的诸侯争霸、连年混战局面结束了，六国统一于秦。秦的疆域异常辽阔，北到长城和阴山，南到南越，即现在的岭南地区，秦还设置了南海郡、桂林郡、象郡三个郡级机构进行管理。疆域的西界是陇西，东则延伸到了辽东。

秦王朝的经济文化

嬴政统一中国以后，认为自己德高三皇，功过五帝，因而称自己为始皇帝，意即从他开始，中国历代君主均称皇帝，后世称二世、三世，以至万世，传之无穷。

嬴政统一全国后，采取了一系列措施，建立起封建的专制主义的中央集权的政治制度。他规定国家最高统治者称“皇帝”，国家一切大事都由皇帝一人裁决，各级官员由皇帝任免。

统一了法律、度量衡、货币和文字；拆毁战国时各国边邻地区的城防工事，并修建驰道、直道和在今云南、贵州地区通“五尺道”，以加强全国陆路交通。

为了防御北方游牧部落匈奴的侵扰，秦始皇派大将蒙恬带兵攻打匈奴。又征发农民修筑了西起临洮、东到辽东的一道城防，用来抵御匈奴。这就是举世闻名的万里长城。这些措施有助于巩固国家的统一和推动经济、文化的发展。

▶秦始皇时代的坚甲利兵

为了加强统治，秦始皇还销毁民间兵器，焚烧过去全国的史书和民间所藏的儒家经典及诸子书籍，坑杀了以古非今的方士和儒生大约460人。实行专制主义，严刑苛法，租役繁重，加上连年用兵，广大人民痛苦不堪。

公元前210年，秦始皇病死，不久就爆发了大规模的农民战争。

楚汉争霸

▲河南洛阳烧沟西汉墓壁画《鸿门宴》

楚汉之争是楚王项羽和汉王刘邦之间的一场长达 4 年之久的争夺天下的战争。

鸿门宴

秦朝末年，陈胜、吴广在大泽乡起义。沛县人刘邦揭竿而起，自立沛公。下相（今宿迁）人项梁、项羽避仇吴中，杀死吴郡太守，也举起义旗。渡江北上彭城，项梁、刘邦拥戴楚怀王孙熊心为王，以号召群众。陈胜起义失败后，项梁也战死疆场，各路起义军收缩调整力量，集结在彭城周围。楚怀王孙熊心出于安全考虑，也从盱台（今盱眙）迁都彭城，并对部队进行整顿。然后，兵分两路：一路北上救赵，再西进攻秦；一路夺取荥阳，西进攻秦，还约定“先入关者为王”。

公元前 207 年 8 月，刘邦攻占武关，绕过天险，直接攻击秦军。由于刘邦纪律严明，又采取了收买秦将诱其投降的策略，所以很快瓦解了秦军，秦亡。同时，项羽巨鹿一战，歼灭了秦军主力，打破函谷关，驻军鸿门，并准备第二天攻破刘邦军队。这时，项羽的谋士范增也发现刘邦原来在山东时，“贪于财货，好美姬”，而入关以后，却“财物无所取，妇女无所幸”，说明他志气很大，也劝项羽要立即进攻刘邦，不能给他以喘息的机会。当时，项羽军队 40 万，刘邦军队 10 万，项强刘弱。

▲力拔山兮气盖世的西楚霸王项羽

可是，正在这时，项羽的叔父项伯，却因为与张良要好，连夜偷偷跑到刘邦军中，把项羽将要进攻刘邦的消息告诉了张良，并劝他快走。但张良却反劝项伯和他一起去见刘邦。刘邦估计自己力量不如项羽，只得在项伯来时，向他表示，自己清理关中户口、府库，正是等待项羽前来接收，决无独占关中的野心，请项伯把这个意思转告项羽。刘邦还称项伯为兄，为他设置酒宴，与他约为婚姻。项伯答应了刘邦的要求，约刘邦翌日一早来拜见项羽。

▶刘邦雕像

第二天，刘邦只带领 100 骑兵，携着张良、樊哙等几位将领来到鸿门，拜见项羽并致歉。项羽设宴招待刘邦，一同入席的还有项伯、范增和张良。尽管刘邦已经得到项羽的谅解，可是宴席上的气氛仍然非常紧张。项羽的谋士范增早已看出刘邦的野心，多次告诫项羽：“此人不除，必留祸患。”但项羽对此一直不以为然。如今刘邦却自己送上门来，范增感到机不可失。酒席间几次暗示项羽动手，项羽始终对他不理不睬。于是范增叫来武将项庄，命令他舞剑，明为助兴，实则命其伺机刺杀刘邦。这时候，项伯也拔剑起舞，几次挡住了项庄刺来的剑，保护刘邦。张良见情势紧张，也立即召樊哙持剑握盾闯入军帐。这时，酒宴的气氛已到了剑拔弩张的地步。刘邦见事不妙，假装上厕所，趁机逃离了项羽营地，避免了一场灭顶之灾。

兵败垓下

“鸿门宴”后，项羽凭借武力，自立为西楚霸王，封刘邦为汉王，封地在偏远的汉中地区，又封秦将章邯等三人在关中为王，用以堵塞刘邦东进的道路。项羽一共封了 18 个王。

公元前 206 年 8 月，刘邦明修栈道，暗渡陈仓（今陕西宝鸡市东），以迅雷不及掩耳之势，消灭了关中三王，在 1 个月内占领了全部关中地区。

被项羽分封的诸王，多忙于维持自己的地位，并不真正服从项羽的领导，没有受封的人，更是心怀怨恨，刚刚 1 个月就互相攻杀起来。

公元前 205 年春，刘邦便利用项羽率兵北上攻打齐王田荣的时机，挥兵东进，攻战彭城。项羽急领精兵 3 万回师，刘邦惨败，退守荥阳。刘邦的妻子吕雉和父亲都做了项羽的俘虏。双方在荥阳形成对峙局面，刘邦便采用陈平的离间计，挑拨项羽与谋士范增的关系。范增果然受到冷落，非常气愤，要求辞官，走到半路上病死了。同时，刘邦又派韩信北渡黄河，背水一战，大败赵军。

▲刘邦金币

次年，韩信领兵袭击齐军，占领临淄，形成对项羽的大迂回的包围形势。这时彭越又在项羽的后方开展游击战。项羽为了保护楚军右翼的安全，决定亲自领兵出征。他在临出发前，吩咐大将曹咎坚守成皋（又名虎牢关，今荥阳汜水镇）。汉军得知情报后，多次到城下叫阵谩骂，曹咎不忍羞辱，怒而率部出城，欲渡过汜水与汉军作战。当船至河中时被汉军突袭而败，曹咎后悔不迭，自知无颜见项羽遂自杀身亡。刘邦复取成皋，屯兵广武，取敖仓之粮而用。

▼汉高祖皇后吕雉

项羽闻知成皋失守，急回师广武，刘邦闭城不出。楚军粮食缺乏不利久战。为了迫使刘邦投降，项羽据城东把俘虏来的刘邦的父亲拉至广武山（今霸王城）上，隔涧要挟刘邦说：“你若不及早投降，我就把你父亲下锅煮死。”刘邦故作镇静地说：“当初咱二人共同反秦，在怀王面前誓盟结为弟兄，我的父亲就是你的父亲。如果你要煮咱们的父亲，别忘了给我一碗肉汤。”项羽听后更加恼怒，决定杀掉刘太公。这时，项伯劝项羽道：“杀太公不是时候，也对楚军不利。”项从其言，太公幸存。

▲虞姬墓

◀戏剧大师梅兰芳与杨小楼先生合作出演的《霸王别姬》

成皋之战，是楚汉战争中一次关键性的战役。这时楚军外无援军，内缺粮草，兵卒奔波疲劳，士气低落。

刘邦慰问父老，抚恤将士，这样，汉军内部更加团结。公元前202年8月，刘邦两次派人去和项羽谈判，要求归还太公、吕后。项羽乘机要挟求和，提出以鸿沟为界，“中分天下”，西为汉，东为楚。

10月，刘邦采纳张良和陈平提出的乘势追歼、不养虎以留后患的建议，大举进攻楚军，并约好韩信、彭越、英布等出击配合，形成30万汉军对楚军大包围的态势。

12月，刘邦统率的汉军把项羽围困在垓下。一天晚上，项羽听到四面汉军都唱着楚歌，大吃一惊，“楚国地方都被他们占领了吗？怎么敌军都是楚国人呢？”他坐在帐幕里喝酒解愁，身边陪伴着他的是自己最宠爱的妃子虞姬。他一边喝酒，一边还唱着一首悲壮激昂的楚歌：“力拔山兮气盖世，时不利兮骓不逝，骓不逝兮可奈何，虞兮虞兮奈若何。”唱罢，项羽跨上乌骓马，率领着8000骑兵突围逃走。刘邦命部将率领骑兵追击。

项羽逃到淮河边，觅船东渡，部队又散去大半，只剩了一百余人。逃到阳陵，被一老汉指错道路，误入泥沼地，延长了时间。逃到东城时，只剩下28骑，终于被追兵赶上了。

项羽自知大势已去，他向部下说：“我起兵至今已有8年，身经约70战，未败过一次，因此当了霸王。不料今天失败了。但我还要打几次胜仗，杀几名敌将，让你们知道这是天意要我失败，不是我的过错。”而后又杀死几名汉将，消灭汉军一百余名，自己只损失2人。部下都佩服他的勇敢。

最后项羽逃到乌江，乌江亭长给他一只船，劝他过长江。项羽笑道：“天意亡我，我还过江做什么？我当初带领江东8000子弟过江，今天只有我一人回去，无脸见江东父老。”

他把乌骓马送给了亭长，和26名兵士拿着短刀，又跟追上来的汉兵肉搏起来，杀了很多汉兵，26名兵士全部战死。项羽身负十几处伤，在乌江边拔剑自刎。斗智斗勇的楚汉之争以项羽的失败而结束了。

▲汉霸二王城

飞将军李广

◀李广天生臂长，有善射天赋

汉朝年间，北方的匈奴是汉朝最大的威胁，防御匈奴的战争也成为汉朝最主要的对外战争，在这场旷日持久的战争中，许多英雄脱颖而出，飞将军李广则是其中最具传奇色彩的一位。

箭射石虎

李广本是将门之后，祖上是秦时大将军李信，李家世传射箭绝艺，而李广天生臂长，十分善于骑射。

李广在驻守右北平时，右北平一带没有匈奴兵进犯，可是常有老虎出来伤害人。李广只要听说哪儿有老虎，总亲自去射杀。老虎碰见他，没有不被射死的。

据说，有一次，李广回来晚了。月色朦胧，他和随从一面走，一面提防着老虎，忽然瞧见前面山脚下草丛里蹲着一只斑斓猛虎。他连忙拿起弓箭，使尽全力射了过去。凭他百发百中的箭法，自然射中了。

手下的兵士见他射中老虎，拿着刀枪跑上去捉虎。他们走近一瞧，全愣了，原来中箭的不是老虎，竟是一块大石头，而且这支箭陷得很深，几个人想去拔也拔不出来。大伙儿真是又惊奇，又佩服。

智退匈奴

公元前 129 年，匈奴派兵进犯上谷（今河北怀来东南）。汉武帝派卫青、公孙敖、公孙贺、李广四名将军带领人马分头出击。

在四名将军中，要数李广年纪最大，资格最老。李广在汉文帝时候就做了将军；汉景帝的时候，他跟周亚夫一起平定七国之乱，立过大功；后来，汉景帝又派他去做上郡（今陕西榆林东南）太守。

有一次，匈奴进了上郡，李广带着 100 个骑兵去追赶 3 个匈奴射手，追了几十里地才追上。他射死了其中的 2 个，把第三个活捉了，正准备回营，远远望见有几千名匈奴骑兵赶了上来。

李广手下的兵士突然碰到那么多匈奴兵，不由得都慌了。李广对他们说："我们离开大营有几十里地。如果现在往回跑，匈奴兵追上来，我们肯定逃不过数千铁骑的毒手。不如干脆停下来，匈奴兵以为我们是汉朝大军的诱兵，反而不敢攻打我们。"

李广不但不后退，反而带领这一百余人迎上前去，距敌二里地的地方解鞍下马，并冲上前去射死一位骑白马将军。

匈奴兵越看越怀疑。天黑下来，他们认定汉军一定有埋伏，怕汉军半夜袭击他们，便乘着夜色悄悄退兵了。

两战匈奴

▲令匈奴人害怕的飞将军李广

汉景帝辞世，汉武帝继位。李广被升任卫尉，捍卫京师。这一时期，李广遇上了他的第一次失败。因为轻骑深入，被匈奴击败，李广也受了伤，被匈奴兵俘虏。

在解往匈奴的途中，李广夺箭而逃。

李广虽然脱了险。但是因为他损兵折将，被判了死罪。汉朝有一条规矩，罪人可以拿钱赎罪。李广缴了一笔钱，总算赎了罪，回家做了平民。

过了不久，匈奴又在边境骚扰，汉武帝重新起用李广，担任右北平太守。多少年来，李广一直在北方防守。因为李广行动快，箭法精，忽来忽去，叫人摸不准他的路子。所以匈奴人给他起一个外号叫“飞将军”。李广做了右北平太守，匈奴人害怕飞将军，不敢进犯。

元朔八年，郎中令李广和博望侯张骞一同出征，李广率4000骑，张骞率1万骑分头进兵，李广进军神速，率先与匈奴左贤王率领的4万骑相遇，李广面对10倍于己的敌人，镇定自若，指挥若定，以圆形阵坚守，直到第二天张骞的军队赶到，才解围。这一战，李广军队差点被消灭。后来，张骞延误军期，按律当斩，出钱赎罪贬为庶民，李广功过相抵，没有封赏。李广一辈子与匈奴打了大小七十余战，使匈奴人闻风丧胆。

元狩四年，卫青和霍去病大举进攻匈奴，李广多次请战，皇帝以李广年老为由拒绝了他的请求。但后来经不住李广再三请命，便任命他为前将军，随卫青出征。在进攻的过程中，卫青从俘虏口中得知单于的营地，便叫李广和右将军分路包围，自己率轻骑直取单于。李广非常有意见，冲到大营对卫青说：“我十几岁就和匈奴作战，现在终于有了和单于决战的机会，我本为前将军，愿为前锋，不获单于，你杀我的头！”

但是，卫青坚持己见，并借口说皇上有谕，称李广年老，怕有闪失。李广只好委屈地迂回敌后，由于路不熟，其间还迷路了。等到了前线的时候，单于已经逃了。卫青以延误军机为由，追查迂回部队迷路的罪责。李广思前想后，决定自己来承担所有的责任，随后便自杀了！

▲李广墓

李广的儿子李敢这时已经封侯，在卫青手下为将。他埋怨卫青不听父亲的意见，致使单于逃脱，父亲冤死，借酒闹事刺伤了卫青。卫青并没有对外张扬这件事情，后来卫青的外甥霍去病借出猎的机会射死了李敢。李广父子就这样结束了英勇的一生。

卫青与霍去病

◀名震匈奴的卫青

名震匈奴的卫青

卫青后来虽然贵为国舅，位居天下兵马大元帅。但是他的童年却很凄惨。卫青的姐姐卫子夫为武帝所宠幸，并立为皇后。在此之前，卫青是他母亲与人私通的私生子，虽然共为一母所生，却被其他弟兄所鄙视，并被当作奴隶去放牧。卫青这段童年时期的悲惨经历，也造就了他温婉谦逊的处事风格。

卫青壮年时曾作为家骑，随从平阳公主。在平阳公主家，汉武帝结识了卫青的姐姐，武帝继位第二年，卫子夫入宫，并为武帝宠幸。当时的皇后很气愤，就找茬把卫青抓了起来，准备杀了卫青以泄私愤。卫青的好朋友公孙兄弟冒死把他救了出来，皇帝知道这件事情后，卫青因祸得福，被任命为侍中。其后屡有升迁，公孙贺作了卫青的姐夫，公孙敖也因此得以升迁。

10 年以后，汉武帝任命卫青为车骑将军，与公孙兄弟、李广各统兵 1 万出塞，进攻匈奴。五路军马唯有卫青杀敌七百余名，其余三路皆铩羽而归，卫青虽然杀敌不多，却是得胜还朝，免了朝廷全军覆没的尴尬。因此，卫青更加得到皇帝的信任，声威并起。其后两年，卫青作为车骑将军出征匈奴，每次都能建功。

元朔五年，汉武帝任命卫青为车骑将军，并派他率领苏建、李沮、公孙贺、李广的表哥李蔡一同出征匈奴。这一次卫青与匈奴右贤王对阵，大获全胜，右贤王逃走。右贤王以下大小官员及百姓约 15000 人俱被擒，虏获的牛羊牲畜数以百万计。得胜路上，汉武帝送大将军印绶封卫青为勇武大将军。各路将军均归大将军卫青节制。

▼汉代马踏匈奴石雕

卫青作为大将军，屡次出击匈奴，前后 7 次出塞。最后一次也就是元狩四年合围单于大战。这一次，汉朝能战善战的将军包括老将李广，小将霍去病基本都参战了。这一次战争是汉武帝征伐匈奴规模最大的一次，也是卫青指挥作战规模最大的一次。汉朝出兵铁骑 10 万，另外将士随带私马 4 万多匹，共计 14 万骑。随军运送辎重的民夫数十万人，分两路出塞。这一次要决战单于，卫青的目的是活捉单于，希望能够一劳永逸地解决北方问题。战前做了大量的情报工作。当得知单于在东线指挥作战，卫青随即与霍去病调换了出征方向，准备亲自与单于决一死战。

▲霍去病出征群雕

出塞以后，卫青不断哨探前方，当得知单于的营地方向以后，卫青命令前将军李广与右将军赵食其分道从东面迂回包抄，而自己亲率大军直击单于大营。这一战，卫青打得依然很漂亮。卫青大胆以5000骑正面冲阵挑战，却分重兵左右包抄，又正巧沙尘暴袭来，单于搞不清汉军有多少，局部形成了汉军以多打少的局面。单于终于胆破，黄昏时分，趁着风沙带领一百余人连夜逃脱。卫青派轻骑连夜尾追，最终却没能够追到。此战虽然没有捉到单于，却也足以吓得单于再也不敢骚扰大汉疆界，远远迁移到了北方苦寒之地。后14年，直到卫青去世，再也没有征伐过匈奴，匈奴也不敢犯境。

常胜将军霍去病

霍去病是卫青的外甥，擅长骑射，18岁以校尉身份随卫青出征。他率领800轻骑，远离大军，深入敌后数百里，斩杀二千余人，生擒单于叔父罗姑比，军功冠于全军，被封为冠军侯。封侯3年后，天子加封他为骠骑将军，率领1万铁骑从陇西出征匈奴。这一次，霍去病转战6天，穿越焉支山千余里，跨过5个匈奴王国，与匈奴短兵相接，斩首卢胡王、折兰王，抓住浑邪王的儿子，没收修屠王的祭天金人，杀敌八千余人，军功显赫。

汉武帝为了慰劳霍去病，要替他盖一座住宅。霍去病推辞了。他说："匈奴未灭，何以家为!"

为了根除匈奴的侵犯，汉武帝经过充分准备之后，再派卫青、霍去病各带5万精兵，分两路合击匈奴。本来计划霍去病从东线定襄出塞，卫青率李广等从代郡出塞合围单于。但是，当卫青得知单于在东线，就和霍去病对掉了方向，由霍去病从代郡出发。霍去病率领部分匈奴降卒共5万骑兵，从代郡出塞，深入千余里与匈奴左贤王对峙。大破左贤王，追敌数千里，到达狼居胥山，在此设坛祭天。这一战，霍去病大获全胜，消灭了大量的匈奴兵卒，难得的是，霍去病深入漠北，以战养战，军中给养皆取之于敌人。

◀霍去病墓

霍去病在这次出征后3年就病逝了，年轻有为的常胜将军就这样将星陨落。

班超出使西域

◀投笔从戎的班超

汉光武帝建立东汉王朝以后，请了一位大学问家班彪整理西汉的历史。班彪有两个儿子名叫班固、班超，一个女儿叫班昭，从小都跟父亲学习文学和历史。

投笔从戎

班彪去世以后，汉明帝叫班固做兰台令史，继续完成他父亲所编写的历史书籍《汉书》。班超跟着他哥哥做抄写工作。哥儿俩都很有学问，可是性情却不一样，班固喜欢研究百家学说，专心致志写他的《汉书》。班超可不愿意老伏在案头写东西。他听到匈奴不断地侵扰边疆，掠夺居民和牲畜，就扔了笔，气愤地说："大丈夫应当像张骞那样到塞外去立功，怎么能老死在书房里呢？"就这样，他决心抛弃案头工作去从军。

▶投笔从戎

出使鄯善

公元 73 年，大将军窦固出兵攻打匈奴，班超在他手下担任代理司马，在战场上立了赫赫战功。窦固为了抵抗匈奴，想采用汉武帝的办法，派人联络西域各国，共同对付匈奴。他赏识班超的才干，派班超担任使者到西域去。

班超手持汉朝的节杖，带着随从人员 36 人先到了鄯善（今新疆境内）。鄯善原来是归附匈奴的，因为匈奴逼他们纳税进贡，勒索财物，鄯善王很不满意。但是这几十年来，汉朝顾不到西域那一边，他只好勉强听匈奴的命令，这次看到汉朝派了使者来，他就挺殷勤地招待着他们。

几天后，班超发现鄯善王对待他们忽然冷淡起来。他起了疑心，跟随从的人员说："你们看得出来吗？鄯善王对待咱们跟前几天不一样，我猜想一定是匈奴的使者到了这儿。"话虽这样说，毕竟只是一种猜想。

刚巧鄯善王的仆人送酒食来。班超装作早就知道的样子说："匈奴的使者已经来了几天？住在什么地方？"

鄯善王和匈奴使者打交道，本来是瞒着班超的。那个仆人被班超一吓，以为班超已知道这件事，只好老实回答说："来了 3 天了，他们住的地方离这儿 30 里地。"班超便把那个仆人扣留起来，立刻召集 36 个随从人员，对他们说："匈奴果然已经派来了使者，动摇了鄯善国王，现在我们已处于极度危险之中，如果再不采取有效措施，等鄯善国王被说服，我们自身难保是小事，国家交给的使命也就完不成了。大家说该怎么办？"大家都说："现在情况危急，我们服从您的命令！"班超说："不入虎穴，焉得虎子！现在我们只有下决心消灭匈奴，才能完成我们的使命！"

▲鄯善老城

当天半夜里，班超率领着36个勇士偷袭匈奴的帐篷。当时，正赶上刮大风。班超吩咐10个勇士拿着鼓躲在匈奴的帐篷后面，20个勇士埋伏在帐篷前面，自己跟其余6个人顺风放火。火一烧起来，10个人同时擂鼓、呐喊，其余20个人大喊大叫地杀进帐篷。匈奴人从梦里惊醒，到处乱窜。班超率先冲进帐篷，杀死3个敌人，其余的壮士跟着班超杀进去，杀了匈奴使者和约30个随从，把所有帐篷都烧了，烧死一百余人。

班超回到自己的营房里，天刚发白。班超就请鄯善王过来。鄯善王一看到匈奴的使者已被班超杀了，就对班超表示愿意服从汉朝的命令。

出使于阗

班超回到汉朝，汉明帝提拔班超做军司马，又派他到于阗去。吩咐他多带点人马，班超说："于阗国家大，路程又远，就是多带几百人去，也无济于事。如果遇到什么意外，人多反而添麻烦。"结果，班超还是带了原来的36个人到于阗去。当时，于阗王广德新近攻破莎车（今新疆莎车），正兴致高涨，匈奴人派使者驻在于阗，名为监护其国，实际上掌握着该国的大权。

班超到于阗后，于阗王见班超带的人少，接见的时候，并不怎么热情。班超劝他脱离匈奴，跟汉朝交好。他犹豫不决，便找巫师向神请示。那个巫师本来反对于阗王跟汉朝友好，于是他装神弄鬼，对于阗王说："你为什么要结交汉朝？汉朝使者那匹浅黑色的马还不错，可以拿来给我。"于阗王派国相向班超去讨马。班超说："可以，叫巫师自己来拿吧。"那巫师得意洋洋地到班超那儿取马。班超话没多说，立刻拔出刀把他斩了。接着，他提了巫师的头去见于阗王，责备说："你要是再勾结匈奴，这巫师就是你的榜样。"于阗王早就听说过班超在鄯善国诛杀匈奴使者的作为，颇为惶恐，当即下令杀死匈奴使者，归附汉王朝。

▼为纪念班超，兴建了班超纪念公园。园内立有36尊勇士雕像排列在道路两侧

班超通西域

鄯善、于阗是西域的主要国家，他们结交了汉朝，别的西域国像龟兹（今新疆库车县一带）、疏勒（今新疆喀什噶尔一带）等也都相继跟汉朝和好了。

公元74年，班超继续向西挺进，来到疏勒。他在周密地分析了疏勒的局势之后，采取果断措施，生擒并废掉统治疏勒的龟兹贵族兜题，另立疏勒前王兄子忠为王，从而稳定了政局。由于班超节节胜利，丝绸之路的南道基本打通，北道的东西两端也为汉朝所控制。根据这种形势，汉朝重新设置了西域都护和戊己校尉，为丝绸之路的复通创造了条件。

◀龟兹故城

公元75年，汉明帝驾崩，北匈奴在西域的势力乘机进行反扑，班超在疏勒等地坚守。后得到东汉政府援军，联合西域各国的力量，经近10年的艰苦努力，先后平定莎车、龟兹、尉犁、危须（今新疆博斯腾湖北）、焉耆等地贵族叛乱，并击退月氏的入侵，使西域五十余国重新置于东汉的管辖之下，疏通了丝绸之路的南北通道，保障了西北边疆的安全。

公元91年，班超出任西域都护，管辖西域各国，驻龟兹的它乾城。至此，班超通西域的历史任务胜利完成。汉和帝下诏褒奖他的功劳，并封为定远侯。班超还曾派部下甘英出使罗马帝国。甘英到了波斯湾后被大海所阻，没有完成使命。

班超的大半生转战在西域疆场，他机智勇敢，叱咤风云，为进一步开通和巩固丝绸之路，为加强中原和西域、中国和外国的友好往来，建立了不朽的历史功勋。

◀疏勒王国的遗迹

公元100年，他给皇帝写了一封奏书，表达了“不敢望到酒泉郡，但愿生入玉门关”的愿望。在他71岁时，朝廷调他回到京都洛阳，任为射声校尉，不久便与世长辞。这位为丝绸之路复通和西域人民的安宁奉献了一生的人，为中华民族留下了一代雄风。

相关知识全接触

丝绸之路

亦称“丝路”。古代以中国为始发点，向亚洲中部、西部及非洲、欧洲等地运送丝绸等物的交通道之总称。19世纪末德国地理学家李希霍芬最初使用该术语时，只指称从中原地区，经今新疆而抵中亚的陆上通道；后来，所指范围逐步扩大，以至远达亚、欧、非三洲，并包括陆、海两方面的交通路线。

在现代学术界，该词不仅用以指称联结整个古代世界的交通道，同时成为古代东、西方之间经济、文化交流的代名词。通常认为，丝绸之路可以分为两类，三大干线：(1) 草原之路，主要由古代游牧人开辟和使用，大致从黄河流域以北通往蒙古高原，西经西伯利亚大草原地区，抵达咸海、里海、黑海沿岸，乃至更西的东欧地区；(2) 绿洲之路，主要通过亚欧大陆上的定居人地区，始于华北，西经河西地区、塔里木盆地，再赴西亚、小亚细亚等地，并南下今阿富汗、巴基斯坦、印度等地；(3) 海上丝路，开辟的时间晚于陆路，繁荣于中世纪以降，始于中国沿海地区，经今东南亚、斯里兰卡、印度等地，抵达红海、地中海以及非洲东海岸等地。近年来有些学者主张丝绸之路东端延伸至日本。

诸葛亮鞠躬尽瘁

◀身在隆中的诸葛亮

东汉末年，群雄并起。在群雄中有个叫刘备的，后来建立了蜀汉。在刘备建立蜀汉的过程中，有个重要的人起着最关键的作用，那就是诸葛亮，后世也将诸葛亮看作智慧与大善的化身。诸葛亮的父亲诸葛珪，字君贡，在汉朝末年担任过泰山郡的郡丞，在诸葛亮年幼时就过世了；叔父诸葛玄和荆州太守刘表有交情，于是就前去投靠他。诸葛玄过世以后，诸葛亮和其弟弟诸葛均搬到南阳。诸葛亮亲自在田地里耕种，平常喜欢唱着《梁父吟》的曲调。

▲诸葛亮青年时期在这里隐居长达10年之久

隆中对策

诸葛亮，字孔明，他是琅邪郡阳都县人。通过潜心研究，他不但熟知天文地理，而且精通战术兵法。诸葛亮还十分注意观察和分析当时的社会，积累了丰富的治国用兵的知识。诸葛亮身高八尺，每每把自己比喻成管仲、乐毅，当时没人相信。只有博陵的崔州平、颍川的徐庶和诸葛亮交往甚密，认为他真的具有管仲、乐毅般的才华。

当时刘备驻军在新野，徐庶前去晋见刘备，刘备很看重徐庶。徐庶对刘备说：“诸葛孔明这个人，就像一条潜卧的龙啊，将军您是否愿意见见他呢?”刘备说：“您请他一块儿来吧!”徐庶说：“这个人您只可以去亲自请他，不能够强迫他来见您，将军您应该委曲委曲亲身前往。”

刘备思贤若渴，便决意前去请诸葛亮。诸葛亮得知刘备要来拜访他，故意躲开。刘备到了那里，扑了个空。

▶明朝戴进的《三顾茅庐图》

跟刘备一起去的关羽、张飞都有点不耐烦。但是刘备却记住徐庶的话，耐着性子去请，一次见不到，第二次再去；两次不见，第三次又去请他。诸葛亮终于被刘备的诚意感动了，就在自己的草屋里接待了刘备。

刘备把关羽、张飞留在外面，自己跟着诸葛亮进了屋子。趁屋里没有人的时候，刘备坦率地说：“如今汉室衰落，大权落在奸臣手里。我自己知道能力差，却很想挽回这个局面，只是想不出好办法。所以特地来请先生指点。”

诸葛亮看到刘备这样虚心请教，也就推心置

腹地跟刘备谈了自己的主张。他说："现在曹操已经战胜袁绍，拥有上百万兵力，而且他又'挟天子以令诸侯'，这就不能光凭武力和他争胜负了。孙权占据江东一带，已经三代。江东地势险要，现在百姓归附他，还有一批有才能的人为他效力。看来，也只能和他联合，不能打他的主意。"接着，诸葛亮分析了荆州和益州的形势，认为荆州是一个军事要地，可是刘表是守不住这块地方的。益州土地肥沃广阔，向来称为"天府之国"，可是那里的主人刘璋也是个懦弱无能的人，大家都对他不满意。

最后，他说："将军是皇室的后代，天下闻名，如果您能占领荆、益两州的地方，对外联合孙权，对内整顿内政，一旦有机会，就可以从荆州、益州两路进军，攻击曹操。到那时，有谁不拥护将军呢。能够这样，功业就可以成就，汉室也可以恢复了。"

刘备听了诸葛亮这一番精辟透彻的分析，思想豁然开朗，说："先生的话真是开了我的窍。我一定照您的意见做。现在就请您一起下山吧。"诸葛亮看到刘备这样热情诚恳，便欣然跟着刘备到新野去了。

蜀汉的建立

▶三国时蜀国君主刘备

不久刘表过世，曹操来征伐荆州，就派遣大使请求投降。刘备在樊城听到这件事情，就率领军队往南走，到了夏口。诸葛亮说："现在事情很紧急，我请求奉您的命令去向孙权求救。"当时孙权拥军在柴桑，正旁观谁成功谁失败。诸葛亮成功游说了孙权。孙权派遣周瑜、程普、鲁肃率 3 万水军，随着诸葛亮去晋见刘备，一起出力抵抗曹操。曹操在赤壁打了个败仗，率领军队回到邺郡。刘备因此收取了江南，拜诸葛亮为军师中郎将。

公元 220 年，曹操的儿子废掉汉朝皇帝，自己登上帝位，建立魏国。

公元 221 年，刘备即位称帝，建立蜀汉，册封诸葛亮为丞相。

蜀魏之争

公元 223 年春天，刘备在白帝城的永安宫病重，把诸葛亮从成都召来，把身后事情嘱托给他。

▶蜀后主刘禅

公元 223 年，继位的刘后主封诸葛亮为武乡侯，领益州牧。政事不分大小，都由诸葛亮裁决。这时南方有好几个郡同时叛乱，诸葛亮因为刚遭逢刘备的丧事，不方便立刻派兵讨伐。他暂时派遣使者出使东吴，乘机和东吴议和，于是双方成了盟邦。公元 225 年，诸葛亮率军南征。这年秋天叛乱全部平定，蜀国因此而富足起来。诸葛亮于是训练军队，讲习武备，等待大举出兵北伐。公元 227 年，诸葛亮率领各军向北前进，军队屯驻在汉中。

公元228年，诸葛亮扬言要从斜谷道进兵郿县，赵云、邓芝故作疑兵，占据箕谷。魏国大将军曹真率所有的兵力来对抗，诸葛亮亲自率领各路军队攻打祁山，军队阵容整齐，赏罚严明而号令清楚。南安、天水、安定3个郡都背叛魏国而响应诸葛亮，关中大为震惊。魏明帝西迁坐镇长安，命令张郃抵抗诸葛亮。诸葛亮派马谡督率各军前进，和张郃在街亭大战。马谡违背诸葛亮的约束规定，举动失当，被张郃打得大败。诸葛亮攻陷西县千家，率军回到汉中。诸葛亮斩杀马谡以谢三军。

▶诸葛亮作战图

公元228年冬天，诸葛亮又从散关出兵，围攻陈仓。曹真来抵抗他。诸葛亮因为粮食用完而班师回去。魏国将军王双率领骑兵来追打诸葛亮，诸葛亮与他作战，打败魏军，斩杀王双。公元229年，诸葛亮派遣陈式攻打武都、阴平二郡。魏国雍州刺史郭淮率军去攻打陈式。诸葛亮自己出军，到达建威，郭淮退回，于是平定了武都、阴平二郡。

▼南阳卧龙岗上的诸葛草庐，一个充满智慧的所在

公元231年，诸葛亮再度往祁山出兵，用木牛运送军粮，粮食用尽了后，就班师回返，和魏将张郃交战，诸葛亮用计围攻射死张郃。

公元234年春天，诸葛亮带领所有军队从斜谷出发，用流马运送军粮，占据在武功五丈原，和司马懿在渭水南边列阵对抗。诸葛亮常常忧虑粮食接济不上，让自己的壮志无法伸展，于是就命令士兵分别屯田，作为长久驻扎的基础。耕田的士兵混杂在渭水边的居民间，而百姓都安居乐业，军队不曾侵扰百姓。两军对峙了一百余天，这年8月，诸葛亮因积劳成疾，病逝于五丈原，葬于定军山。

▼诸葛亮故里纪念馆

后世评价诸葛亮云：

三顾频繁天下计，
两朝开济老臣心。
出师未捷身先死，
长使英雄泪满襟。

一代诸葛武侯，其情，苍天可表；其义，大地为之动容；其智慧，千百流传；其忠诚，为后世人所景仰，可谓：一缕清魂天上逝，留得清白在人间！

魏孝文帝迁都

▲北魏孝文帝

替代魏国并统一全国的是西晋王朝，可西晋王朝是一个短命的王朝，短短几十年就灭亡了。晋朝的贵族在南方建立了东晋，而北方则陷入了连年的混战。在北方，崛起的鲜卑族政权统一了北方，建立了北魏。

公元471年，魏孝文帝即位，决心采取改革的措施。

积极发展农业

魏孝文帝规定了官员的俸禄，严厉惩办贪官污吏；实行了“均田制”，把荒地分配给农民，成年男子每人40亩，妇女每人20亩，让他们种植谷物，另外还分给桑地。农民必须向官府交租、服役。农民死了，除桑田外，都要归还官府。这样一来，开垦的田地多了，农民的生产和生活比较稳定，北魏政权的收入也增加了。

▶北魏平城遗址

迁都洛阳

魏孝文帝是一个政治上很有作为的人，他认为要巩固魏朝的统治，一定要吸收中原的文化，改革一些落后的风俗。因此，他决心把国都从平城（今山西大同市东北）迁到洛阳。他怕大臣们反对迁都的主张，先提出要大规模进攻南齐。

有一次上朝，他把这个想法提了出来，大臣纷纷反对，最激烈的是任城王拓跋澄。孝文帝发火说：“国家是我的国家，你想阻挠我用兵吗?”拓跋澄反驳说：“国家虽然是陛下的，但我是国家的大臣，明知用兵危险，哪能不讲?”

孝文帝想了一下，就宣布退朝，回到宫里，再单独召见拓跋澄，跟他说：“实话告诉你，刚才我向你发火，是为了威慑大家。我真正的意思是觉得平城是个用武的地方，不适宜改革政治。现在我要移风易俗，非得迁都不行。这回我出兵伐齐，实际上是想借这个机会，带领文武官员迁都中原，你看怎么样?”拓跋澄恍然大悟，马上同意魏孝文帝的主张。

◀北魏的骑马武士俑

公元493年，魏孝文帝亲自率领步兵骑兵三十余万南下，从平城出发，到了洛阳。正好碰到秋雨连绵，足足下了1个月，到处

▲北魏迁都示意图

道路泥泞，行军困难。但是孝文帝仍旧戴盔披甲骑马出城，下令继续进军。大臣们本来不想出兵伐齐，趁着这场大雨，又出来阻拦。孝文帝严肃地说："这次我们兴师动众，如果半途而废，岂不是被后代人笑话。如果不能南进，就把国都迁到这里。诸位认为如何？"

大家听了，面面相觑，无人答话。孝文帝说："不能犹豫不决了。同意迁都的往左边站，不同意的站在右边。"一个贵族说："只要陛下同意停止南伐，那么迁都洛阳，我们也愿意。"许多文武官员虽然不赞成迁都，但是听说可以停止南伐，也都只好表示拥护迁都了。

孝文帝把洛阳一头安排好了，又派任城王拓跋澄回到平城去，向那里的王公贵族，宣传迁都的好处。后来，他又亲自到平城，召集贵族老臣，讨论迁都的事。平城的贵族中反对的还不少。他们搬出一条条理由，都被孝文帝驳倒了。最后，那些人实在讲不出道理来，只好说："迁都是大事，到底是凶是吉，还是卜个卦吧。"

孝文帝说："卜卦是为了解决疑难不决的事。迁都的事，已经没有疑问，还卜什么。要治理天下的，应该以四海为家，今天走南，明天闯北，哪有固定不变的道理。再说我们上代也迁过几次都，为什么我就不能迁呢？"贵族大臣被驳得哑口无言，迁都洛阳的事，就这样决定下来了。

◀北魏青铜器

汉化措施

孝文帝把国都迁到洛阳以后，决定进一步改革旧的风俗习惯。有一次，他跟大臣们一起议论朝政。他说："你们看是移风易俗好，还是因循守旧好？"咸阳王拓跋禧说："当然是移风易俗好。"孝文帝说："那么我们要宣布改革，大家可不能违背。"

◀北魏灯盏

孝文帝太和年间的汉化改革具体措施包括：依照魏晋和南朝制度革新吏治；禁止穿胡服，发现其民有着胡服者，追究其相关官员的责任；断北语，孝文帝下诏，在朝廷上只能讲汉语；改姓氏，将鲜卑族姓氏一律改为汉族的单姓；改族姓；改礼乐律令。

改革加速了北方民族融合的进程，使他们由游牧经济迅速转变为以农业经济为主，北魏因此出现了空前繁荣的景象。

一代女皇武则天

◀有着超人智慧的武则天

在我国的历史上，出现过一个有绝顶才能和超人智慧的女皇帝，那就是武则天。

唐朝的时候，唐太宗是个精明能干的皇帝，但是他的儿子高宗却是个庸碌无能的人。唐高宗即位以后，自己不会处理朝政大事，一切靠他的舅父、宰相长孙无忌拿主意。后来，他立了皇后武则天，情况就发生了变化。

才人武则天

武则天本来是唐太宗宫里的一个才人（一种妃嫔的称号），14 岁那年，就服侍太宗。当时太宗的御厩里，有匹名马，叫“狮子骢”，长得肥壮可爱，但是性格暴躁，不好驾驭。有一次，唐太宗带着宫妃们去看那匹马，跟大家开玩笑说：“你们当中有谁能驾驭它?”妃子们面面相觑，无人敢对。14 岁的武则天勇敢地站了出来，说：“陛下，我能!”

太宗惊奇地看着她，问她有什么办法。武则天说：“只要给我三件东西：第一件是铁鞭，第二件是铁锤，第三件是匕首。它要是调皮，就用鞭子抽它；不服，用铁锤猛击它的头；再不服，就用匕首砍断它的咽喉!”唐太宗听了哈哈大笑。他虽然觉得武则天说的有点孩子气，但是也很赞赏她的泼辣性格。唐太宗驾崩后，按照当时唐制，武则天和其他宫女一起被迫入感业寺削发为尼，时年 26 岁。

皇后武则天

唐高宗在当太子的时候，就十分喜欢武则天。即位不久，便把武则天从感业寺里接出来，封她为昭仪，此后便有立武则天做皇后的想法。这件事遭到很多老臣的反对，特别是高宗的舅父长孙无忌极力反对。武则天私下拉拢一批大臣，他们在高宗面前全力以赴支持武则天当皇后。唐高宗于是下了决心，废了王皇后，立武则天为后。

▲唐朝张萱的《武后行从图》

武则天当了皇后以后，就使出她那果断泼辣的手段，把那些反对她的老臣一个个降职、流放，连曾经反对她的长孙无忌也被逼自杀。不多久，那个本来已经十分无能的高宗害了一场病，整日头昏眼花，有时候连眼睛都睁不开。唐高宗看武则天能干，又懂得文墨，索性把朝政大事全交给她管了。

武则天掌了权，渐渐不把高宗放在眼里。高宗想干什么，没有经过武则天同意，就干不了。唐高宗心里气恼，有

▶唐高宗李治

一次，他跟宰相上官仪商量。上官仪本来是反对武则天掌权的，就说："陛下既然嫌皇后太专断，不如把她废了。"高宗是个没主意的人，听了上官仪的话，说："好，那就请你去给我起草一道诏书吧。"两个人的说话，被旁边的太监听见了，那些太监都是武则天的心腹，连忙把这件事报告武则天。等上官仪把起草好的诏书送给高宗，武则天已经赶到了。她厉声问高宗说："这是怎么回事？"

▶一代女皇武则天

唐高宗见了武则天，吓得好像矮了半截。他把上官仪起草的诏书藏在袖子里，结结巴巴地说："我本来没这个意思，都是上官仪教我做的。"武则天立刻下命令把上官仪杀了。

自那以后，唐高宗上朝，都由武则天在旁边监视；大小政事，都得由皇后点了头才算数。公元683年，高宗驾崩。武则天先后把两个儿子立为皇帝——中宗李显和睿宗李旦，都不中她的意。她把中宗废了，把睿宗软禁起来，自己以太后名义临朝执政。这一来，又遭到一些大臣和宗室的反对。

有个官员徐敬业被武则天降职，便借这个由头，在扬州起兵反对武则天。武则天找宰相裴炎商量。裴炎说："现在皇帝年纪大了，还不让他执政，人家就有了借口，只要太后把政权还给皇帝，徐敬业的叛乱自然会平息。"

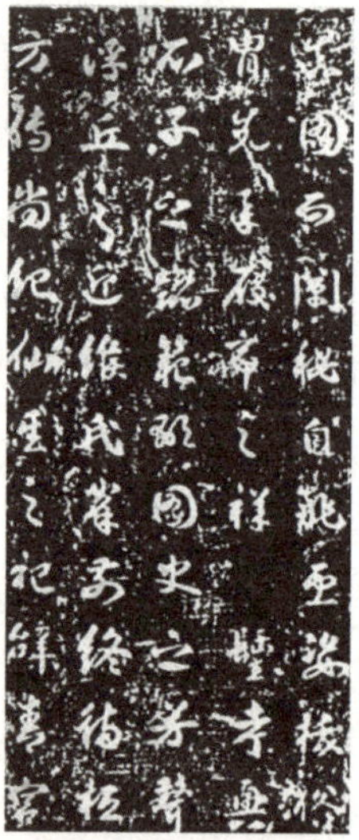

▶武则天的真迹

武则天认为裴炎跟徐敬业一样，都想逼她下台，一气之下，就把裴炎打进牢监；又派出大将带领30万大军讨伐徐敬业。徐敬业兵少势孤，抵抗了一阵，就失败了。接着，又有两个唐朝宗室——越王李贞和琅邪王李冲父子又以"匡复"为名，起兵反对武则天，也被武则天派兵镇压了。

女皇武则天

两场兵变被镇压后，全国恢复了安宁，没有人再敢反对武则天。武则天巩固了她的统治，就不满足太后执政的地位了。有个和尚猜到了太后的心思，伪造了一部佛经，献给武则天。那部佛经里说，武则天本来是弥勒佛投胎到人世来的。佛祖派她下凡，就是要让她代替唐朝皇帝统治天下。

又过了几月，有个官员名叫傅游艺，联络了关中地区九百余人联名上书，请求太后即位称帝。武则天一面推辞，一面提升了傅游艺的官职。结果，劝她做皇帝的人越来越多。据说当时文武官员、王公贵族、远近百姓、各族首领、和尚道士，上劝进表的有六万余人。

▼武则天与唐高宗最终合葬在乾陵中

公元690年，67岁的武则天接受大家的请求称帝，改国号为周。她就成了中国历史上唯一的女皇帝。公元705年，武则天病重，宰相张柬之发动政变，武则天被迫退位，让位太子李显，即中宗，恢复大唐国号。几个月后，武则天驾崩，归葬高宗的乾陵。

历史成就

为了维护和巩固自己的统治，武则天非常注意招揽贤才，委以重任。她发展了隋朝以来的科举制，50年间，录取了一千余名进士。武则天还首创殿试制度，亲自考试贡生。开创武举考试，选拔了大量的军事人才。还创立了自举制度，规定九品以上的官员甚至百姓可以举荐自己。武则天的这些政策，使得朝廷上下人才济济。

武则天还以知人善任著称。她虽然培植了一批亲信，如酷吏、武姓亲族、男宠等，但却只把他们当作控制朝政的工具，决不轻易赋予重权。而且她明察善断，能够在大量选拔和大量淘汰中，发现治国能臣，她所选拔的宰相狄仁杰、姚崇、张柬之，将帅郭元振、娄师德等，都是一时俊杰，为社会的稳定发展做出了巨大的贡献。

▶武则天发展了隋朝以来的科举制

武则天很注意发展生产，她继承了贞观时期的基本国策，实行无为而治的经济政策。她曾经向高宗上《建言十二事》，把“劝农桑，薄赋徭”列为第一条，由高宗诏令全国施行。在掌握政权之后，武则天也一直把发展生产放在首位。她把农业生产的发展和人口的增加作为考核地方官政绩、决定其升降的重要指标，还组织编写了农书《兆人本业》，颁发全国，指导生产。武则天还大力兴修水利，灌溉了大量的农田，对农业生产的发展起到了极大的推动作用。

武则天十分注意经营边疆地区，她曾经一次赏赐突厥大量的财物，改善了和突厥的关系，还派人夺回了高宗时被吐蕃抢占的安西四镇，并且设置北庭都护府，管辖天山北路。在她统治时期，唐朝和周边少数民族的关系一直比较正常，边境人民也能够安居乐业。但武则天为了神化自己的威权，广建庙宇，大肆崇佛，同时重用武氏家族，加剧了社会矛盾。

王安石变法

▶实行变法的王安石

宋朝是一个国力比较弱的王朝，一些皇帝希望通过改革使国家强大起来。宋仁宗做了40年皇帝，虽然也用过像范仲淹、包拯等一些正直的大臣，但是并没有改革的决心，国家越来越衰弱下去。他没有儿子，死后由一个皇族子弟做他的继承人，这就是宋英宗。英宗即位4年，就害病死了。太子赵顼即位，这就是宋神宗。

宋神宗即位的时候才20岁，是个比较有作为的青年。他看到国家的不景气情况，有心改革一番，可是他周围的人，都是仁宗时期的老臣，就是像富弼这样支持过新政的人，也变得暮气沉沉了。宋神宗想，要改革现状，一定得找个得力的助手。

父母官王安石

宋神宗即位前，身边有个官员叫韩维，常常在神宗面前提出一些很好的见解。神宗对他称赞有加，他说："这些意见都是我朋友王安石说的。"宋神宗虽然没见过王安石，但是对王安石已经有了一个好印象。现在他想找助手，自然想到了王安石，就下了一道命令，把正在江宁做官的王安石调到京城来。

王安石是宋朝著名的文学家和政治家，抚州临川（今江西抚州西）人。他年轻时文章就写得十分出色，曾得到欧阳修的赞赏。王安石20岁中进士，做过几任地方官。他在鄞县（今浙江鄞县）当县令的时候，做了许多有利于百姓的事，因而深受百姓的爱戴。

王安石做了20年地方官，名声越来越大。后来，宋仁宗调他到京城当管理财政的官，他一到京城，就向仁宗上了一份万言书（约1万字的奏章），提出他对改革财政的主张。宋仁宗刚刚废除范仲淹的新政，一听到要改革就头疼，把王安石的奏章搁在一边。王安石知道朝廷没有改革的决心，跟一些大臣又合不来，他就趁母亲去世的时机，辞职回家了。

▶任用王安石变法的宋神宗

制定新法

这一回，他接到宋神宗召见的命令，又听说神宗正在物色人才，就高高兴兴应召上京。王安石一到京城，宋神宗就叫他单独进宫谈话。神宗一见面就问他说："你看要治理国家，该从哪儿着手？"王安石从容不迫地回答说："先从改革旧的法度，建立新的法制开始。"宋神宗要他回去写个详细的改革意见。

王安石回家以后，当天晚上就写了一份意见书，第二天送给神宗。宋神宗认为王安石提出的意见都合他的心意，越加信任王安石。

1069 年，宋神宗把王安石提升为副宰相。经过宋神宗批准，王安石任用了一批年轻的官员，并且设立了一个专门制定新法的机构，这样一来，他就放开手脚进行改革了。

▲北宋王安石变法

王安石变法的主要内容是：一、青苗法。这个办法是他在鄞县试用过的，现在拿来推广到全国实行。二、农田水利法。政府鼓励地方兴修水利，开垦荒地。三、募役法。官府的各种差役，民户不再自己服役，改为由官府雇人服役。民户按贫富等级，交纳免役钱，原来不服役的官僚、地主也要交钱。这样既增加了官府收入，也减轻了农民的劳役负担。四、方田均税法。为了防止大地主兼并土地，隐瞒田产人口，由政府丈量土地，核实土地数量，按土地多少、肥瘠收税。五、保甲法。政府把农民按住户组织起来，每十家为一保，五十家为一大保，十大保为一都保。家里有两个以上成年男子的，抽一个当保丁，农闲练兵，战时编入军队打仗。

王安石的变法对巩固宋王朝的统治、增加国家收入，起到了积极的作用。但是，也触犯了大地主的利益，遭到许多朝臣的反对。宋神宗听到反对的人很多，就动摇起来。

变法失败

1074 年，河北闹了一次大旱灾，一连 10 个月没下一滴雨，农民断了粮食，四处逃荒。宋神宗正在犯愁，有一个官员乘机画了一幅“流民图”献给宋神宗，说旱灾是王安石变法造成的，要求神宗把王安石撤职。神宗的祖母曹太后和母亲高太后也在神宗面前哭哭啼啼，诉说天下被王安石搞乱了，逼神宗停止新法。王安石眼看新法没法实行下去，气愤得上书辞职。宋神宗也只好让王安石暂时离开东京，到江宁府去休养。

第二年，宋神宗又把王安石召回京城当宰相。刚过了几个月，天空上出现了彗星。这本来是正常的自然现象，但是在当时却被认为是不吉利的预兆。宋神宗又慌了，要大臣对朝政提意见。一些保守派又乘机攻击新法。王安石竭力为新法辩护，要宋神宗不要相信这种迷信说法，但宋神宗还是犹豫不定。王安石没办法继续贯彻自己的主张。到第三年（1076 年）春天，再一次辞去宰相职位，回江宁府去了。

◀王安石纪念馆内的荆公亭

1085 年，宋神宗驾崩，年幼的宋哲宗继位，高太后临朝听政。不到一年，王安石苦心孤诣制定和推行的新法全部被废除。1086 年，王安石饮恨逝世，他的生命几乎是与新法一起结束的。

张居正辅政

▶施行新法的明代改革家张居正

▲《帝鉴图说》是张居正专门为神宗编著的一部书

明朝时，有一位著名的政治家、改革家，叫张居正。湖广江陵人，明朝嘉靖年间的进士，满腹经纶。他的改革，使明朝的经济盛极一时，国力昌盛。

辅佐神宗

明穆宗在位的时候，大学士张居正因为才能出众，得到穆宗的信任。1572 年，穆宗死去，太子朱翊钧即位，就是明神宗。穆宗遗命张居正等三个大臣辅政。明神宗即位不久，张居正成了首辅。他根据穆宗的嘱托，真的像老师教学生一样，辅导 10 岁的明神宗。他编了一本图文并茂的历史故事书，叫做《帝鉴图说》，每天给神宗讲解。神宗看得很高兴，兴致勃勃地听张居正讲解。

有一次，张居正讲完汉文帝在细柳劳军的故事，就说：“陛下应当注意武备。现在太平日子长了，武备越来越松弛，不能不及时注意啊！”明神宗连忙点头称是。

又有一次，张居正讲完宋仁宗不喜欢用珠玉装饰的故事。明神宗就说：“对呀，做君王的应该把贤臣当作宝贝，珠玉有什么用呢？”张居正跟着启发说：“贤明的君主重视粮食，轻视珠玉。因为百姓靠粮食生活，珠玉这类东西饿了不能充饥，冷了不能御寒啊。”张居正对神宗教育十分严格，神宗把张居正当作严师看待，既尊敬，又惧怕。再加上太后和宦官冯保的支持，朝政大事几乎全部由张居正作主。

张居正是明朝的一个能干的政治家，他掌握实权以后，就大刀阔斧地在军事、政治、经济几方面着实进行了一番整顿。

改革政弊

明神宗时期，沿海的倭寇虽然已经解决，但北方的鞑靼贵族还不时侵入内地，成为明王朝的很大威胁。张居正把抗倭名将戚继光调到北方，镇守蓟州（在今河北北部）。戚家军号令严明，武器精良，多次击败鞑靼的进攻。鞑靼首领俺答汗表示愿意和好，要求通商。张居正奏明朝廷，封俺答汗为顺义王，一面和鞑靼通商往来，一面在边境练兵屯田，加强防备。以后二三十年明朝和鞑靼之间就没有发生战争。北方各族人民的生活也安定多了。

当时，黄河年久失修，河水常常泛滥，大批农田被淹，影响农业和运输。张居正任命专治水利的潘季驯督修黄河水利工程。潘季驯修筑堤防，堵塞决口，使黄河不再泛滥，运输通畅，农业生产得到恢复和发展。

原来，由于朝政腐败，大地主兼并土地，逃避税收，一些豪强地主越来越富，国库却越来越空虚。张居正下令丈量土地，经过清查，查出了一批被皇亲国戚、豪强地主隐瞒的土地，这一来，使一些豪强地主受到了抑制，国家的收入也增加了。在丈量土地之后，张居正又把当时各种名目的赋税和劳役合并起来，折合银两征收，称为“一条鞭法”。经过这种税收改革，防止了一些官吏的营私舞弊，增加了国家的收入，也减轻了农民的负担。

▲“千户石”意为张居正的先祖为归州守御千户所的世袭千户

张居正花了10年时间，进行了大胆的改革，使十分腐败的明朝政治有了转机。国家的粮仓存粮充足，足够支用10年。但是这些改革自然触犯了一些豪门贵族的利益。他们表面不得不服从，背地里对张居正恨之入骨。

废除革新

在张居正执政的第五年，他年老的父亲死在江陵老家，按照封建的礼法，他必须离职守孝3年。但是张居正怕他一离开，正在进行的改革受到影响。

在明神宗和一些大臣的挽留下，他让他儿子奔丧，自己留在京城任职。这一来，就有不少人抓住张居正父死不奔丧的事，纷纷向明神宗上书弹劾，明神宗不得不下令，再反对张居正留任的一律处死，攻击才平息下来。

张居正的权力实在太集中了，明神宗渐渐长大，反而闲着没事干，就有一批亲近的太监在内宫用各种办法给他取乐。有一次，神宗喝醉了酒，无缘无故把两个小太监打得半死。这件事让太后知道了，马上把明神宗找来，狠狠地责备一顿，还叫左右拿《汉书·霍光传》叫神宗读。西汉霍光辅政的时候，不是有个昌邑王刘贺即位后，被太后和霍光废掉皇位吗？现在张居正的地位就像当年的霍光一样，神宗想到这里，吓得浑身哆嗦，跪在太后面前求饶。后来，张居正作主，把一些引诱神宗胡闹的太监全部赶走，太后还让张居正代神宗起草了罪己诏（皇帝责备自己的诏书）。这件事虽然过去了，但是明神宗对张居正已经从惧怕发展到怀恨了。

1582年，张居正病死。明神宗亲自执政。原来对张居正不满的大臣纷纷攻击张居正专横跋扈。明神宗竟派人查抄了张居正的家。张居正的改革措施，当然也遭到破坏，刚刚有一点转机的明朝政治又走了下坡路。

▼被誉为“宰相之杰，清官廉吏”的明相张居正之墓，位于湖北荆州

张居正不仅是一位政治家，还是一位颇有成就的文学家，著有《张太岳集》、《书经直解》等，后世把张居正的所有的著作编成了《张文忠公全集》。到了明朝天启年间，张居正才被恢复名誉。

闯王李自成

◀位于陕西米脂闯王故里的李自成铜像

张居正的变法被废止后，明朝一直走下坡路，宦官当权，政治黑暗，经济萧条，老百姓生活困苦，农民起义不断。到了明朝最后一个皇帝崇祯帝年间，出现了一支灭亡明朝的起义军，那就是李闯王的起义军，而闯王李自成，也成为受苦百姓心中的英雄。

被迫起义

崇祯帝即位的第二年，即1628年，陕西闹了一场大饥荒。老百姓没粮吃，连草根树皮也掘光了，只好吃山上的泥土。但是一些地方官吏，照样催租逼税，官逼民反，陕西各地纷纷爆发了农民起义。

◀明思宗朱由检（即崇祯帝）是明朝最后一个皇帝

这年冬天，明王朝从甘肃调了一支军队到北京去。这支军队开到金县（今陕西榆林），兵士们领不到饷，闹到了县衙门。带兵的将官便出来进行血腥镇压，有个年轻兵士非常气愤，便带领兵士们把将官和县官都杀了。这个兵士就是李自成。

李自成是陕西米脂双泉里人，出生在一个农民家庭，少年时候，就喜欢骑马射箭，练得一身好武艺。后来，父亲死了，家境穷困，李自成在驿站里当马夫。他待人热情，驿卒们也很爱戴他。李自成一向担负代官府收租税的差使。米脂连年收成不好，农民拿不出租税。当地有个姓艾的大地主，乘机放高利贷，想在农民身上盘剥。李自成看大家交不起租税，就自己一个人借了债把税交了。过了一段时间，姓艾的地主逼李自成还债，李自成无力偿还，姓艾的就唆使官府把他抓起来打得半死，还锁上镣铐，把他放在太阳底下晒，不让吃东西。百姓和驿卒向县官恳求把李自成放在树阴下，让他吃点东西，县官也不答应。这一下把群众激怒了，大家一哄而上，砸开李自成身上的镣铐，带着李自成一起逃出米脂，到甘肃当了兵。这一次，李自成在金县杀了当官的，就带着几十个兵士一起投奔王左挂领导的农民军，当上一名头领。

▶李自成行宫

可是后来，王左挂禁不住明朝高官厚禄的诱惑，动摇投降了。李自成只得投奔了自称“闯王”的农民起义军领袖高迎祥。高迎祥任命李自成为将，于是百姓们都称李自成为闯将。农民起义军的声势越来越大，官军到处围剿纷纷惨败。这下，崇祯帝恼羞成怒，调动了几十万大军要彻底消灭起义军。

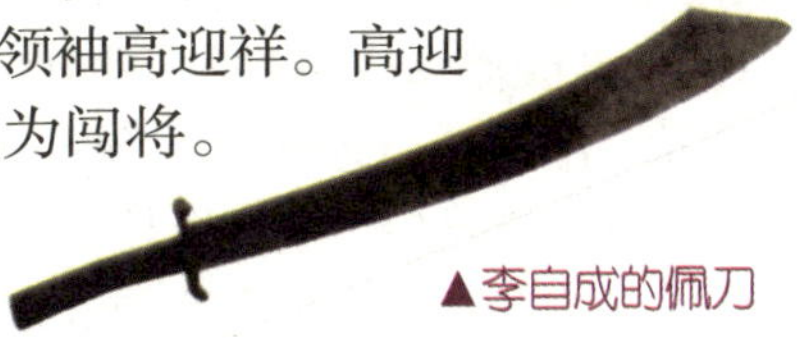
▲李自成的佩刀

大闹凤阳县

为了对付官军围剿，高迎祥等一共 13 家起义军的大小头领在荥阳开会，商量对策。荥阳大会上，大家意见不一。有的领袖认为敌人兵力太强，还是避一避再说；也有人不同意，但是也拿不出好的主意。这时候，李自成提出自己的主张。他认为起义军应该分成几路，分头出击，打破敌人的围剿。大家都觉得李自成有头脑。李自成和各路领袖经过一番商量，13 家起义军分成六路。有的拖住敌军，有的流动作战。高迎祥、李自成和另一支由张献忠领导的起义军向东打出包围圈，直取江淮地区的凤阳。凤阳是明太祖朱元璋的老家，也是明朝的中都。高迎祥、张献忠领导的起义军一路进军，势如破竹，不到 10 天，就打下了凤阳，把明朝皇帝的祖坟和朱元璋做过和尚的皇觉寺一把火烧了。这一着真的震动了明王朝朝廷，崇祯帝听到这一消息，又急又气，下令把凤阳巡抚处死。

▲李自成行宫图

兵败潼关

大闹凤阳县让崇祯帝把高迎祥的队伍看成眼中钉，千方百计要消灭他们。有一次，高迎祥带兵进攻西安。陕西巡抚孙传庭在山谷里埋下伏兵拦击。高迎祥没有防备，经过一场激战，被捕牺牲。李自成带领留下的队伍杀了出来。大伙认为闯将李自成是高迎祥最信任的将领，加上他的武艺高强，打仗勇敢，就拥戴他接替高迎祥，做了闯王。自那以后，李闯王的名声就在远近传开了。

李闯王的威名越高，越引起明王朝的害怕和仇恨。崇祯帝命令总督洪承畴、巡抚孙传庭专门围剿李自成。但是因为起义军将士的英勇作战和李自成的足智多谋，多次冲破官军的包围圈。

但是，另两支起义军的首领张献忠、罗汝才却接受明朝招降，李自成手下的将领也有人叛变，这使李自成的处境变得尤为困难。

1638 年，李自成从甘肃转移到陕西，准备打出潼关去。洪承畴、孙传庭事先探听到起义军的动向，在潼关附近的崇山峻岭中，布置了三道埋伏线，故意让开通向潼关的大路，引诱李自成进入他们的包围圈。李自成中了敌人的计。起义军经过几天几夜的搏斗，大部分都牺牲了。李自成和他的部将刘宗敏等 17 个人打退了大批敌人才冲出重重包围。他们逃到陕西东南的商洛山区隐蔽起来。

农民军进京

▲吴三桂引清兵入关进逼北京

李自成潼关之战虽然失败了，但他还是充满信心，在商洛的山区，他白天带领部队操演，夜晚读书，以便重振旗鼓。经过几年的修整，李自成身边也聚集了几千人马。1639 年夏，李自成获悉张献忠再次起义，并在罗猴山大战明军，急忙率几千人赶往罗猴山，配合张献忠作战。1640 年，李自成被明军包围在四川鱼腹山，经过殊死战斗，李自成带领起义军终于突破封锁，从湖北进入河南。当时，河南正发生一场大旱灾，成千上万饥民到处流亡。李自成一到河南，饥民听到李闯王出山的消息，纷纷前来投奔。几个月内，队伍从五千余骑发展到 10 万人。

起义军队伍壮大以后，李自成着手整顿部队，严肃纪律。同时，李自成提出“均田免赋”的口号。这一口号深入人心，结果李自成的起义军每到一处都受到了当地老百姓的欢迎。

1641 年 1 月，李自成率起义军攻破了洛阳，处斩了专以剥夺百姓而享富贵的明福王朱常洵和贪官污吏土豪劣绅。之后，李自成把缴获来的数万石（石为粮食计量单位）粮食、金银数十万，都分给穷苦百姓。这一下老百姓喜笑颜开，许多青年纷纷参加了李自成的起义军，起义军一下子发展到约 100 万人。

1641 年 2 月到 1642 年 11 月，李自成三次攻打开封，在一次战役中，李自成亲自到前线指挥时，不幸为流箭射中左眼。1642 年 7 月，李自成的起义军先后攻克了 14 州县，歼灭明军约 40 万人。到此，中原明军主力基本被歼灭。1642 年底，李自成放弃开封占领荆襄，宣布“三年不征，一人不杀”。1644 年春节，李自成宣布建立大顺国，改西安为西京。此后仅仅 3 个月，李自成的军队就打败了各路明军。3 月 16 日，李自成包围了明朝的首都北京。18 日李自成攻进北京城。而明朝最后一个皇帝崇祯帝当晚在煤山上吊死了。19 日上午，李自成戴白毡笠，穿蓝缥布箭衣，乘乌驳马，率大队由德胜门进入皇宫，终于摧毁了统治 276 年的朱明王朝。沿途百姓焚香结彩，张贴标语，夹道欢迎。

▲李自成在九宫山战败牺牲，这是他的墓碑

可惜的是，农民军进京之后，被胜利冲昏头脑，骄傲自满，没有防备清军。1644 年 4 月，明朝大将吴三桂降清，引清兵入关。李自成率军东征，在山海关西一片石遭到吴三桂和清军联合夹攻，失利而归。李自成只好撤离北京，转战西安。1645 年，潼关被清军攻陷，李自成只好又放弃西安，南下继续斗争。5 月，李自成退到湖北通山县九宫山。一天，他带领 28 名骑兵远离大部队到山上勘察地形，不幸遭地主乡团的袭击，李自成壮烈牺牲，时年 39 岁。

平定三藩

清王朝统一中国的那一年，年轻的顺治帝就病死了，他的儿子玄烨即位，这就是一代明君清圣祖，因他在位时年号为康熙，故人们称为康熙帝。

▶专横跋扈，罪行累累的鳌拜

智擒鳌拜

康熙帝即位的时候，年仅 8 岁。按照顺治帝的遗诏，由 4 个满族大臣帮助他处理国家大事，叫做辅政大臣。4 个辅政大臣中，鳌拜独断专行，仗着自己掌握兵权，欺负康熙帝年幼。如有大臣和他意见不合，就会遭到排挤打击。

▶平定了三藩之乱的少年康熙

康熙帝满 14 岁的时候，亲自执政。这时候，另一个辅政大臣苏克萨哈和鳌拜发生争执。鳌拜勾结同党诬告苏克萨哈犯了大罪，奏请康熙帝把苏克萨哈处死。康熙帝不肯批准。鳌拜在朝堂上跟康熙帝争了起来，后来竟拂袖而去。康熙帝非常生气，但当时鳌拜势力太大，康熙只好由着鳌拜把苏克萨哈杀了。于是，康熙帝决心除掉鳌拜。他物色了一批十几岁的贵族子弟担任侍卫，这些少年个个长得健壮有力。康熙帝把他们留在身边，天天练摔跤。

鳌拜进宫去，常常看到这些少年吵吵嚷嚷在御花园里摔跤，只当是孩子们闹着玩，并没在意。

▶康熙大阅兵之盔甲

有一天，鳌拜接到康熙帝命令，要他单独进宫商量国事。鳌拜像平常一样大模大样进宫去。刚跨进内宫的门槛，忽然一群少年拥了上来，围住了鳌拜，有的拧胳膊，有的拖大腿。鳌拜虽然是武将出身，力气也大。可经不住这些少年人多，又都是练过摔跤的，鳌拜敌不过他们，一下子就被打翻在地。任凭他大声叫喊，也没有人搭救他。这样康熙帝就把鳌拜抓了起来，还削了他的官爵。

鳌拜被抓进大牢，康熙帝马上要大臣调查鳌拜的罪行。大臣们认为鳌拜专横跋扈，罪行累累，应该处死。康熙帝从宽发落，把鳌拜的官职革了。

康熙帝用计除掉了鳌拜，朝廷上下都很高兴。一些原来比较骄横的大臣知道这个年轻的皇帝的厉害，也不敢在他面前放肆。

平定三藩

康熙帝亲自执政后做的第二件大事就是平定三藩。三藩指镇守云南的平西王吴三桂、镇守广东的平南王尚可喜、镇守福建的靖南王耿精忠。这三个藩王本来是投降清朝的明军将领，因为他们帮助清朝消灭南明，镇压农民军，清王朝认为他们有功，封他们为藩王，合起来叫做“三藩”。三藩之中，吴三桂最强，他不但军事实力极其雄厚，总兵力不下十余万，还控制着地方财政，自派官吏，根本不把清朝廷放在眼里。三藩各拥有雄厚兵力，占据一方，形成独立王国，严重威胁着清政权；而且三藩的存在，使得清廷每年要消耗兵饷二千余万两，在经济上也成为沉重的负担。因此，康熙不能不考虑撤藩的问题。

▲康熙监造的西洋大炮

1673年3月，尚可喜请求告老归辽东，让他自己的儿子尚之信承袭爵位继续坐镇广东。康熙帝抓住这个机会，同意他告老，但不允许他儿子袭爵，命令其尽撤藩兵回籍。这道命令触动了吴、耿二藩，他们也奏请撤藩，目的在于试探清廷的态度。康熙帝于是将计就计，同意吴三桂和耿精忠所请，毅然下令撤藩。诏令一下，吴三桂果然暴跳如雷。他自以为是清朝开国老臣，现在年纪轻轻的皇帝居然撤他的权，就非反不可了。于是当年，吴三桂就在云南起兵。

为了笼络民心，他脱下清朝王爵的穿戴，换上明朝将军的盔甲，在永历帝的墓前假惺惺地痛哭一番，说是要替明王朝报仇雪恨。但是，人们都记得很清楚，把清兵请进中原来的是吴三桂；最后杀死永历帝的，还是吴三桂。现在他居然打起恢复明朝的旗号来，还能欺骗谁呢？

▶尚可喜身穿九蟒亲王服饰，腰系镀金镶珊瑚转环黄腰带，胸前配戴蜡面朝珠，端庄正视于王座之上

吴三桂在西南一带势力非常大，起初叛军打得很顺利，一直打到湖南。他又派人跟广东的尚之信和福建的耿精忠联系，约他们一起叛变。这两个藩王有吴三桂撑腰，也反了。历史上把这件事称作“三藩之乱”。

三藩一乱，整个南方都被叛军占领。康熙帝镇定自若，并没有被他们吓倒，一面调兵遣将，集中兵力讨伐吴三桂；一面停止撤平南王、靖南王的藩王称号，把他们稳住。平南王、靖南王一看形势对吴三桂不利，又投降了。吴三桂开始打了一些胜仗，后来清兵越来越多，越打越强，吴三桂的力量渐渐削弱，处境十分孤立。

1678年，势穷力竭的吴三桂为了鼓舞士气，于3月在衡州称帝，立国号为周，建元昭武，大封诸将。但这一招并未起什么作用，他忧愤成疾，8月病死。其孙吴世璠即帝位。吴三桂死后，叛军的势力也越来越弱了。1681年，清军分三路攻进云南昆明，吴三桂的孙子吴世璠自杀。经过8年的战争，清军最后平定了三藩叛乱。这次平叛战争的胜利，清除了地方割据势力，避免了一次国家大分裂，有利于多民族统一国家的巩固和发展。

雅克萨之战

雅克萨即今黑龙江漠河以东黑龙江北岸、俄罗斯的阿尔巴津。该地自古就是中国的领土。满族祖先肃慎族曾生活于此，秦汉至明清各个朝代均在此设官统辖。明朝末年，清朝正忙着进关，把北方边境的防备放松了。沙皇俄国乘机向我国黑龙江地区进犯。他们在我国掠夺财物，杀害人民，遭到我国各族居民的反抗。清朝进关后，派兵打击沙俄侵略军，收复了被俄国占领的黑龙江北岸的雅克萨。

▲雅克萨之战示意图

雅克萨之战

当时康熙帝为了平定三藩，把大批兵力调到西南，这给了沙俄侵略者以可乘之机。康熙四年（1665 年），俄国流放犯切尔尼果夫斯基率 84 人占据雅克萨，他们在那里筑起堡垒，四处抢掠。他们把抢来的貂皮献给沙皇。沙皇不但赦免了逃犯的罪，还派他当了雅克萨长官，建立了殖民据点，对黑龙江中下游进行骚扰和蚕食，还遣使对清廷进行恫吓讹诈。

康熙希望和平解决中俄边界争端，多次接见沙俄使团，遣使向驻雅克萨的俄军进行交涉，均未奏效。于是，清廷决意用武力反击沙俄入侵者。

1685 年，在康熙的命令下，都统彭春，副都统郎坦和班达尔沙、黑龙江将军萨布素、建义侯林兴珠等，统领由满、汉、蒙古、达斡尔等民族组成的陆军水军 15000 人，浩浩荡荡开到雅克萨城下，把雅克萨围了起来。

沙俄军队经过几年的准备，把城堡修得十分牢固。彭春观察了地形之后，在城南筑起土山，让兵士站在土山上往城里放弩箭。城里的俄军以为清兵要在城南进攻，就把兵力拉到城南。哪知道清军却在城北隐蔽地方放了火炮，乘城北敌人防守空虚之机，突然轰起炮来。炮弹在城头呼啸着飞向城里，敌人的城楼被炮弹击中了，熊熊烈火燃烧起来。

▼康熙时代的雅克萨烽火

相关知识全接触

肃慎

古族名。亦称息慎、稷慎。商、周时，居“不咸山（长白山）北”，“东滨大海”，北至黑龙江中下游。从事狩猎。周武王、成王时曾以“楛矢石砮”纳贡，臣服于周。秦汉后改满面挹娄，有时亦称肃慎。南北朝后的勿吉、靺鞨、女真及今满族等都和它有渊源关系。

天色渐渐发白，清军又在城下堆起柴草，准备放火烧城。俄军头目这才吓慌了神，在城头上扯起白旗投降。按照康熙帝的事前嘱咐，彭春把投降的俄军全部释放，勒令他们撤回本土。俄军头目托尔布津哭丧着脸，带着残兵败将走了。

▲抗沙俄英雄纪念碑

二战沙俄与中俄《尼布楚条约》的签订

俄军撤走后，彭春命令兵士把雅克萨城堡全部拆毁，让百姓耕种；接着，带着军队回到瑷珲城。但是，清军并未派兵驻守雅克萨，也未割取城中的庄稼，仅焚毁城堡，便回军瑷珲，从而给俄军造成可乘之机。当年5月，沙俄尼布楚督军乌拉索夫派遣哥萨克兵70人，赴雅克萨侦察，获悉清军已撤。6月，乌拉索夫派托尔布津和拜顿率领五百余人，携带大炮，再度侵占雅克萨。侵略者在雅克萨废墟上重建城堡。

边境的警报传到了北京，康熙帝决定把侵略军彻底消灭。第二年夏天，黑龙江将军萨布素再一次进军雅克萨。清军将士想到从他们手里放走的敌人又来了，恨不得马上把他们消灭。

清军各路互相配合，激烈攻城。俄兵几次出城反扑，都被清军打了回去。经过一场激战，雅克萨城内100人被击毙，守城头目托尔布津中弹死去。剩下一批侵略军不得不躲起来，但是没几天，病的病，死的死，最后只剩下了150人。

沙俄慌忙派使者赶到北京，要求谈判。康熙帝才下令停止攻城。

彭春等遵照谕旨，允许城内俄军携带武器、行李撤退。被沙俄侵略军窃据长达20年之久的雅克萨终于得以重返祖国。

1689年，中国派出代表索额图，沙俄也派出戈洛文做代表，在尼布楚举行和谈，划分了两国边界，肯定了黑龙江和乌苏里江流域的广大地区都是中国领土。这就是中俄《尼布楚条约》。

▼雅克萨城

相关知识全接触

中俄《尼布楚条约》

中俄《尼布楚条约》全称中俄《尼布楚议界条约》，也称《黑龙江界约》。1689年（康熙二十八年）9月清政府与沙俄政府在尼布楚（今俄罗斯涅尔琴斯克）签订，为中俄第一个界约。条约规定中俄以额尔古纳河、格尔必齐河为界，再由格尔必齐河源顺外兴安岭往东至海，岭南属中国，岭北属俄国；乌第河和外兴安岭之间地方暂定存放另议。又规定自条约签订之日起，两国人民持有护照者，可过界来往，并许其贸易互市。

血战台儿庄

▲惨绝人寰的“南京大屠杀”

1937年12月13日，日军攻陷南京并制造了惨绝人寰的“南京大屠杀”。日军占领南京后，为沟通南北战场，打通津浦路，会师武汉，把徐州作为他们攻取的首要目标。

津浦保卫战

徐州是一个重要城市，它位于黄淮两水间，地据鲁、豫、皖、苏四省之要冲，是津浦、陇海两铁路之枢纽；徐州四周山峦重叠，河川纵横，在我国历史上历来是兵家必争之地。

国民政府决心全力防守徐州，在此进行一次会战。这次会战以徐州为中心，史称徐州会战。1937年10月，李宗仁被任命为第五战区司令长官，在徐州指挥作战。

▲台儿庄战役给我们留下永远不灭的记忆

11月初，李宗仁奔赴徐州前线。投入这次会战的中国军队有数十万人。李宗仁调兵遣将，进行了细致部署。

第一期的津浦路保卫战是从1937年12月中旬开始的。日军以津浦路南端为主攻，北段为辅攻，分别从南北向徐州推进，一路上受到了国民政府第十一集团军和第五十一军的顽强堵截，双方血战月余，不分胜负。敌军在此停留，竟不能越雷池一步，一时津浦路南端战事，形成敌我双方胶着对峙局面。

李宗仁在指挥津浦路艰难抵抗北进之敌的同时，又积极阻截华北日军南下，使日本侵略军不能南进。

临沂之战

日军津浦线主力南攻不成，遂改变策略，由少壮派军人板垣征四郎、矶谷廉介率两师团企图会师台儿庄。台儿庄位于津浦路台枣（庄）支线及台潍（坊）公路的交叉点上，扼运河的咽喉，是徐州的门户，在军事上具有重要地位。日军一旦得手台儿庄，便可策应津浦路南端日军攻势，一举拿下徐州。板垣、矶谷两师团，是日军精锐之师，来势相当凶猛。

▲台儿庄中正门

1938年3月下旬，日军以七八万兵力，在华北方面第二军司令官西尾寿造指挥下，分两路向台儿庄进发。2月，中国军队为堵截日军前进，在临沂、滕县同日军发生了激烈的战斗，揭开了台儿庄会战的序幕。

2月下旬，中国将领庞炳勋所属一个军的部队在山东临沂阻击日军。临沂城墙高大而又坚固，野山炮也打不穿，凭借这个优势，中国军队据城死守，使敌人不能越雷池一步，城下敌尸枕藉。9月11日，张自忠将军的五十九军由滕县增援临沂，与庞炳勋的守军内外夹攻，击溃板垣师团一旅。3月17日，日军向沂水退却，庞、张合力穷追一昼夜，日军一退90里，缩进莒县城内死守。

▲身着上将戎装的李宗仁

在李宗仁的指挥下，临沂之战取得了惊天动地的胜利，它砍断了津浦路北段日军的左臂，粉碎了日军会攻台儿庄的计划。

▲李宗仁官邸

血战台儿庄

另外一路矶谷廉介的日军部队还在挺进。李宗仁决定设圈套，命令孙连仲部、张自忠部、汤恩伯部完成对日军的合围。事态发展正如李宗仁所预料的那样，敌人从滕县南下，舍汤恩伯军不顾，直扑台儿庄。3月23日，矶谷军冲到台儿庄北泥沟车站，台儿庄会战的战幕正式拉开。

3月24日，敌军以坦克开路，向孙连仲部队阵地推进。孙连仲部队浴血奋战，尽管孙部士兵英勇抵抗，仍被日军冲入城内。担负台儿庄北面作战的汤恩伯军团接到李宗仁的死令，命令他们南下助战。4月4日，台儿庄孙连仲守军已伤亡殆尽，全城四分之三地盘为日军占据，李宗仁命令孙连仲把剩下的部队组成敢死队，夜袭侵略者，以打破敌军明晨拂晓攻击的计划。

4月5日午夜，敢死队分组向敌出袭，冲击敌阵。在短短的1小时内，一举夺回四分之三地盘。此时，李宗仁不但得报孙连仲夜袭成功的喜讯，又得汤恩伯部天明前可赶到台儿庄的消息，高兴极了，他立即连夜亲自赶到台儿庄郊外，准备亲自指挥对矶谷师团的歼灭战。

矶谷师团的厄运终于降临了。6日黎明之后，台儿庄北面，枪炮声渐密，汤恩伯军团已向敌人开火。矶谷知道已陷入重围，于是开始动摇，下令部队全线撤退。4月6日晚，李宗仁亲自指挥台儿庄守军全线出击。一直防守遭攻的孙连仲部，听说反击，精神振奋，命令一下，杀声震天。此时敌军已成强弩之末，弹药汽油也用完，机动车多被击毁，全军丧魂落魄，狼狈逃窜。李宗仁命令部队猛追，敌兵遗尸遍野，各种辎重到处皆是，矶谷本人率残部拼命突围。至此台儿庄战役胜利了。

▲台儿庄战役是中国军队取得的一次重大胜利

台儿庄战役是中国军队取得的一次重大胜利。台儿庄会战，击溃日军第五、第十两个精锐师团的主力，缴获大批武器、弹药，严重地挫伤了日军的气焰，振奋了全民族的抗战精神，坚定了国人抗战胜利的信念。在历时半个月的激战中，中国军队也付出了巨大牺牲，参战部队4.6万人，伤亡失踪7500人。

二万五千里长征

1934年至1936年，中国工农红军以血肉之躯谱写了人类历史上无与伦比的英雄史诗：二万五千里长征。那传奇式的牺牲和坚韧不拔的革命英雄主义精神始终是中国革命和建设赖以成功的基础。中国工农红军的长征是举世无双的壮举，它像一条永远铭刻在地球上的红飘带，成为人类坚定无畏的象征。

二万五千里长征简称“长征”。长征是第二次国内革命战争时期中国工农红军主力从长江南北各根据地向陕北根据地进行的战略大转移。1934年10月开始，1936年10月结束。历时两年，行程二万五千里。

1934年10月，由于王明“左”倾冒险主义的错误领导，造成了第五次反“围剿”的失败，中央红军（第一方面军）连同后方机关人员约8.6万人被迫退出中央革命根据地，分别从江西的瑞金、雩都（今于都）和福建的长汀、宁化出发，开始长征。

▲中共中央和中央军委于1934年10月10日率红一方面军从江西瑞金开始长征

长征初期，“左”倾领导人又犯了退却中的逃跑主义错误，并且把战略转移变成搬家式的行动，随军带上印刷机器、军工机器等一切笨重的器材，使部队行动迟缓，对于行军打仗极为不利。

红军英勇奋战，连续突破敌人的四道封锁线，转移到湘江以西地区，但已损失过半。12月15日，红军攻占了贵州黎平，18日，中共中央在黎平召开政治局会议，正式通过决议，放弃向湘西前进的计划，改向黔北挺进。

1935年1月1日，中央政治局在猴场召开会议，做出《关于渡江后新的行动方针的决定》，提出首先在以遵义为中心的黔北地区，然后向川南创建川黔边新根据地的战略任务。会后，红军强渡乌江，把国民党的追剿军甩在乌江以东和以南地区，于1935年1月7日占领遵义城。1935年结束了王明“左”倾机会主义在中央的统治，确立了以毛泽东为代表的新的中央的正确领导。

遵义会议后，红军在毛泽东、周恩来、朱德等的指挥下，运用灵活机动的战略战术，忽东忽西，迂回曲折地穿插于敌方重兵之间。在贵州以西，曾四次渡过赤水河，使敌人疲于奔命。随后，出敌不意，南渡乌江，进逼贵阳，直入云南，抢渡金沙江，摆脱了数十万敌军的围追堵截，取得了战略转移中具有决定意义的胜利。5月，顺利通过大凉山的彝族地区，飞夺泸定桥，强渡大渡河，翻过终年积雪的夹金山，于6月14日在四

▲长征中的部分红军女干部——左起：陈琮英、蔡畅、夏明、刘英

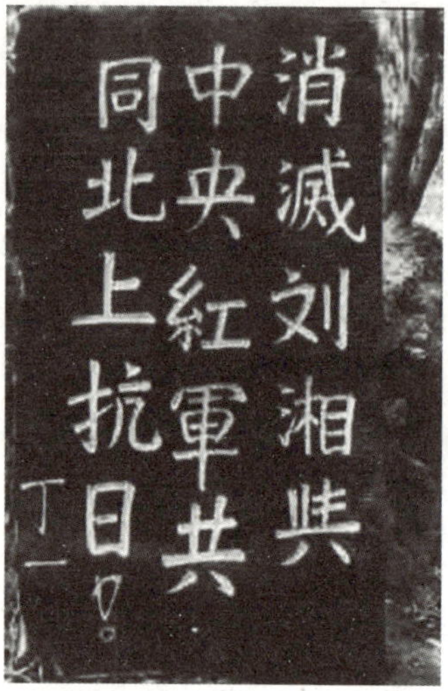

◀红一方面军在长征中刻的标语

川懋功、达维地区与从川陕根据地转移的红四方面军胜利会师。

1935 年 9 月 12 日，党中央在俄界召开政治局扩大会议，批判了张国焘分裂红军、违抗中央命令的严重错误。会议后，中共中央率陕甘支队迅速北上，攻占天险腊子口，到达甘肃岷县以南的哈达铺。9 月 27 日，政治局常委在榜罗镇开会，决定放弃创造川陕甘革命根据地的战略计划，而把陕北作为革命的大本营。1935 年 10 月 19 日红军抵达陕北根据地保安县吴起镇。11 月初，与由徐海东、程子华、刘志丹率领的陕北十五军团胜利会师。

▲过草地是长征中极其艰难的路程

红四方面军南下后，遭到国民党军队多次围攻袭击，被迫退向西康甘孜（今属四川）地区。1935 年 11 月，贺龙、任弼时率领的红二、红六军团从湖南桑植出发，开始长征，于 1936 年 7 月 2 日在甘孜与红四方面军会师。会师后，红二、红六军团改称为红二方面军。其领导人任弼时、贺龙、关向应等坚决拥护中央北上抗日的方针，他们同朱德、刘伯承等一起与张国焘进行了斗争，张国焘被迫同意与红二方面军继续北上。

▲红军翻过终年积雪的夹金山

1936 年 10 月，红一、红二、红四方面军三大主力红军在甘肃会宁胜利会师，至此，红军长征胜利结束。虽然此时红军已不到 3 万人，但这是红军和中国共产党极为宝贵的精华。

▼红二、红六方面军在长征作战中使用的山炮，也是长征红军拉到陕北的唯一一门山炮

中国工农红军，在党中央和毛泽东的正确领导下，用两年时间，长驱二万五千里，纵横 11 个省，冲破国民党重兵的追堵，克服雪山草地的自然险阻，战胜党内分裂的危机，胜利地完成了长征。

红军的长征，是世界历史上前所未有的壮举。它的胜利，粉碎了国民党反动派扼杀中国革命的企图，使中国革命转危为安；保存了党和红军的基干力量，标志着中国革命新局面的开始。

三大战役

▲拥有中国第一幅全景画的辽沈战役纪念馆现已成为全国重点爱国主义教育基地和著名旅游景区。图为辽沈战役纪念馆外景

三大战役，是指 1948 年 9 月至 1949 年 1 月，中国共产党领导的中国人民解放军同国民党军队进行的战略决战，包括辽沈、淮海、平津三个战略性战役。

辽沈战役

辽沈战役是第一个战役。从 1948 年 9 月 12 日发起，中国共产党领导的东北野战军先后分路奔袭北宁路。到 10 月 1 日，切断了北宁路，一部分主力进抵锦州城下。10 月 10 日，由华北国民党军组成的“东进兵团”自锦西向通往锦州的要隘塔山发起猛攻。东北野战军预先设置在塔山的两个纵队顽强阻击，打垮国民党军的数十次冲击，成功地阻止了其东进。

“西进兵团”出动后，也遭到解放军 3 个纵队的阻击，进至彰武、新立屯一带后，未敢继续南进。10 月 9 日起，东北野战军发起对锦州的攻击。经过激战，于 15 日攻克该城，全歼守敌十万余人。

▲1948 年 9 月 12 日，解放军东北野战军发起辽沈战役，图为东北野战军首长林彪（中）、罗荣桓（右）、刘亚楼（左）在作战前线

随后，被长期围困在长春的国民党第六十军于 10 月 17 日起义，新编第七军也放下武器投诚。21 日，长春宣告和平解放。10 月 26~28 日，东北野战军主力在新立屯、黑山地区全歼国民党廖耀湘兵团 10 万人。11 月 2 日，直下沈阳、营口。辽沈战役至此胜利结束。歼灭国民党精锐部队约 47.2 万人。

淮海战役

淮海战役是第二个战役，也是最关键的战役。淮海战役是在以徐州为中心，东起海州、西至商丘、北起临城（今薛城）、南达淮河的广大地区进行的。淮海战役于 1948 年 11 月 6 日发起，在战役的第一阶段中，华东野战军在碾庄圩地区歼灭国民党黄百韬兵团 10 万人。

◀淮海战役组织指挥战略决战的邓小平、刘伯承、陈毅、粟裕、谭震林

11 月 23 日 ~12 月 15 日，为淮海战役第二阶段。在这个阶段中，中原野战军及华东野战军一部，在宿县西南的双堆集地区包围并歼灭黄维兵团 11 万人。华东野战军主力在杜聿明指挥的徐州国民党军 3 个兵团 25 万人向西突围时，将这股敌人合围于永城东北的陈官庄地区，并歼灭

其中的孙元良兵团约 4 万人。

1948 年 12 月 15 日到 1949 年 1 月 10 日，为淮海战役第三阶段。1949 年 1 月，华东野战军发起对杜聿明部的总攻，全歼邱清泉、李弥两个兵团 10 个军约 20 万人，淮海战役中，人民解放军经过 66 天紧张艰苦的战斗，以伤亡约 11 万人的代价，歼灭国民党军 55.5 万人，使长江以北的华东、中原地区基本上获得解放。

▲平津战役纪念馆

▲再现三大战役场景

平津战役

平津战役是最后一个战役。平津战役在 1948 年 11 月 29 日发起。从 12 月 22 日起，人民解放军按照中共中央军委先打两头、后取中间的原则，首先攻克西线的新保安、张家口。在东线，1949 年 1 月 15 日，全歼天津国民党守军约 13 万人，解放天津。经过解放军和中共北平地下党的耐心工作，1 月 31 日，北平和平解放，平津战役胜利结束。平津战役历时 64 天，人民解放军以 3.9 万人的伤亡为代价，歼灭和改编国民党军队约 52 万人，使华北地区除太原、大同、新乡等少数据点及绥远西部一隅之地外，全部获得解放。

辽沈、淮海、平津三大战役，历时 142 天，共争取起义、投诚、接受和平改编与歼灭国民党正规军 144 个师，非正规军 29 个师，合计共约 154 万人。国民党赖以维持其反动统治的主要军事力量基本上被消灭。三大战役的胜利，奠定了人民解放战争在全国胜利的坚实基础。

相关知识全接触

华北野战军

解放战争时期，中国人民解放军主力之一。1945 年 11 月，晋察冀军区部队整编为晋察冀第一、第二野战军。第一野战军由晋察冀军区司令员兼政委聂荣臻领导；第二野战军由军区副司令员萧克、副政委罗瑞卿领导。12 月起，部队精简整编，其指挥机构三次变更。1947 年 6 月，重建晋察冀野战军，杨得志任司令员，罗瑞卿、杨成武任政委。先后进行大同、集宁战役，张家口保卫战和正太、青沧、保北等战役。

1947 年 10~11 月，取得清风店、石家庄战役的胜利。1948 年 5 月，晋察冀、晋冀鲁豫两军区组成华北军区，聂荣臻任司令员，薄一波任政委，所属野战部队先后编为第一、第二、第三兵团，共约 18.4 万人。先后进行察南、绥东战役并出击冀热察战役，粉碎华北国民党军增援东北的企图，并在临汾、晋中等战役中歼灭山西国民党军主力，孤立了太原。为配合辽沈战役，发动察绥战役，解放绥远（今属内蒙古自治区）广大地区。1949 年 1 月，会同东北野战军取得平津战役的胜利。2 月，第一、第二、第三兵团依次改称第十八、第十九、第二十兵团，由中央军委直接指挥。4 月，解放太原。同月，第十八、第十九兵团归入第一野战军建制。

百万雄师过大江

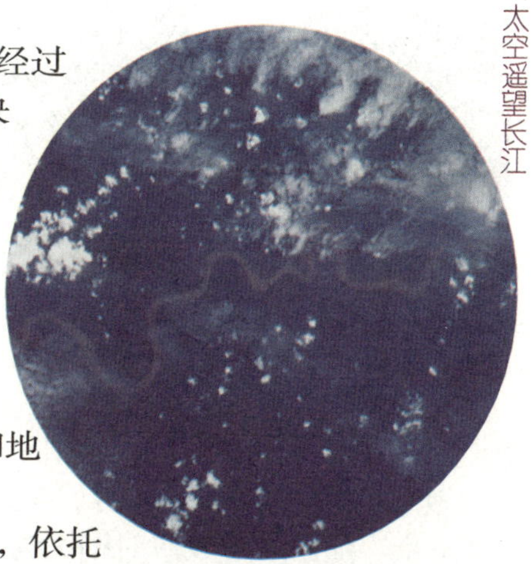
◀太空遥望长江

1948年秋至1949年初，人民解放军经过辽沈、淮海、平津三大战役以及在战略决战阶段的其他战役，国民党军大部主力已被歼灭，人民解放军已解放东北全境、华北大部、西北一部和长江中下游以北广大地区，各解放区已连成一片。人民解放军的总兵力也发展到400万人，装备得到进一步改善。

三大战役后，国民党军加上特种兵和地方部队能用于作战的部队也只有146万人。

国民党政府总统蒋介石采用缓兵之计，依托长江以南半壁河山重整军力，等待时机卷土重来，提出与中国共产党进行和平谈判。但是，国民党并非真心谈判，1949年4月20日，国民党反动政府拒绝在《国内和平协定（最后修正案）》上签字。

于是，中国人民革命军事委员会主席毛泽东和中国人民解放军总司令朱德在21日发布了《向全国进军的命令》。中国人民解放军百万军队开始了伟大的渡江战役。史称“百万雄师过大江”。

长江，是我国的第一大江，历来被兵家视为天堑。国民党政府试图依托长江天堑抵挡解放军的进攻。为此，国民党在长江南岸一线布置了大量的军队。毛泽东主席、朱德总司令下达进军令后，中国人民解放军以木帆船为主要渡江工具，在炮兵、工兵的支持配合下，在西起湖口、东至江阴的千里战线上成千上万只木船，以排山倒海之势，浩浩荡荡，强渡长江，迅速突破国民党军的江防。

◀渡江战役的渡江第一船

中国人民解放军分东、中、西三路进军。1949年4月20日晚，中路军只用了30分钟就把敌人苦心经营的所谓“天险防线”、“立体防线”撕开了一个

▲百万雄师过大江

▲美丽的长江风光

长达10千米宽的口子，解放军先头部队上岸后向敌纵深勇猛进军。

21日拂晓，7个主力团渡过了长江，占领铜陵、繁昌地区，并向纵深发展。西路军也在贵池、湖口间迅速突破了敌人的防线，占领东流、彭泽、至德、殷家汇、贵池等南岸阵地。东路军也在镇江、江阴间向敌人的防线猛攻，在打退了支持国民党的英国兵舰“紫石英”号的挑衅后，争取了江阴守敌起义，控制了江阴要塞，封锁了长江。随后解放军连连攻克扬中、江阴、镇江等地。我三路大军胜利渡江，国民党反动派的长江防线彻底崩溃。23日晚，人民解放军仅仅用了3天时间就全面渡过长江，解放了国民党政权首都南京。随后，解放军对国民党败退部队穷追猛打，直到上海城下。为了保住上海，解放军严明军纪，攻城中，不使用大炮，虽伤亡巨大，解放军依旧以人民的利益为重，宁可牺牲自己，也要为新中国保存下这座美丽的城市。

1949年5月27日，上海解放。上海解放后，杭州也迅速被解放。而南京以西的解放军中路军和西路军也在皖南、赣中等广大地区展开战斗，解放了武汉、南昌等大城市。

渡江战役歼敌约40万人。此役的胜利，为人民解放军继续南进、解放南方各省创造了有利条件。

渡江战役之后，解放军向南方和四川挺进，很快解放了我国南方的大部分地区和四川。1949年10月1日，中华人民共和国成立，并把北京作为首都。新中国成立之后，解放军解放了新疆、海南岛，并和平解放西藏，国民党残余势力躲到了台湾岛。

相关知识全接触

南京

市名，简称宁。在江苏省西南部，滨临长江。战国楚置金陵邑。秦称秣陵，三国吴称建业，晋称建康，唐称白下、下元，元称集庆。明为南京，清为江宁府治。1927年设南京特别市，1930年改南京市。为中国历史文化名城、七大古都之一。三国吴、东晋、南朝宋、齐、梁、陈、五代南唐、明初、太平天国及辛亥革命时均建都于此。1949年4月23日解放。市北有南京长江大桥，市东有紫金山天文台。革命纪念地有梅园新村、雨花台。建有渡江胜利纪念碑、渡江战役纪念馆和侵华日军南京大屠杀死难同胞纪念馆。

▼南京长江大桥

文化篇

Part 5

中华文化史是一幅包罗宏富的壮美画卷。从先秦开始，涌现出一大批影响至今的先贤。进入现代社会，中国文化在一定程度上又面临劣势，处于出现转机的阶段，先后掀起了洋务运动、维新变法和新文化运动。中国文化开始走上了近代化阶段。鲁迅则将近代文化推向一个新的高峰，他对国民的思想的觉醒起到了无可比拟的作用。先进的中国人从来都走在继承古代文化、寻求现代文化的道路上。

远古诗经

▲《诗经·麟趾》诗意图

屈原小时候不顾长辈的反对，不论刮风下雨，天寒地冻，常常躲到山洞里偷读《诗经》。经过整整三年，他熟读了《诗经》305篇，从这些民歌民谣中汲取了丰富的营养，终于成为一位伟大的诗人。《诗经》究竟有着怎样的魅力呢？

《诗经》的来源

《诗经》是中国最早的诗歌总集。本只称《诗》，因儒家将其列为经典之一，故称《诗经》。编成于春秋时代，共305篇。分为“风”、“雅”、“颂”三大类：《风》有十五国风，《雅》有《大雅》、《小雅》，颂有《周颂》、《鲁颂》、《商颂》。大抵是周初至春秋中叶的作品，产生于今陕西、山西、河南、山东及湖北等地。《诗经》的作者成分很复杂，汉代某些学者认为，周王朝派有专门的采诗人，到民间搜集歌谣，以了解政治和风俗的盛衰利弊；又有一种说法：这些民歌是由各国乐师搜集的。乐师是掌管音乐的官员和专家，他们以唱诗作曲为职业，搜集歌谣是为了丰富他们的唱词和乐调。诸侯之乐献给天子，这些民间歌谣便汇集到朝廷里了。这些说法，都有一定的道理。

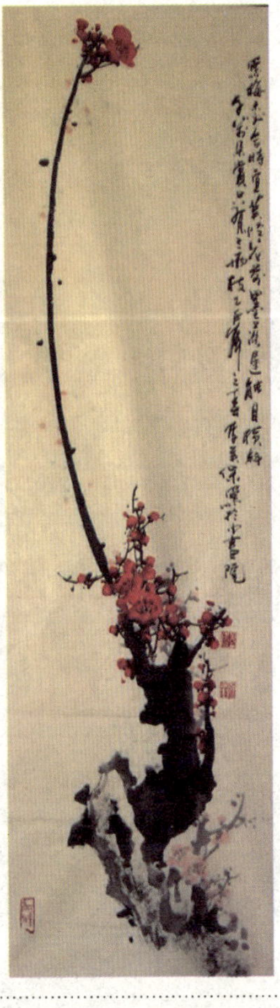

◀《诗经》里的梅，指的该是可以入药的梅果，梅在古汉语里的发音为去声，轻声吟读，有温软含骨、刚柔相济的意味

各个时代从各个地区搜集来的乐歌，一般认为是保存在周王室的乐官——太师那里的。他们显然对那些面貌互异的作品进行过加工整理，有所淘汰，有所修改。所以现存的《诗经》，语言形式基本上都是四言体。古代交通不便，语言互异，各时代、各地区的歌谣，倘非经过加工整理，不可能出现上述情况。可以认为，由官方制作乐歌，并搜集和整理民间乐歌，是周王朝的文化事业之一。

“诗三百”的说法

据《史记》等记载，《诗》原来有3000篇，经过孔子的删选，成为后世所见的305篇的定本。这一记载遭到普遍的怀疑。一则先秦文献所引用的诗句，大体都在现存《诗经》的范围内，这以外的所谓“逸诗”，数量极少，如果孔子以前还有大约3000首诗，照

▲《国风·豳风》图

理不会出现这样的情况；再则在《论语》中，孔子已经反复提到“诗三百”（《为政》、《子路》等篇），证明孔子所见到的《诗》，已经是约300篇的本子，同现在见到的样子差不多。

儒家经典《诗经》

《诗经》中的乐歌，原来的主要用途，一是作为各种典礼的一部分，二是娱乐，三是表达对于社会和政治问题的看法。但到后来，《诗经》成了贵族教育中普遍使用的文化教材，学习《诗经》成了贵族人士必需的文化素养。这种教育一方面具有美化语言的作用，特别在外交场合，常常需要摘引《诗经》中的诗句，曲折地表达自己的意思。这叫“赋《诗》言志”，其具体情况在《左传》中多有记载。《论语》记载孔子的话说：“不学《诗》，无以言。”可以看出学习《诗经》对于上层人士以及准备进入上层社会的人士，具有何等重要的意义。

《诗经》毕竟不是一部单纯的诗集，它既是周王朝的一项文化积累，又是贵族日常诵习的对象。所以，虽然其中收录了不少民间歌谣，但恐怕不可能包含正面地、直接地与社会公认的政治与道德原则相冲突的内容。

秦代曾经焚毁包括《诗经》在内的所有儒家典籍。但由于《诗经》是易于记诵的、士人普遍熟悉的书，所以到汉代又得到流传。

《诗经》中写恋爱和婚姻问题的诗，或歌唱男女相悦之情、相思之意，或赞扬对方的风采容貌，或描述幽会的情景，或表达女子的微妙心理，或嗟叹弃妇的不幸遭遇，内容丰富，感情真实，是全部《诗经》中艺术成就最高的作品。

相关知识全接触

《诗经》体例分类

关于《诗经》中诗的分类，有“四始六义”之说。“四始”指《风》、《大雅》、《小雅》、《颂》的四篇列首位的诗。“六义”则指“风、雅、颂，赋、比、兴”。“风、雅、颂”是按音乐的不同对《诗经》的分类，“赋、比、兴”是《诗经》的表现手法。

风、雅、颂

《风》又称《国风》，一共有15组，“风”本是乐曲的统称。15组国风并不是15个国家的乐曲，而是十几个地区的乐曲。国风包括周南、召南、邶、鄘、卫、王、郑、齐、魏、唐、秦、陈、桧、曹、豳的乐歌，共160篇。国风是当时当地流行的歌曲，带有地方色彩。从内容上说，大多数是民歌。作者大多是民间歌手，但是也有个别贵族。

赋、比、兴

“赋、比、兴”是《诗经》的表现手法。“赋”是直陈其事，描述一件事情的经过。“比”是打比方，用一个事物比喻另一个事物。“兴”是从一个事物联想到另外一件事物。

老庄哲学

道家学派的创始人——老子

老子与《道德经》

据传说，被道教奉为“太上老君”的老子是彭祖的后裔，在商朝阳甲年，老子投胎于玄妙王的女儿理氏腹中。一天，理氏在村头的河边洗衣服，忽见上游飘下一个黄澄澄的李子。理氏忙用树枝将这个拳头大小的黄李子捞了上来。到了中午，理氏又热又渴，便将这个李子吃了下去。

从此，理氏有了身孕，怀了81年的胎，生下一个男孩。老子生下来就会说话，他指着院子中的一棵李子树，说：“李就是我的姓。”再一看这个孩子很奇怪，怎么他的耳朵特别大？便给这个孩子起个名字叫李耳。这孩子不仅耳朵大，而且他的眉毛是白的，已经有了胡须，也是白的，所以又叫老子。

老子作为道教的开山鼻祖，被尊称为“太上老君”，这位神话般的人物，具有和其他圣人不一样的名字，也许这不同于常人的称谓只有在神话传说中才能解释得清。

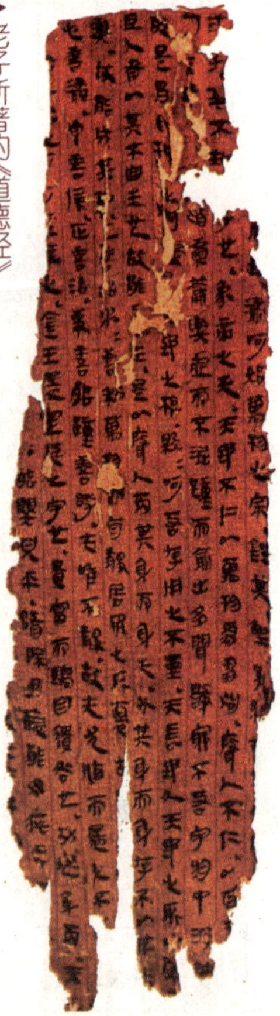

老子所著的《道德经》

作为国家管理图书的官吏，老子阅读了大量的文献典籍，在他管理图书的若干年中，周王室日渐衰微，老子决定离开东周，他的这一决定诞生了我国最早的哲学著作，却也暴露了老子自相矛盾的问题，老子在他的《道德经》中说“言者不如知者默”，也就是说有智慧的人，必定是沉默寡言的，老子主张大智慧的人不说话，不写文章，可是为什么老子自己却写了五千言的《道德经》，这不是以己之矛攻己之盾吗？究竟是老子愚蠢还是另有智慧？

老子晚年究竟去了哪里，最后死在哪里，都是一个历史之谜。而他的《道德经》也像一部谜书一样，让后人有说之不尽的思维空间。

庄子和他的《庄子》

继承并发展老子的哲学，另外一位人物同样浑身萦绕着一道光环，并且名垂青史，他叫做庄子。

庄子名周，生于宋国蒙（今河南商丘东北）。先世原为楚国贵族，庄子的父祖辈时为避“夷宗”之祸而迁居宋国蒙地，从此落魄为民。庄子个性有点怪，他传承老子“无为而治”的思想，从不追求名利，发誓一辈子不做官。司马迁说他当过蒙地漆园小吏，但《庄子》一书中却于此了无痕迹。

▶道家代表人物庄子

庄子是个精明人，工于技艺。为了养家糊口，他不仅编卖草鞋，还会做漆器、木工、陶工、屠宰、洗染等生计。尽管如此勤劳，生活仍然穷困窘迫。住的是“穷闾陋巷”，瘦得如“槁项黄馘”，连见魏王时穿的都是打了补丁的粗布衣，经常缺粮断炊，有时向监河侯借米下锅。穷到这种地步，他依然不违初衷。

然而，处在列国竞相养士的庄子，不是没有“一朝直上青云路，锦衣还眉扬气吐”的才干和机遇，像他那样的拔尖人才，只要肯出山，绝对能像孟子、惠子（惠施）那样，成为食禄千钟的士大夫。庄子追求精神自由，自甘淡泊。楚威王曾经聘请庄子为相，他对楚威王的诚聘不但不拜谢，反而感到蒙受了奇耻大辱。庄子的态度是否有点不近人情？这些并不重要，重要的是从庄子身上显示出了中华文明的源头之水是何等的洁净、明澈。正是这清澈的文明之波，溉泽了中华文化的精神森林。

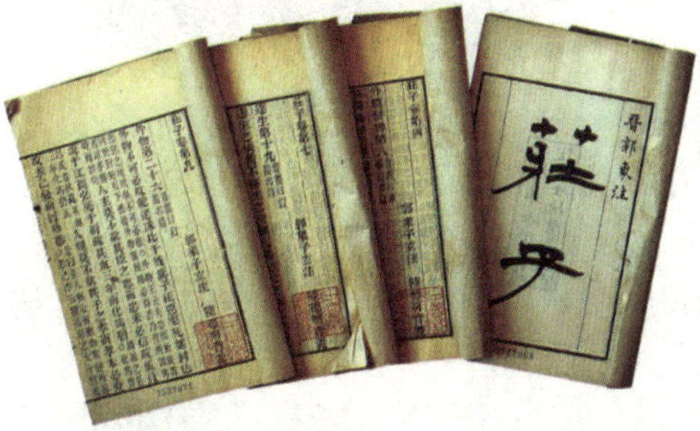

▲《庄子》光绪刊本

庄子虽未登过官场高位，却以六根清净之仙风道骨受人尊崇，被历代贤达俊哲高山仰止，景行行止。

▼庄周梦蝶

庄子的著作《庄子》是用诗意盎然的散文形式写出的，这样它就浸入了文学的圣域。在先秦诸子散文中，庄子散文最为生动优美，最具有个性化特征。庄子活了83岁，历经了周烈王等四朝君王，其间许许多多的知识分子可能都顺顺当当地做了官，有的或许还很显赫，但他们大都早已被历史忘得干干净净，然而，庄子至今还享此殊荣。

相关知识全接触

《老子》

又名《老子道德经》、《道德五千文》。道家的主要经典。提出了一个以道为核心的思想体系，具有丰富的朴素辩证法思想，保存了许多古代天文、生产技术等方面的资料，还涉及军事和养生。道教奉为主要经典，称为《道德经》。

儒圣孔子

◀儒家学派的创始人孔子

孔子，名丘，字仲尼，鲁国人。春秋末期伟大的思想家、教育家，儒家学派的创始人。孔子的父亲叫叔梁纥，母亲叫颜征在。叔梁纥是当时鲁国有名的武士，建立过两次战功，曾任陬邑大夫。孔子3岁时，叔梁纥去世，孔母颜征在携孔子移居到曲阜。

教育思想

孔子以好学著称，对于各种知识都表现出浓厚的兴趣，因此他多才多艺，知识渊博，在当时几乎被当成无所不知的圣人。

愿意拜他做老师的人很多，他索性就办了个私塾，收起学生来。孔子的弟子子路曾经问孔子："听说一个主张很好，是不是应该马上实行？"孔子说："还有比你更有经验、有阅历的父兄呢，你应该先向他们请教请教再说，哪里能马上就做呢？"可是冉有也同样问过孔子："听说一个主张很好，是不是应该马上实行呢？"孔子却答道："当然应该马上实行。"公西华看见同样问题而回答不同，想不通，便去问孔子，孔子说："冉求（冉有也称冉求）遇事畏缩，所以要鼓励他勇敢；仲由（子路的名）遇事轻率，所以要叮嘱他慎重。"

孔子对其他弟子也同样有中肯的批评。颜渊是他最得意的弟子，但因为颜渊太顺从他了，便说道："颜回（即颜渊）不是帮助我的，因为他对我什么话都一律接受！"

孔子注重启发，他善于选择人容易接受的机会给予提醒。他说："如果一个人不发愤求知，我是不开导他的；如果一个人不是到了自己努力钻研、百思不得其解而感觉困难的时候，我也不会引导他更深入一层。譬如一张四方桌在这里，假使我告诉他，桌子的一角是方的，而他一点也不用心，不能悟到那其余的三个角也是方的，我就不会再跟他废话了。"

孔子又往往能使人在原来的想法上更进一步。子贡有一次问道："一般人都喜欢这个人，这个人怎么样？"孔子说："这不够。"子贡又问："那么，一般人都不喜欢这个人呢？"孔子说："也不够。要一切好人都喜欢他，一切坏人都不喜欢他才行。"

▼孔子讲学

孔子也常常以自己虚心的榜样来教育弟子。他曾说："我不是生来就知道什么的，我不过是喜欢学习古代人积累下来的经验，很勤恳、很不放松地去追求就是

▲孔子做鲁国司寇时的画像

了。”又说：“三个人一块儿走路，其中就准有我一位老师。”

孔子在鲁国教书，跟随孔子学习的学生越来越多，名声也越来越大。到了公元前 501 年，鲁定公派孔子做中都宰，第二年，做了司空，又从司空做了司寇。

周游列国

公元前 500 年，齐景公写信给鲁定公，约他在齐鲁交界的夹谷地方开个会，以此来拉拢邻国鲁国和中原诸侯。

那时候，诸侯开会，都得有个大臣当助手，称作“相礼”。鲁定公决定让鲁国的司寇孔子担任这件事。

在夹谷会议上，由于孔子做相礼，鲁国取得了外交上的胜利。会后，齐景公决定把从鲁国侵占过来的汶阳（今山东泰安西南）地方的三处土地还给了鲁国。

齐国的大夫黎钼认为孔子留在鲁国做官对齐国不利，劝齐景公给鲁定公送一班女乐去。鲁定公欣然接受了这班女乐，每天吃喝玩乐，不理政事。孔子想劝说他，他躲着孔子。这件事使孔子感到很失望。孔子的学生说：“鲁君不办正事，咱们走吧！”

从此，孔子离开鲁国，带着一批学生周游列国，希望找个机会实行他的政治主张。可是，那个时候，大国都忙于争霸的战争，小国都面临着被吞并的危险，整个社会正在发生变革。孔子宣传的一套恢复周朝初年礼乐制度的主张，没有被接受。

他先后到过卫国、曹国、宋国、郑国、陈国、蔡国、楚国。这些国家的国君都没有用他。有一回，孔子在陈、蔡一带，楚昭王打发人请他。陈、蔡的大夫怕孔子到了楚国，对他们不利，发兵在半路上把孔子截住。孔子被围困在那里，后来，楚国派了兵来，才给他解了围。

孔子在列国奔波了七八年，碰了许多钉子，年纪也老了。最终，他还是回到鲁国，把精力放到整理古代文化典籍和教育学生上面。

孔子在晚年还整理了几种重要的古代文化典籍，如《诗经》、《尚书》、《春秋》等。公元前 479 年，孔子去世。他死后，他的弟子继续传授他的学说，形成了一个儒家学派，孔子成了儒家学派的创始人。

▼孔子周游列国

屈原沉江

放逐湘南

楚国自从被秦国打败以后，一直受到秦国的欺辱，楚怀王一直郁郁寡欢。秦昭襄王即位，给楚怀王写信，请他到武关（在陕西丹凤县东南）相会，订立盟约。

楚怀王接到秦昭襄王的信犹豫再三，不去呢，怕得罪秦国；去呢，又怕出危险。他就跟大臣们商量。

大夫屈原对楚怀王说：“秦国强暴得像豺狼一样，大王一去，准会中他们的计。”

▶忧国忧民的屈原

可是怀王的儿子公子子兰却执意劝楚怀王去，说：“咱们把秦国当作敌人，结果死伤好多人，又丢了土地。如今秦国愿意与咱们和好，怎么能推辞人家呢。”

楚怀王听信了公子子兰的话，就上秦国去了。果然不出屈原所料，楚怀王刚踏进秦国的武关，就立刻被秦国预先埋伏下的人马截断了后路，被秦国囚禁起来。

楚顷襄王继位三年后，怀王客死秦国，尸体运回楚国，屈原悲恸万分，写下了惊心动魄的《招魂》。屈原力劝楚顷襄王搜罗人才，远离小人，鼓励将士，操练兵马，为国家和怀王报仇雪耻。可是他这种劝告丝毫没起作用，反倒招来了令尹子兰和靳尚等人的仇视。他们每天在顷襄王面前说屈原的坏话。

楚顷襄王听了大怒，把屈原革了职，放逐到湘南去。屈原抱着救国救民的志向，富国强民的打算，反倒被奸臣排挤出去，气得浑身直抖，百思不得其解。他到了湘南以后，经常在汨罗江一带一边走，一边唱着伤心的诗歌：“世人皆浊我独清，世人皆醉我独醒。”他在诗歌里痛斥卖国的小人，表达了他忧国忧民的心情，对楚国的一草一木都寄托了无限的深情。

▼屈原的作品《离骚》

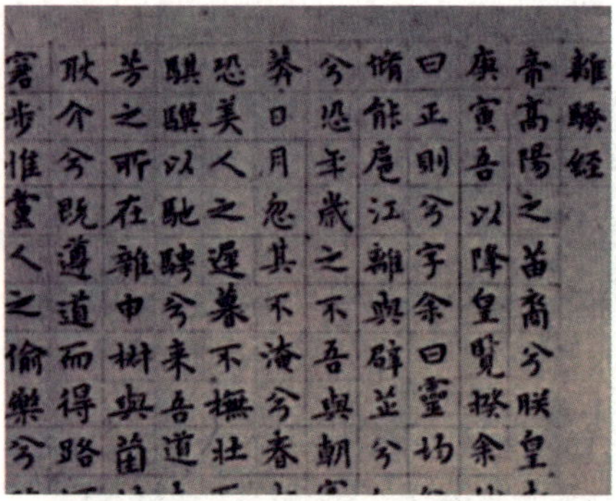
離騷經
帝高陽之苗裔兮朕皇
庚寅吾以降皇覽揆余
曰正則兮字余曰靈均
脩能扈江離與辟芷兮
兮恐年歲之不吾與朝
莽日月忽其不淹兮春
恐美人之遲暮不撫壯
騏驥以馳騁兮來吾道
芳之所在雜申椒與菌
耿介兮既遵道而得路
害步惟黨人之偷樂兮

含恨赴江

由于屈原不愿意随波逐流，到了公元前 278 年五月初五那天，他跳到汨罗江里自杀了。

▼龙舟竞渡

附近的人得到这个消息，都划着小船去救屈原。可是一片汪洋，大伙儿在汨罗江上捞了半天，也没有找到屈原的尸体。人们很担心江中的鱼虾会啃噬屈原，在划船营救时，对着江面，把竹筒子里的米撒了下去喂鱼虾，但屈原还是无法生还。

到了第二年五月初五那一天，当地的百姓想起这是屈原投江一周年的日子，又划船把竹筒子盛了米撒到水里去祭祀他。后来，他们又把盛着米饭的竹筒子改为粽子，划小船改为赛龙船。这种纪念屈原的活动渐渐成为一种风俗。

▲屈原墓

作为一个伟大的诗人，屈原的出现，不仅标志着中国诗歌进入了一个由集体歌唱到个人独创的新时代，而且他所开创的新诗体——楚辞，突破了《诗经》的表现形式，极大地丰富了诗歌的表现力，为中国古代的诗歌创作开辟了一片新天地。后人也因此将《楚辞》与《诗经》并称为“风、骚”。“风、骚”是中国诗歌史上现实主义和浪漫主义两大优良传统的源头。

相关知识全接触

屈原

（约公元前340~约公元前278年），中国最早的大诗人，名平，字原，战国时楚国贵族。初辅佐怀王，做过左徒、三闾大夫，学识渊博，主张彰明法度，举贤授能，联齐抗秦。后被谗言去职，顷襄王时被放逐，长期流浪沅湘流域。都城郢被秦兵攻破后，他既无力挽救楚国的危亡，又深感政治理想无法实现，遂投汨罗江自尽。著有《离骚》、《九歌》、《天问》等不朽作品传世。

楚辞

总集名。西汉刘向辑。东汉王逸为作章句。“楚辞”的名称，西汉初期已有之，至刘向乃编辑成集。原收战国楚人屈原、宋玉及汉代淮南小山、东方朔、王褒、刘向等人辞赋共16篇。后王逸增入已作《九思》，成17篇。全书以屈原作品为主，其余各篇也都是承袭屈赋的形式。以其运用楚地的文学样式、方言声韵和风土物产等，具有浓厚的地方色彩，故名《楚辞》。后世因称此种文体为“楚辞体”；又因屈原作品中以《离骚》一篇最著名，而称为“骚体”。

司马迁写《史记》

太史令司马迁

司马迁（约公元前145或公元前135~?），字子长，西汉史学家、文学家、思想家。

公元前108年，司马迁继承父亲司马谈的遗志，当上了太史令，开始在皇家藏书馆中整理选录历史典籍。司马迁的祖先并不十分显要，其家族世代掌管太史的官职。但是司马迁和他的父亲都以此为荣，在他们的心目中，修史是一项崇高的事业。他们为此奉献了自己一生的精力。

继承遗志

司马谈一直准备写一部贯通古今的史书。在父亲的直接教导下，司马迁10岁时便开始学习当时的古文。跟随父亲到长安，从小就读了不少书籍。为了搜集史料，开阔眼界，司马迁从20岁开始，就游历祖国各地。这种游览和考察，使司马迁获得了大量知识，又从民间语言中汲取了丰富的养料，为司马迁的写作打下了重要的基础。

司马迁的父亲病危时，拉着儿子的手，流着眼泪对他说："我死了以后，你一定要接着做太史令，千万不要忘记我一生希望写出一部通史的愿望。你一定要继承我的事业，不要忘记啊！"

这一番谆谆嘱托极大地震动了司马迁，他看到了父亲作为一名史学家难得的使命感和责任感，他也知道父亲将自己毕生未竟的事业寄托在了自己的身上。司马迁低着头，流着泪，悲痛而坚定地应允道："儿子我虽然没有什么才能，但我一定完成您的遗愿。"

司马迁做了太史令以后，就有了阅读外面看不到的书籍和重要资料的机会，做了大量笔记。

司马迁一直记得父亲的遗志，他决心效法孔子编纂《春秋》，写出一部同样能永垂不朽的史学著作。公元前104年，司马迁在主持历法修改工作的同时，正式动手写他的伟大著作《史记》。

忍辱著《史记》

正当司马迁全身心地撰写《史记》之时，却遇上了飞来横祸，这就是李陵事件。司马迁因替抗击匈奴的大将李陵投降匈奴辩护，被汉武帝认为是有意贬低李广利（汉武帝宠妃李夫人的哥哥），因而被判腐刑。

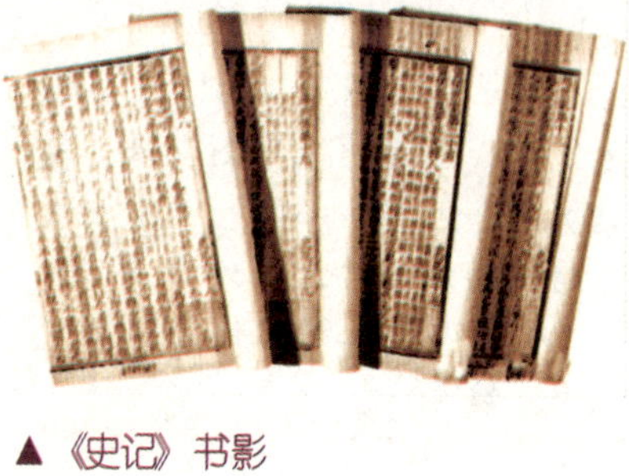
▲《史记》书影

面对最残酷的刑罚，司马迁痛苦到了极点，但是他又想：从前周文王被关在羑里，写了一部《周易》；孔子周游列国时被困在陈蔡，后来编了一部《春秋》；屈原遭到放逐，写了《离骚》；左丘明眼睛瞎了，写了《国语》；孙膑被剜掉膝盖骨，写了《兵法》；还有《诗经》305篇，大都是古人在心情忧愤的情况下写的。这些著作，都是作者心里有郁闷，或者理想行不通的时候才写出来的。我为什么不利用这个时候把这部史书写好呢？

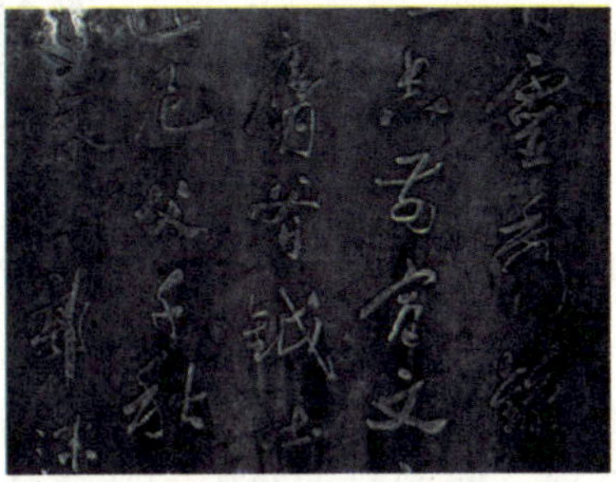

▲司马迁祠内郭沫若题字的石碑

于是司马迁开始发愤撰写《史记》，态度严谨认真，实录精神是其最大的特色。他写的每一个历史人物或历史事件，都经过了大量的调查研究，并对史实反复进行了核对。他秉着“究天人之际，通古今之变，成一家之言”的目的，将自己心中所有的“愤”全部倾注到《史记》的创作中去。司马迁独创了中国历史著作的纪传体裁，开创了史学史上全新的体例。

《史记》即是一部伟大的历史著作，又是一部杰出的文学著作，在史学上、文学上都享有很高的地位，鲁迅先生称其为“史家之绝唱，无韵之离骚”。

▲代表着西汉时期文化的珍贵文物——金兽

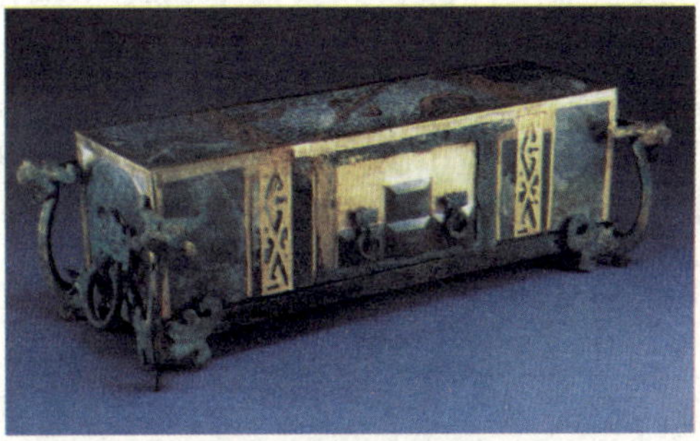

▲代表着西汉时期文化的珍贵文物——玉枕

相关知识全接触

《史记》

《史记》记载了从传说中的黄帝，到汉武帝太初年间（公元前122年），三四千年的历史。全书由本纪、表、书、世家、列传五部分组成，是我国古代第一部纪传体通史。

本纪，计有十二本纪，包括五帝本纪、夏本纪、殷本纪、周本纪、秦本纪(秦昭襄王、庄襄王)、秦始皇本纪（秦始皇帝、二世皇帝)、项羽本纪、汉高祖本纪、吕后本纪、孝文本纪、孝景本纪、孝武本纪十二部分。

表，共有十表，分世表、年表、月表。三代世表，从黄帝开始，夏、殷、西周到共和行政为止，排列帝王顺序并注出属系。

书，共八书，由礼、乐、律、历、天官、封禅、河渠、平准组成。它以事为类，主要记录了天文历法、典章制度、经济管理、水利兴修等制度形成发展过程，具有专史的性质，故而成为《史记》中有特殊价值的一部分。

世家，共三十世家，记有吴太伯、齐太公、鲁周公等周代较大诸侯十七国、汉初诸侯楚元王等三个诸侯国，以及汉初萧何、曹参等五个丞相的历史，并把外戚、五宗、三王等专史也列入世家。此外，还把孔子、陈涉也列入世家，记述了各自的历史。

列传，即人物传记，共七十列传。列传形式多样，有专传、合传、寄传和杂传等类型。

曹植七步成诗

◀乱世枭雄曹操

曹植失宠

曹操有 26 个儿子，长子曹昂被杀死，次子是曹丕，曹植是曹操第四个儿子，绝顶聪明，10 岁就能写文章。曹操看到曹植的文章就有点怀疑，认为是曹植请人代写的，而曹植请父亲当面测试，经过几番面试，曹植的确出口成文，下笔成章。

曹操觉得他果然才华出众，因此对他特别宠爱，多次想把他立为继承人，只是因为有些大臣反对，才决定不下来。因为这个缘故，他的哥哥曹丕非常嫉妒他的才能，而且恼恨曹操想传位给他，常常想要伺机报复。

曹丕怕自己地位不稳，想方设法讨曹操欢喜。有一次，曹操出外打仗，曹丕、曹植都去送行。临别的时候，曹植当场念了一段颂扬曹操功德的文章，大家听了十分赞赏。有人在曹丕耳边小声说：“大王要离开了，你只要表示伤心就是了。”曹丕果然抹着眼泪向曹操告别，这一举动果然令曹操很受感动，也掉下了泪。

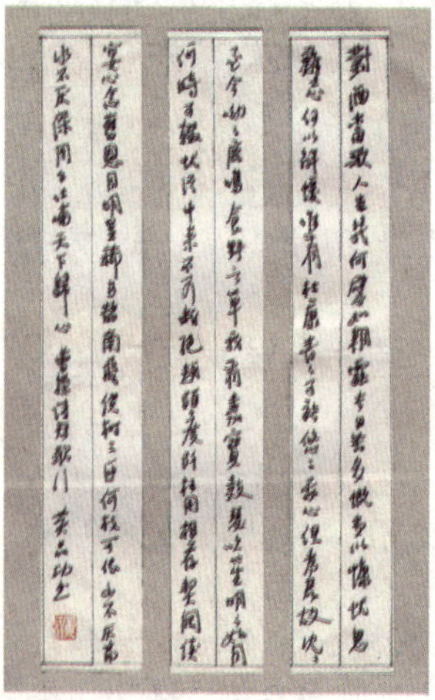
▲曹操的《短歌行》

这件事使曹操觉得曹丕文才虽然不如曹植，但是心地老实，对他有感情。再加上左右侍从替曹丕说好话的人不少，曹操宠爱曹植的心渐渐变了。

曹植是个不注意小节的人。有一次，他竟在王宫里坐着车马，私自打开王宫外门出去。这件事可违犯了宫里的规矩。曹操听了这件事，大为恼火，把管宫门的官员办了死罪。

又有一次，曹操打算派曹植带兵出征。曹丕得到消息，事先送酒食去，跟曹植一起喝酒，让曹植喝得酩酊大醉。正在这时候，曹操派人找曹植去，连催几次，曹植还没醒来。曹操只好把派曹植出征的事取消了。打这以后，曹操就打消了把曹植立为嗣子的念头。

七步诗

曹丕做了魏王以后，对弟弟曹植仍十分忌恨。有人告发曹植经常喝酒骂人，还把他派去的使者扣押起来，曹丕就抓住机会派人到临淄把曹植抓起来，要处曹植死罪。他母亲卞太后知道了，非常着急，连忙在曹丕面前给曹植求情，要他看在同胞兄弟份上，

◀文采斐然的曹植

宽恕曹植。曹丕不能不听母亲的话，再说，为了一点小事杀了兄弟，自己也不体面，就只把曹植的临淄侯爵位撤了，降为一个比较低的爵位。

◀魏文帝曹丕

一天，曹丕把曹植召来以后，为了惩罚他一下，命他在走完七步的时间里做出一首诗。如果做得出，就免他一死。

曹植略略思索一下，就迈开步子，走一步，念一句，随口就念出了一首诗：

"煮豆燃豆萁，豆在釜中泣。本是同根生，相煎何太急。"意思是：我这个豆子和你这个豆秸，本来都是从同一棵豆子上生出的，同气连枝，同尊同姓，又同一个命运。为什么你要变成火来烧我，我要被热水来这么煮，这多难过啊？为什么你就要来煎熬我呢？

曹丕听了，觉得自己对弟弟也逼得太狠，心里感到惭愧，就免去了曹植的死罪。

◀被迫禅让帝位的汉献帝

曹丕做了魏王，不像他父亲那样怕人家议论。就在这一年秋天，由他的亲信联名上书，劝汉献帝让位给魏王。

汉献帝做了 30 多年的挂名皇帝，接到大臣上书，就宣布让位，改称山阳公。曹丕的亲信大臣还隆重举行了一个"推位让国"的禅让仪式，表示汉朝的皇权是献帝自愿让的。

公元 220 年，曹丕称帝，建立魏朝，就是魏文帝。到这时候，东汉王朝才正式结束。

相关知识全接触

三曹

曹操、曹丕、曹植共称"三曹"，父子三人可谓三国时期文坛上的领袖，是集中体现"建安风骨"特点的代表作家。

曹丕

即魏文帝，虽有文才，却逊曹植一筹。东汉末年（公元 220 年）曹操病逝，曹丕袭位为魏王，并于当年 10 月逼汉献帝退位，做了魏朝第一位皇帝。在位 7 年崩，时年 40 岁。

铜雀台赋的由来

历代帝王喜欢建造高台，一以登高望远，一以此为天子威权之象征。曹操野心昭昭，虽未篡位，也建造了富丽堂皇的高楼——铜雀台。落成后一日，曹操召集所有儿子登台共游，并命儿子们各写一篇登台赋祝兴。曹植挥洒自若，文采粲然，不但独跃众子之上，还大大地捧了曹操一番，曹操乐不可支，生起传位给曹植的念头。

王羲之作序兰亭

▲被称为『书圣』的王羲之

王羲之自幼酷爱书法，几十年来锲而不舍地刻苦练习，终于使他的书法艺术达到了超逸绝伦的高峰，被人们誉为“书圣”。

兰亭作序

王羲之书法中影响最大是《兰亭序》，也是书法史上一段千古传奇的故事：东晋有一个风俗，在每年夏历的三月三日，人们必须去水边嬉游，以消除不祥，称为“修禊”。在他去世前8年，也就是东晋永和九年（公元353年）的三月初三，时任会稽内史、右军将军的王羲之邀谢安、孙绰等41位文人雅士聚于会稽山阴的兰亭修禊，曲水流觞，饮酒作诗。42位名士列坐溪边，由书僮将盛满酒的羽觞放入溪水中，随风而动，羽觞停在谁的位置，此人就得赋诗一首，倘若是作不出来，可就要罚酒三觥。

▼兰亭修禊图卷

正当众人沉醉在酒香诗美的回味中时，有人提议不如将当日所做的37首诗，汇编成集，这便是《兰亭集》。这时众家又推王羲之写一篇《兰亭集序》。王羲之酒意正浓，提笔在蚕纸上畅意挥毫，一气呵成。这就是名噪天下的《兰亭序》。序文共28行，324字。序中记叙兰亭周围山水之美和聚会的欢乐之情，抒发作者关于好景不长、生死无常的感慨。

第二天，王羲之酒醒后意犹未尽，伏案挥毫在纸上将序文重书一遍，却自感不如原文精妙。他有些不相信，一连重书几遍，仍然不得原文的精华。这时他才明白，这篇序文已经是自己一生中的巅峰之作，自己的书法艺术在这篇序文中得到了酣畅淋漓的发挥。

兰亭真迹

王羲之将《兰亭序》视为传家宝，并代代相传，一直到王家的七世孙智永手中。可是，智永不知何故出家为僧，身后自然没有子嗣，就将祖传真本传给了弟子——辨才和尚。

到了唐朝初年，李世民大量搜集王羲之书法墨宝，经常临习，对《兰亭序》这一真迹更是仰慕，多次重金悬赏索求，但一直没有结果。后察出《兰亭序》真迹在会稽一个名叫辨才的和尚手中，从此引出一段唐太宗骗取《兰亭序》，原迹随唐太宗陪葬昭陵的故事。这一段故事，更增添了《兰亭序》的传奇色彩和神秘气氛。

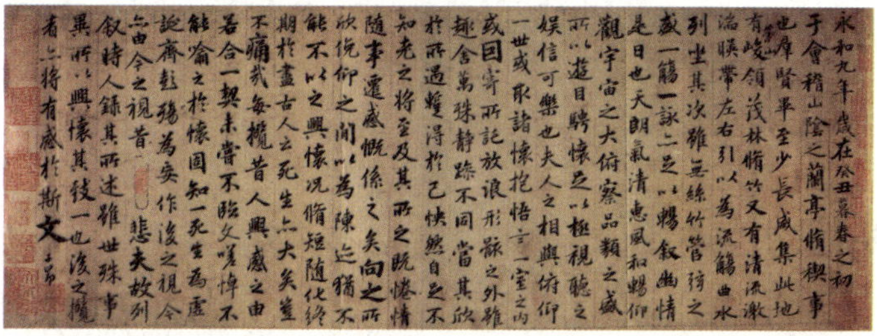
▲王羲之的《兰亭序》如行云流水，潇洒飘逸

传世兰亭

传世至今的《兰亭序》摹本，为中国楷书书法之珍品，千余年来，人无问言，独至清末，广东书家李文田对此疑问丛生，断言“文尚难信，何有文于字”，认为晋人书法不应脱离汉魏隶书，所以《兰亭序》不可能是王羲之书。

▼王羲之故居

清人李文田对此有些疑问，却并未引起注意，1965 年，郭沫若同志在《文物》第六期上发表《由王谢墓志的出土论到兰亭序的真伪》一文指出，《兰亭序》不仅从书法上来讲有问题，就是从文章上来讲也有问题。郭沫若撰文斥《兰亭序》为伪作，一时热闹非凡。1965 年 7 月 8 日，毛泽东致函郭沫若，就《兰亭序》引起的不同看法做出指示：“笔墨官司，有比无好。”此后，启功、李长路、章士钊、高二适等名家都对《兰亭序》真伪的问题公开论辩，双方各执其理，这就是著名的“兰亭论辩”。迄于今日，由《兰亭序》引发的疑案，仍众说纷纭，没有定论。

王羲之最大的是成就在于变汉魏质朴书风为笔法精致、美轮美奂的书体，开创了妍美流畅的行、草书法先河。《兰亭序》有如行云流水，潇洒飘逸，骨格清秀，点画遒美，疏密相间，布白巧妙，在尺幅之内蕴含着极丰裕的艺术美。无论横、竖、点、撇、钩、折、捺，真可说极尽用笔使锋之妙。

◀王羲之墓

《兰亭序》凡 324 字，每一字都姿态殊异，圆转自如。王羲之书法的出神入化，不仅表现在异字异构，而且更突出地表现在重字的别构上。如出现的 20 个“之”字，各有不同的体态及美感，无一雷同。

陶渊明不为五斗米折腰

▶田园诗人陶渊明

公元399年，东晋的统治集团内部争权夺利的斗争愈演愈烈，农民起义此起彼伏。在这个动荡不安的年代里，江西浔阳柴桑有一位著名的诗人陶渊明。他从小喜欢读书，因看不惯当时的政治腐败，在家乡隐居，不想求官，依靠自己耕种田地养活一家老小，日子越来越穷，在家境破落、入不敷出的情况下仍然沉醉于读书作诗。为了生存，亲戚朋友劝他出去谋个一官半职，无奈之下只好答应了。

陶渊明被派到彭泽（在今江西省）去当县令。一天早上，陶渊明来到县衙，看到周主簿、吴县尉和户曹、兵曹、贼曹这些官吏早已等在那里。陶渊明觉得有些奇怪，平时他们总是慢吞吞的，今日怎么都到得这么早这么齐？

“陶大人，属下等已恭候多时。”一见陶渊明来到，他们都异口同声地迎了上来问候。

“诸位来得这么早，有什么要事吗？”

“陶大人，”周主簿上前禀报，“委实有一件要事，三日后郡里要派督邮下来巡视县务了。”

“以往督邮到来，县令都是亲自到驿站迎接，礼仪也要有一定的规格，这些事情现在就要准备了……”周主簿话未说完，陶渊明脸色一沉：“县令虽小，也是朝廷命官，他一个小小的督邮，却要县令亲自迎接，朝廷哪里有这样的礼制？”

“大人有所不知，”吴县尉凑上前来低声说道，“督邮虽小，却是含糊不得的。前任郑县令就是因为没有招待好督邮，被督邮参了一本，差点被免职，幸亏多方打点才保住了官位，但也被调往外郡。与其事后亡羊补牢，不如事先未雨绸缪，请大人一定要三思……”

“我这清水衙门，哪有那么多东西送给他呢？”

▲陶渊明故事图之《解印》

“大人不必多虑，向各乡各里分派就是了，三日之内，在下定能按往年的惯例将钱粮布帛征集上来。”钱户曹一副胸有成竹的样子。

陶渊明义愤填膺正欲开言，孙贼曹急不可待地说：“还应该准备一件特别的礼品给督邮，事情才算是办周全了，前任郑县令就是忘了这个，才惹了麻烦……”

他说完话还冲着陶渊明媚笑了两声，自以为给陶渊明提了个天大的醒。陶渊明本欲发作，转念一想：跟这帮媚上欺下的家伙讲道理，岂不是对牛弹琴？只得应和道："不劳诸位，一切自有下官操办。"

▲陶渊明故事图局部

回到家，陶渊明气冲冲地把事情的经过和自己准备辞职的打算告诉了夫人，夫人半晌无言。

陶渊明愤愤说道："我以前就在江州刺史府里当别驾祭酒，各郡的太守见过多少，对我都是毕恭毕敬。现在让我对着一个督邮点头哈腰奴颜婢膝，我实在是做不出来。"

▲《归去来兮辞图》根据陶渊明《归去来兮辞》诗意而作

"就为这个辞职，我总觉得有点不甘心。"夫人劝道，"能忍就忍一忍吧。"

"你要我卑躬屈膝对着个乡里小儿巧颜令色，我确实办不到。督邮此行是为搜刮民脂民膏而来，我自幼饱读圣贤之书，几十年都清清白白地过来了，而今到了黄土埋到脖子的年纪，为了小小县令的五斗薪俸，反倒要我违背自己的良心低声下气去向这些家伙献殷勤，毁了自己一生的名节？"

"唉……"夫人长叹一声。陶渊明主意已定，当即将官服、印绶都挂到屋中大梁上，连同妻儿星夜兼程赶回柴桑老家。他将这次回家的情景写成了一篇流传千古的名篇《归去来兮辞》："归去来兮，田园将芜胡不归！既自以心为形役，奚惆怅而独悲！悟已往之不谏，知来者之可追；实迷途其未远，觉今是而昨非……"

陶渊明终于彻悟：生他养他的故乡田园，才是他生命的最终归宿。此后，他一面读书为文，一面参加农业劳动。后来由于农田不断受灾，房屋又被大火烧毁，家境越来越恶化。但他始终再不愿为官受禄，甚至连江州刺史送来的米和肉也坚拒不受。朝廷曾征召他任著作郎，也被他拒绝了。

他那"不为五斗米折腰"的高风亮节，成为中国后代文人乃至所有中国人的楷模。

相关知识全接触

陶渊明

陶渊明（约公元 365~ 公元 427），一名潜，字元亮，私谥靖节。浔阳柴桑（今江西九江）人。我国古代杰出的文学家。长于诗文辞赋。诗多描绘田园风光及其在农村生活的情景，其中往往隐寓着他对污浊官场的厌恶和不愿同流合污的精神，以及对太平社会的向往。陶渊明出身于破落官僚家庭，曾祖陶侃是东晋的开国元勋，官至大司马，封长沙郡公。祖父、父亲均做过太守。外祖父孟嘉曾任征西大将军桓温的长史，但到陶渊明出生时，家道已衰落。

诗仙李白

▶诗仙李白

李白，字太白，号青莲居士。自称祖籍陇西成纪（今甘肃静宁西南），隋朝末年因其先祖获罪而被发配到边远的碎叶（唐时属安西都护府，在今吉尔吉斯斯坦北部托克马克附近）。李白的家世和出生地至今仍是个谜，在学术界有很大的争议。一说李白就诞生在安西都护府所辖的碎叶城，5 岁时随父迁到绵州昌隆青莲乡。

铁杵磨成针

李白从小聪颖过人，不少书他看一两遍就印在脑海里了。但他贪玩，在四川眉州象耳读书的时候，一度对学习的艰苦和紧张适应不了，曾中途放弃学业，做了一个自由自在、随意飘游的浪子。有一天，他看到一位老奶奶拿着一根胳膊般粗的铁杵在磨石上用劲地磨，李白非常奇怪，走上前去问老奶奶在做什么，老奶奶指着铁杵说："我要把它磨成针。"李白大吃一惊："这么粗的铁杵，何年何月才能磨成针呢?"老奶奶满怀信心地说："只要不停地磨下去，总有一天能磨成针。"这件事使李白悟出了一个深奥的道理："只要工夫深，铁杵磨成针。"

从此，他刻苦读书，学问大有长进。除向书本学习外，李白还重视向社会学习。

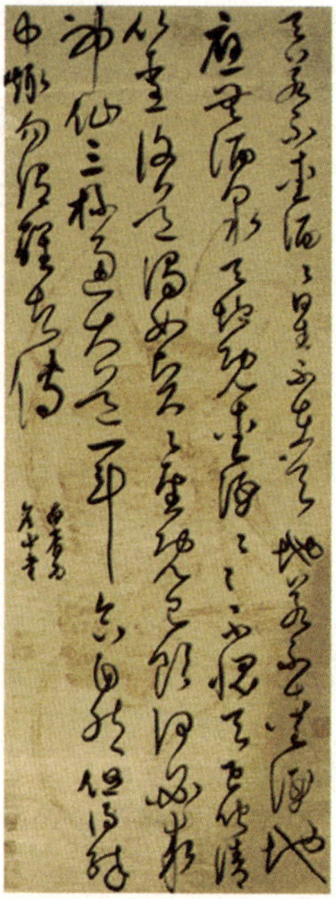

▶李白《月下独酌》碑帖

纵情山水

李白性情豪放，轻视财货。早年在蜀中度过，25 岁开始漫游全国，一生出三峡，入湖北，游洞庭，登庐山，下扬州，走中原，访东鲁，进山西……游历了祖国的大多数省份，寻访名胜古迹，开拓了自己的知识领域，为他的诗篇提供了书写不完的素材。

诗仙醉圣

年轻的时候，李白就才华横溢。25 岁时他出外远游，在长安遇到了当时任太子宾客的贺知章，两人一见如故。贺知章特别欣赏李白的诗，据说他读到《蜀道难》和《乌栖曲》时，欣喜若狂，认为这样的诗可以惊天地、泣鬼神，兴奋地解下衣带上的金龟，叫人拿去换酒与李白共饮。贺知章对李白瑰丽的诗歌和飘逸脱俗的丰采感到十分惊异，戏言："你是不是太白金星下凡到了人间?"后来就有人称李白为"谪仙"。

李白嗜酒如命，不拘小节。他在沉醉时撰写的诗歌，尤见神采，并且与人议论政事，见解精辟，毫无差错，人不能及。当时的人称李白为“醉圣”。

◀《太白醉酒图》

戏弄权贵

天宝元年（公元742年），唐玄宗召见李白，并让他当了翰林供奉，专门在宫廷里写作诗文。李白本以为他那治理天下的宏伟意愿很快可以实现，但腐败的朝政使他逐渐清醒地认识到，皇帝根本没有认真听取过他的治国之策，只把他作为“帮闲”文人对待罢了。

玄宗常令他撰写诏书、文诰。有一年正值阴历十月，天气寒冷，笔被冻住不能书写。唐玄宗下令让宫女用嘴呵气解冻，然后供李白使用，李白戏称“美人呵笔”。

李白蔑视权贵，据说他喝醉酒，曾在玄宗面前让高力士给他脱靴。高力士认为这是极大的耻辱，就摘取李白诗句添枝加叶、无中生有地造一些谣言，激怒杨贵妃。玄宗每次让李白做官，杨贵妃就加以阻止。那些达官显贵更是把他当作眼中钉，时时从中作梗。李白极为失望，就主动要求离开朝廷，玄宗赐给他财物，放他离开。从此他又开始了漫游和创作生涯，写下了许多脍炙人口、万古传颂的诗篇。

“李白一斗诗百篇，长安市上酒家眠。天子呼来不上船，自称臣是酒中仙。”这是杜甫《饮中八仙歌》中写李白的几句诗，它像一幅素描，把李白狂放不羁、不阿权贵的性格生动形象地表现了出来。

李白晚年因参加永王李璘的幕府，蒙冤入狱，流放途中遇赦返回。宝应元年（公元762年）中秋，李白一病不起，在瑟瑟寒风中，一代诗仙凄凉地离开了人间。

李白的诗歌现存约990首，豪迈奔放，别具一格。尽管李白有的诗歌也隐含着人生如梦、纵酒狂欢的颓丧情绪，但不满于社会和政治的黑暗，追求身心自由和解放的昂扬向上的精神是他诗篇的主旋律。李白是中国文学史上最伟大的诗人之一，与杜甫并称“李杜”，对后代的诗歌创作产生了深远的影响。

相关知识全接触

饮中八仙歌

——杜甫

知章骑马似乘船，眼花落井水底眠。
汝阳三斗始朝天，道逢麹车口流涎，恨不移封向酒泉。
左相日兴费万钱，饮如长鲸吸百川，衔杯乐圣称避贤。
宗之潇洒美少年，举觞白眼望青天，皎如玉树临风前。
苏晋长斋绣佛前，醉中往往爱逃禅。
李白一斗诗百篇，长安市上酒家眠，天子呼来不上船，自称臣是酒中仙。
张旭三杯草圣传，脱帽露顶王公前，挥毫落纸如云烟。
焦遂五斗方卓然，高谈雄辩惊四筵。

诗圣杜甫

◀「诗圣」杜甫

杜甫（公元712~公元770），字子美，盛唐大诗人。祖籍襄阳（今属湖北），自其曾祖时迁居巩县（今河南巩义）。初唐诗人杜审言之孙。唐肃宗时，官左拾遗。后入蜀，友人严武推荐他做剑南节度府参谋，加检校工部员外郎，因此故后世又称他杜拾遗、杜工部。

诗坛佳话

杜甫20岁那年，也和李白一样，去周游祖国各地。他离开洛阳，沿着运河，过了长江。秀美的江南风光，丰富的文物古迹，开阔了杜甫的眼界。然后，他回到洛阳又北上，游览了齐赵大平原，登上了泰山。这两次漫游是杜甫一生中最如意的事。

有一年夏天，杜甫在洛阳会见了他慕名已久的大诗人李白。两个人志趣相投，一见如故，很快成为非常要好的朋友。

当时，李白受到权贵的排挤，刚离开长安，但“谪仙”的名声已经传遍全国；杜甫呢，在诗坛才初露头角。他们俩年龄相差也比较大，可是他们彼此都很敬重。

杜甫拿自己的诗给李白看，向他请教。李白读了《望岳》以后，赞赏地说：

“子美，你这首诗气魄不小，尤其‘会当凌绝顶，一览众山小’两句，发人深省，不同凡响！”

◀杜甫故里

“还是太白兄诗写得气势雄伟啊！”杜甫谦虚地说。

不久，李白到梁国（今河南开封）、宋州（今河南商丘）一带去了。随后，杜甫也如约赶到那里。秋天，他们同另一位诗人高适相遇，于是三个人一起寻访古迹，谈论时事，打猎游玩。

过了几天，高适到南方去了。杜甫和李白到了齐州（今山东济南），随后又先后来到兖州。白天他们一起登临名胜，拜访隐士；晚上畅谈痛饮，谈诗论文，喝醉酒就共被酣睡，亲密得像兄弟一样。因此，杜甫用“醉眠秋共被，携手日同行”的诗句来形容他们的这段交往。李白也用“思君若汶水，浩荡寄南征”来表达自己对杜甫的思念之情，就像那浩浩荡荡的汶水奔流不止。这两位伟大诗人的友谊在我国诗坛上被传为佳话。

▶心中充满了悲愤的杜甫

困居长安

杜甫35岁的时候来到长安。他想谋取一个官职，好实现自己改变世风、救济百姓的政治抱负。可这时候的唐王朝已经越来越腐败。唐玄宗贪图享乐，李林甫等奸臣当道，一些正直的贤能之士都不被重用。杜甫在长安待了10年，过着贫穷愁苦的生活。

为了糊口，杜甫不得不低声下气地到王侯贵族府上周旋，以便得到一点施舍和帮助；有时候就到山野去采药或在屋前种些草药，拿到集市上去卖钱。官场上的失意和生活的穷困，使杜甫认识到社会的不公平。他开始关心人民的疾苦，思想感情发生了变化。

这一天，杜甫到郊外去采药，来到咸阳桥，远远就听见一片震天的哭声，走到近前一看，只见一队队新兵腰挂弓箭战刀，向远方走去。他们的父母妻子前来送行，正在牵衣顿足，拦路痛哭。哭声和车轮滚动声、马嘶声响成一片，那情景真是凄惨极了。

“你们上哪里去啊？”杜甫问一个头发花白的老兵。

“上边疆打仗啊！”老兵回答。

“您这么大年纪了，怎么还叫您去呢？”

“唉，”老兵叹了口气说，“征兵征到我，没法子啊！听人说，有的十四五岁就被抓去当兵，到了四十多岁才能回来。我这一去，怕连老骨头都要葬在边疆了。家里还有几亩薄田，丢给老伴，哪能种好！租税却一点儿也不减少，唉，没法活啊！”说着，老兵流下泪来。

听了老兵的话，杜甫的两眼湿润了，心中充满了悲愤。当晚，他写下了名诗《兵车行》。在这首诗中，杜甫用生动的语言反映了百姓们的呼声，诉说了战乱给人民带来的痛苦。这是杜甫第一首为人民说话的诗。

▲位于成都市浣花溪畔的杜甫草堂

杜甫的《自京赴奉先县咏怀五百字》代表了他这个时期创作的最高成就。当时他刚好从京城回家探亲。在长安街上，冻死的老人使他惨不忍睹；路过骊山时，华清宫里笙歌阵阵，深深刺痛了他的心。想不到一进家门，他心爱的小儿子已经饿死在床上了。于是诗人满腔悲愤地写下了“朱门酒肉臭，路有冻死骨”这样的千古名句。

公元770年，大诗人杜甫贫病交加，死在湘江的一条小船上。他死后，人们为了纪念这位伟大的诗人，把他在成都住过的地方保存起来，这就是有名的“杜甫草堂”。

司马光苦心著史

▲《资治通鉴》的编撰者司马光

司马光（1019~1086），北宋大臣、史学家，字君实，陕州夏县（今属山西）涑水乡人，世称涑水先生。他是我国第一部编年体通史《资治通鉴》的编撰者。司马光为人温良谦恭、刚正不阿，其人格堪称儒学教化下的典范，历来受人景仰。

司马光朴素节俭，不喜欢奢侈浮华的东西。考中进士后，皇上赏赐喜宴，在宴席上只有他一人不戴红花，同伴们对他说:“这是圣上赏赐的，不能违背君命。”这时他才插上一枝花。

司马光对双亲也特别孝顺。他被任命为奉礼郎时，他的父亲在杭州做官，他便请命要求改任苏州判官，以便离父亲近些，可以奉养双亲。

编撰《资治通鉴》

著史，也是司马光从政治国的一种方式。1071年，王安石为相，在政见不同、难以合作的情况下，司马光请求担任西京留守御史台这个闲差，退居洛阳，专门研究历史，希望通过编写史著，从历史的兴衰成败中提取治国的经验。

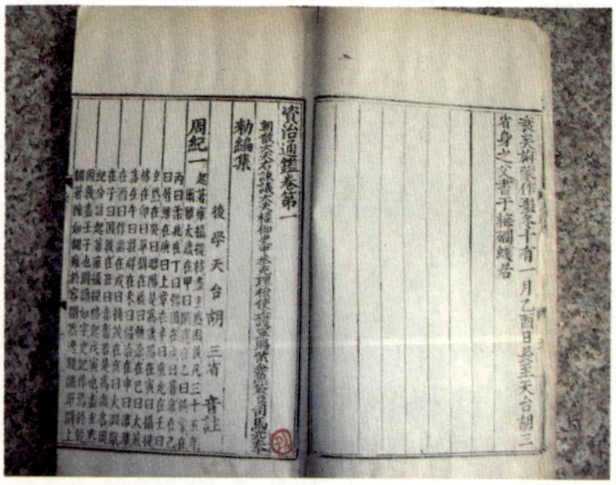

▲司马光的《资治通鉴》

早在仁宗嘉祐年间(1056~1063年)，司马光担任天章阁待制兼侍讲官时，看到几间屋子都是史书，浩如烟海的史籍，即使一个人穷其一生也是看不过来的。于是他逐渐产生了一个编写一本既系统又简明扼要的通史的想法，使人读了之后能了解几千年历史的兴衰得失。他的想法得到了好友——历史学家刘恕的赞同和支持。

宋英宗治平元年（1064年），司马光把自己创作的史书的部分卷宗呈献给英宗，过了两年又呈上部分稿子。英宗看后，认为这本书对巩固王朝统治有好处，非常赞赏这项工作，要他继续写下去，并下诏设置书局，供给费用，增补人员，专门进行编写工作。

司马光深受鼓舞，召集了当时著名的历史学家，共同讨论书的宗旨、提纲，并分工由刘班撰写两汉部分、刘恕撰写魏晋南北朝部分、范祖禹撰写隋唐五代部分，最后由司马光总成其书，由其子司马康担任校对。

宋神宗即位后，司马光又把编好的一部分稿子献给神宗，神宗并不赞成司马光的政治主张，但对司马光编书却特别支持。他把自己年轻时候收藏的

2400 卷书都送给司马光，要他好好完成这部著作，并以此书“鉴于往事，有资于治道”而将之命名为《资治通鉴》，还亲自为此书作序。写书所需的笔墨纸砚以及伙食住宿等费用都由国家供给，这给司马光提供了优厚的著书条件，同时也促进了这部史书的编修工作。到神宗元丰七年（1084 年），此书终于完稿，这部书的修订前后共用了 19 年时间。

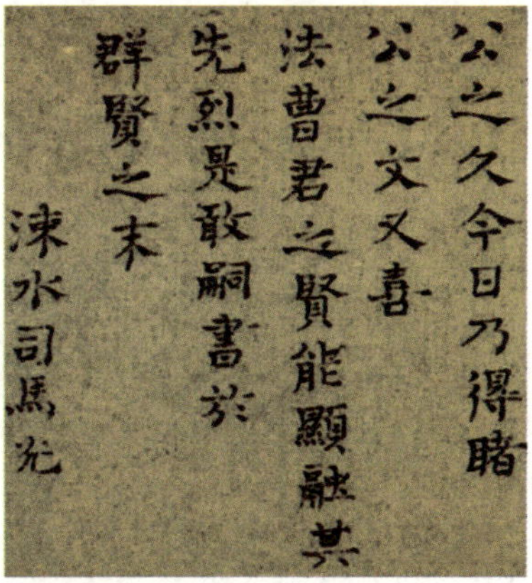

▲司马光手迹

《资治通鉴》影响深远

《资治通鉴》是我国历史上第一部编年体通史，全书上起周威烈王二十三年（公元前 403 年），下迄后周世宗显德六年（959 年），共计 1362 年的历史。全书共计 294 卷，又考异、目录各 30 卷。这部书选材广泛，除十七史外，尚有野史、传状、文集、谱录等 322 种，而且对史料的取舍非常严格，力求真实。这部书所记述的内容也的确比较翔实可信，历来为历史学家所推崇。而且《资治通鉴》记事简明扼要，文笔生动流畅，质朴精炼，不仅可以作为史学著作阅读，有些篇章也可以作为文学作品来欣赏。

当然，这些都与司马光的呕心沥血分不开。在洛阳的十几年，他几乎耗尽了全部心血。在完书后他曾上表皇上说：“臣现在骨瘦如柴，老眼昏花，牙齿也没几颗了，而且神经衰弱，刚刚做过的事情，转过身就忘记。臣的精力全都耗费在这部书里了！”

司马光为编书经常废寝忘食，有时家里实在等不到他回来吃饭，便将饭送至书局，还要几次催促，他才吃。他每天修改的稿子有一丈多长，而且上面没有一个草书，全是一丝不苟的楷书。书成之后，仅在洛阳存放的残稿就堆满了两间屋子，可见他为这部巨著付出了多么艰辛的劳动。

▼司马光摩崖石刻

《资治通鉴》自成书以来，历代帝王将相、文人骚客、各界要人争读不止。它已成为为官从政者案头必备的教科书，被奉为金科玉律，无上宝典。古往今来，点评批注《资治通鉴》的帝王、贤臣、鸿儒及现代的政治家、思想家、学者不胜枚举、数不胜数。毛泽东曾 17 次批注过《资治通鉴》，他对司马光及《资治通鉴》给予了极高评价。

苏轼八斗文才

▶博学多才的苏轼

父子名噪京师

苏轼出生在一个富有教养的家庭，父亲苏洵是著名的散文家，母亲程氏秀外慧中、知书达理。少年苏轼在父母的培育下，勤奋好学，博通经史。他成长在一个各种社会矛盾渐趋尖锐的时代。这时代一方面号称“百年无事”，经济文化都有相当的发展；另一方面又是既有辽、夏入侵的外患，又有豪强兼并、人民困苦不堪的内忧。社会危机四伏，积贫积弱的形势日益严重，改革的呼声在士大夫阶层中渐次高涨。

苏轼在这样的家庭与社会气氛的熏陶下，受儒家经世济民思想的影响，早年即立下用世之志，以身许国，并主张针对现实中的种种弊端进行改革。他 21 岁随父入京参加进士考试，得主考官欧阳修的赏识，与弟苏辙同科及第。其父苏洵也深受重视，父子三人，一时名噪京师。

仕途失意

苏轼出京做地方官，勤政爱民，尽心职守。八九年的时间，他辗转迁徙，但每到一地都兴修水利，赈济灾民，减免租税，体察民间疾苦。当时正是北宋改革呼声日益高涨的时代，当王安石推行新法时，因“托事以讽”写了一些与新法有关的诗文，被卷入上层政治冲突中，于是在湖州任上被突然逮捕送交御史台论罪。从元丰二年七月被押，到十一月释放，苏轼在狱中倍受诟辱，几置死地，幸得多方营救，才得贬出。这就是有名的“乌台诗案”。

苏轼出狱后，被贬为黄州团练副使，但不得签押公事，近于流放。他因经济困难，申请城东坡荒地，躬耕求食。但他仍继续关心国家政局，因壮志难酬而苦闷。

画白团扇救人

苏轼被贬杭州做官时，一天，有一位绫绢商人上堂起诉，状告一个制扇工匠欠他两万绫绢钱迟迟不还。

苏轼派公差传唤制扇人到公堂受审。制扇人跪禀道：我家世代以制扇为业，前不久父亲死了，今年开春以来，杭州地面连日阴雨，天气寒冷，没有人买扇子，我一时拿不出钱来还账，不是故意拖欠不还。

苏轼听后觉得制扇人值得同情，于是感到此案很难处理，想了半天才想出办法。对卖扇人说：快把你家的扇子取来，我帮你卖出去。那人忙回家把扇子抱来，苏轼挑选了 20 把白团夹绢扇，顺手拿起判状子的毛笔，在扇面上以行草书题字，画枯木竹石，一会儿就完成了。然后交给制扇人说，赶快拿到衙门口外面去卖，换了钱立刻还人家。制扇人接过扇子叩头谢恩，刚出府门就被买扇人围了起来，你争我抢，20 把扇子很快就卖光了，卖得的钱正好够还账。

苏轼此举，使很多杭州人感动得落了泪，夸赞郡守苏轼为官清正。制扇人全家更是感激涕零。

▲《苏轼回翰林院》

黄州东坡肉

苏轼不仅在诗文、书法、绘画上造诣很深，而且对医学、考古、水利等诸方面均有独到见解，并对膳食、烹饪也颇有研究，是一位著名的烹饪学家和美食家。以其别号东坡命名的菜点很多，其中尤以名肴“东坡肉”的传说最为广泛，并以其不凡的来历，享誉古今。

北宋元丰二年十二月（1080年初），苏轼因“乌台诗案”被贬至黄州任团练副使。由于贬职，每月薪俸不多，生活很窘迫。后经老友马正卿为他请得黄州城东旧时营防废地数十亩，让他在那里亲自带人开垦耕种。第二年冬天，苏轼即乔居黄州坡躬耕，在荒地树林里筑起了一间草房，并在房壁上绘上雪景，名曰“东坡雪堂”，因而自号“东坡居士”。在这里除常与人赋诗下棋外，闲暇时便研究起烹饪技术，还亲自烹制各式菜肴。经常与友人一起吟诗喝酒，借以发泄政治上的失意苦闷。

驰名全国的“东坡肉”这一楚乡湖北特有的传统名菜，为人们所熟知，它是由苏轼亲手制作始创于黄州。后来，随着苏轼的升迁，此菜传遍大江南北，曾相继被介绍流传于苏、杭等地，并受到人民的赞誉。盛而不衰的“东坡肉”，流传至今。

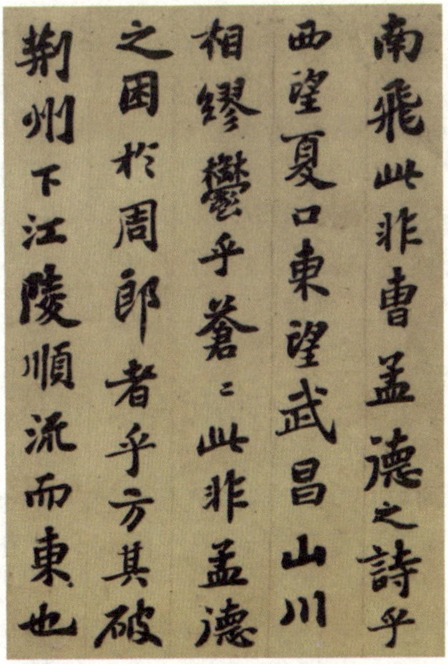

◀苏轼的《前赤壁赋》

集大成者

苏轼博学多才，是著名的散文家，为唐宋八大家之一，这是指他的散文成就。在散文方面，他特别重视“以意为主”。他的散文如行云流水。语言上骈散交杂，长短错落；最著名的代表作有《前赤壁赋》、《后赤壁赋》。

苏轼是著名诗人，他同宋代著名诗人黄庭坚并称为“苏黄”；苏轼为杰出的词人，开辟了豪放词风，他同杰出词人辛弃疾并称为“苏辛”，对后世产生了很大影响；苏轼是著名的书法家，他同黄庭坚、米芾、蔡襄并称“宋四家”；苏轼还是著名的画家。

总之，苏轼以其突出的创作成就成为北宋文学的集大成者。

元杂剧大家关汉卿

◄元杂剧大家关汉卿

关汉卿是元杂剧作家的代表人物。在元代众多杰出的杂剧作家中，关汉卿既因为最早出现而走在前列，又因为作品的众多、编剧技巧的高绝、舞台成就的卓越而发挥着特殊的影响力。特别是关汉卿剧作的内容最广泛地反映了当时的社会特点，并且贯注着强烈的时代激情，因而成为元杂剧中具有震撼力的黄钟大吕。

关汉卿是金末元初人，他自视为前代遗民，不屑于出来做官，于是在杂剧创作中寄寓平生，借以抒发自己对于社会的不满与愤懑。关汉卿和当时活跃于书会中的杂剧作家、散曲作家及勾栏中的杂剧演员和其他歌儿舞女，有着广泛的交游，时常与他们讨论创作情况，在他众多的杂剧作品中也透露出强烈的平民意识。

关汉卿的前半生，是在血与火交织的动荡不宁的年代中度过的。作为封建时代的知识分子，关汉卿熟读儒家经典，并深受儒家思想的影响，所以，在他的剧作中，常把《周易》、《尚书》等典籍的句子顺手拈来，运用自如。

不过，他又生活在仕进之路长期堵塞的元代，科举废止、士子地位的下降，使他和这一代的许多知识分子一样，处于一种进则无门、退则不甘的难堪境地。

和一些消沉颓唐的儒生相比，关汉卿在困境中较能够调适自己的心态。他生性开朗通达，放下士子的清高，转而以开阔的胸襟，“偶倡优而不辞”。

▲关汉卿纪念币

关汉卿的作品是比较激切、直白而少蕴涵的。关汉卿对现实始终保持着一种不合作的乖张态度。关汉卿的剧作中讥议社会、抨击时政、“犯上恶言”的篇目比比皆是。

扛鼎之作《窦娥冤》

《窦娥冤》是关汉卿的代表作，也是元杂剧中的扛鼎之作。气魄、笔力无比雄健，代表了巅峰时期的元杂剧。全名《感天动地窦娥冤》，写卖身女窦娥遭泼皮陷害，又被昏官错判，冤死刀下……

窦娥自幼丧母，结婚后不久，丈夫病故，两代孀居，婆媳两人相依为命，生活十分贫苦。一天，蔡婆婆去找赛卢医索债，赛卢医谋财害命，蔡婆婆被当地恶棍张驴儿所救。从此，张驴儿仗着自己救了蔡婆婆一家人，持恩逼婚，要蔡家婆媳坐堂招婚。蔡家婆媳不肯，张驴儿便想毒死蔡婆婆，好霸占美貌弱小的窦娥。

▶《窦娥冤》剧照

不料，他准备的毒药误被其父饮下身亡。蔡婆婆为了免除灾祸，给了张驴儿十两纹银，让他买棺葬父。张驴儿却以这十两纹银为证据，诬赖蔡婆婆害死了自己的父亲，他买通当地县令，对蔡婆婆横施酷刑。窦娥怕婆婆年老体弱，经不起折磨，只得含冤忍痛自己承担，被判处死刑。她在临刑前发下了三桩誓愿：血溅白练、六月飞雪、楚州大旱三年。

行刑当天，正值6月，炎炎夏天，竟突然下起鹅毛大雪，之后，楚州地方大旱三年。六年后，窦娥的父亲窦天章金榜题名，考取了状元，路过山阳。当日深夜，他正在审阅案卷，忽然见到女儿窦娥前来，求父亲代女儿申冤昭雪。第二天，窦天章开堂审案，终于使冤案大白。结果，张驴儿和县令被判处死刑，赛芦医被发配充军，窦娥的冤案终于得以昭雪。

《窦娥冤》这部作品有力地鞭挞了罪恶的封建制度、黑暗腐败的封建政府以及封建官吏的贪鄙和昏庸，同时也塑造了窦娥这样一个善良、有原则、多愁善感、坚韧、聪明有心计和勇于反抗封建势力的女子形象，表现了作者对在封建制度下被压迫者的深切同情和对黑暗封建社会强烈的控诉与抗议，是中国文学史上永远璀璨夺目的瑰宝。

关汉卿一生创作了众多的杂剧作品，总数在六十余种以上。可惜的是，随着岁月的流逝，他的作品大部分已经亡佚，我们今天只能看到不足20种，著名的有《单刀会》、《窦娥冤》、《救风尘》、《望江亭》等。

◀关汉卿墓

相关知识全接触

元杂剧

或称“元曲”。元代用北曲演唱的戏曲形式。金末元初产生于中国北方。在宋杂剧、金院本和诸宫调基础上吸收多种词曲和技艺发展而成。剧本体裁一般每本分为四折，每折用同一宫调的若干曲牌组成套曲，必要时另加“楔子”。脚色有正末、正旦、净等。一剧基本上由正末或正旦一种脚色唱到底；正末主唱的称“末本”，正旦主唱的称“旦本”。创作和演出先以大都（今北京）为中心，元灭宋后，又逐渐流行到南方。至元代后期渐趋衰落。现存作品有《窦娥冤》、《西厢记》等150种左右，对后来戏曲的发展有深远影响。

四大奇书

在 15~17 世纪之间，是中国小说艺术发展史上一个令人瞩目的历史时期。这个时期，小说开始向纵横两个方向伸展，展现了色彩斑斓、标新立异的繁盛景象，长篇、短制、文言、白话，构成了一个惊人的小说奇观，小说世界已蔚为大观。世称的“四大奇书”：《三国演义》、《水浒传》、《西游记》、《金瓶梅》都产生于此时。

所谓“奇”者，不仅指它内容或艺术的新奇，还包含着对它们所取得的创造性成就的肯定。

《金瓶梅》

《金瓶梅》被清人特别称为“第一奇书”。明代后期，统治阶级腐朽堕落，社会道德极端败坏，社会上出现了一批暴露现实的腐朽和黑暗的小说。

全书以土豪恶霸西门庆发迹暴亡为中心情节线，多方面地描绘了上自封建最高统治机构，下至市井无赖所构成的一个鬼蜮世界。作者深刻地揭露了市侩势力和封建统治机构互相勾结、狼狈为奸的罪恶行径和丑恶嘴脸。

另外，在艺术上，作者比较成功地塑造了几个主要人物形象，如“害死人还要看出殡”的狠毒恶霸西门庆，淫荡泼辣的潘金莲等，都描写得惟妙惟肖，入木三分。

小说的结构颇为讲究，作者把复杂的故事情节组织得严整有序。地方风土人情描写也很生动，具有一定的民俗学价值。语言酣畅明快、活泼生动。这些都显示了作者的艺术才能。《金瓶梅》对后世人写小说，产生过不小的影响，例如《红梦楼》在题材和细节描写等方面，就明显地受到它的影响。

《三国演义》

《三国演义》诞生于元末明初，由罗贯中在民间传说和有关话本、戏曲的基础上写成的。故事起于刘、关、张桃园结义，终于王濬平吴。

其结构以蜀汉矛盾为中心，以三国矛盾斗争为主线来展开情节，既保证了前后发展的一贯性，又富于曲折和变化，于清晰明朗的脉络间，构成了一个古典小说中少见的既宏伟又严密的结构。《三国演义》为古典小说的人物画廊贡献了众多鲜明的形象，它在人物塑造上的成就，标志着中国古典小说人物塑造的新发展。在描写人物时，所运用的夸张、烘托、对比等手法，显示出作者极高的艺术造诣。

▶刘、关、张桃园结义沙雕

《水浒传》

《水浒传》讲述一百零八条梁山英雄好汉，帝子臣孙、富豪将吏、猎户渔人、雇工小吏，甚至绿林大盗及骗、抢、偷、盗等三教九流各色人等奔赴梁山结义的故事。而其上山聚义有的是官府逼迫，畏罪上山避难的，亦有慕名而来的，或交战失败归降及设计诱请入山的。

一百零八条好汉聚义梁山泊，打着“替天行道”的旗号，不随意伤害客商，不随意骚扰民众，只对付贪赃枉法、无恶不作的官僚和土豪大户。一百零八人各怀神技，有文有武，能马上使箭、潜水行走、腾跳自如、腾云驾雾、日行八百里等各有所长。而宋江的忠义双全、吴用的奇谋妙用、林冲的艺高胆大、李逵的鲁莽急躁，个个形象脍炙人口，使人看了印象鲜明，心情舒坦痛快。故明末清初文学批评家金圣叹说“不读水浒，不知天下之奇”，故《水浒传》又称“英雄谱”。

▲《水浒传》之“花和尚倒拔垂杨柳”

《西游记》

《西游记》作者吴承恩。吴承恩出生在一个由书香门第败落下来的小商人家庭，家境清贫，因此长期靠卖文补贴家用。他自幼聪明过人，但考运不济，至中年才补上“岁贡生”。出任长兴县令时，因看不惯黑暗的官场政治斗争，愤而辞官，贫老以终。

全书共一百回，以唐僧西行取经作为主脉，书中主角孙悟空、猪八戒、唐三藏等人物个性鲜明独立，全书情节紧凑、故事变化莫测，妙趣横生。美猴王大闹天宫热闹精彩，之后展开的高老庄降魔、三打白骨精、收降红孩儿、真假美猴王、三借芭蕉扇……全书情节完整且变化十足，为读者展现了一个神奇莫测、动人心魄的神话世界。

吴承恩年少时由于科考失意、生活困顿，志怪小说的世界成了他表达对社会不满、发泄情绪的地方。晚年时，他以唐朝玄奘取经的故事为基础，加上民间传说与个人的丰富想象力，创作出《西游记》这本文学巨著，成为流传后世的经典佳篇。

相关知识全接触

吴承恩

吴承恩（约1500~约1582），明代小说家，字汝忠，号射阳山人，山阳人。自幼喜爱神话故事。在科举中屡遭挫折，嘉靖中补贡生。嘉靖末隆庆初任浙江长兴县丞。由于宦途困顿，晚年绝意仕进，专意著述。所作诗文表现出对当时社会现实的不满。写出了富有浪漫主义色彩的著名长篇小说《西游记》。

施耐庵

施耐庵，原名耳，又名子安，祖籍苏州，后迁居苏北兴化白驹镇。元末明初小说家。元至顺年间，他考中进士，在钱塘（今浙江杭州）做过两年官，因为看不惯官场的黑暗政治，因此弃官回乡，从事著述。施耐庵一生最大的贡献，就是创作《水浒传》。

罗贯中

罗贯中（约1330~约1400），元末明初小说家。名本，号湖海散人，山西太原人，是中国章回小说的鼻祖。一生著作颇丰，主要作品有：剧本《赵太祖龙虎风云会》、《忠正孝子连环谏》、《三平章死哭蜚虎子》；小说《隋唐两朝志传》、《残唐五代史演义》、《三遂平妖传》、《粉妆楼》，与施耐庵合著的《水浒传》、代表作《三国演义》等。

红楼美梦

▶《红楼梦》一书的作者是伟大的文学家曹雪芹

曹雪芹

曹雪芹是一个贵族家庭的子弟。他的曾祖曹玺曾经得到康熙帝的宠信，被派到南方当江宁织造。江宁是南方富裕的地方，织造是专替皇族办服装的，是个肥差。曹玺死后，曹雪芹的祖父、父亲相继接替了这个差事，一家三代前后做了六七十年织造官，家产越来越丰足，成了一个豪门。

雍正帝即位后，因为皇室内部的纠纷，牵连到曹家，雍正帝认为曹家反对过他，不但革了曹雪芹父亲的职，还下令查抄了他们的家。那时候，曹雪芹是个10岁的孩子，已经懂事，看到家庭遭到这样大的灾难，幼小的心灵受到很大打击。

父亲丢了官，在江宁呆不下去，只好回到北京老家，生活越来越困难，家庭的灾难又接二连三发生。到后来，父亲死了。曹雪芹的生活更加困苦，他只好搬到北京西郊，在几间简陋的屋子里读书。有时候，连粮食也不够吃，只好喝点薄粥充饥。

曹雪芹住在郊外，环境变了，接触了一些穷苦百姓，再想起小时候家里的豪华生活，免不了产生许多感触。后来，他决心根据他的亲身体验写出一部反映当时社会生活的小说，这就是《红楼梦》。

▲《红楼梦》中的主人公林黛玉和贾宝玉

《红楼梦》

《红楼梦》原名《石头记》，基本定稿只有八十回，曾以手抄本的形式流传30年。乾隆五十六年（1791年）程伟元和高鹗第一次以活字排印出版，这已是120回本，书名也改为《红楼梦》了。

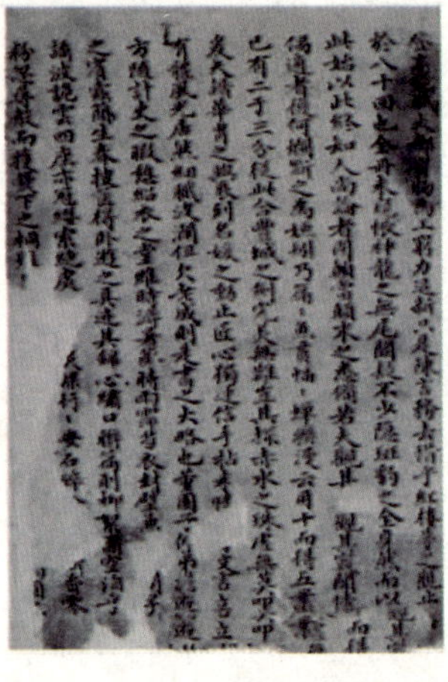

◀乾隆年间刊印的《红楼梦》残本

曹雪芹在《红楼梦》里，写了一个贵族大家庭贾家从兴盛到衰落的故事。在那个贵族家庭里，大多是一些挥霍享受，专讲吃喝玩乐、放债收租的寄生虫。有些人表面上道貌岸然，内心肮脏刻薄。小说中的主人公，贾宝玉和林黛玉是一对嫌恶贵族习气、反对封建礼教的青年。在那个环境里，他们想摆脱旧礼教的束缚，却没有出路。结果林黛玉受尽歧视，害病死去；贾宝玉离家出走；而那个贵族大家庭，在享尽荣华富贵之后，也像腐朽的大厦一样倒坍了。

曹雪芹花了 10 年时间，在北京西郊写这部小说，辛劳和疾病把他折磨得十分衰弱。当他写完八十回的时候，他的一个心爱的孩子得病夭折。曹雪芹受不了这个打击，终于放下了他没有完成的著作，离开了人世。

▼《红楼梦》一书中的插图

曹雪芹死后，他的小说稿本经过朋友们传抄，渐渐流传开来。许多人读了这本小说，又是赞赏，又是感动。但是对这样杰出的著作没有全部完成，总觉得是一件可惜的事。高鹗根据书中的线索，续写了《红楼梦》后四十回。使《红楼梦》成为有头有尾的完整小说。

高鹗写的后四十回，虽不如曹雪芹写的前八十回，但高鹗保留了原作的悲剧结尾，其中黛玉之死、袭人改嫁等，也写得形象生动，精彩感人。高鹗的功劳也不可忽视。但后四十回中写宝玉应试中举，儿子、侄子都科举成名，家道复兴等，显然不符合曹雪芹的创作意图，破坏了原书的主题，是应该指出的。

曹雪芹在《红楼梦》里总说宝玉是个百无一用的人，但仍然有不少人喜欢他，就因为宝玉的“真”、“纯”、“重情”。曹雪芹也是个至真至纯极重情的人。曹雪芹和表妹绮筠的忠贞不渝的爱情以及他对妻子惠兰的关爱和体贴，他和艺人子都的友爱，无不表现出他的至真至纯。他善良，他向往平等和友爱，他不世故、不谄媚，同情弱者，对人间存有一颗水样清澈的美好心灵。

《红楼梦》的全部故事情节是在贾府的衰败史上展开的。虽然曹雪芹对这种衰败做出类似虚无主义的解释，所谓“乱哄哄你方唱罢我登场，反认他乡是故乡。甚荒唐，到头来都是为他人作嫁衣裳！”所谓“好似食尽鸟投林，落了片白茫茫大地真干净！”但作为天才的艺术家，作者并不以这种解释为满足，而是以对于生活本身极细致的观察，以前所未有的真实性，描绘出一个贵族家庭的末世景象。一部《红楼梦》就是他用全部生命留给后人的思考。

相关知识全接触

曹雪芹中“芹”字的由来

曹雪芹（约 1715~1763 或 1764），清代小说家。名曹霑，字梦阮，号雪芹、芹圃、芹溪。为什么三个号都离不开一个“芹”字，这里有个民间传说。原来曹雪芹住在西山的时候，曾用野芹熬汤治好了一名茶馆伙计马青，从此医名大震，后来他用中草药治好许多人的病。为了进一步表明他的志向，他便特意给自己取了一个雪芹的号，意思是愿做一棵山乡的芹，既可给父老乡亲们充饥，又可为穷人治病。后来又取了芹圃、芹溪的号，他的正名倒不大有人提起了。

新文化运动

北京大学校长蔡元培先生

北洋军阀统治前期，在中国满布阴霾的天空中，响起一声春雷，爆发了一场崇尚科学、反对封建迷信、猛烈抨击几千年封建思想的文化启蒙运动——新文化运动。

新文化运动的兴起

新文化运动以1915年9月陈独秀在上海创办《青年杂志》（1916年9月起改名为《新青年》，1917年初迁到北京）为起点和中心阵地。以民主和科学（“德先生”和“赛先生”）两面旗帜，向封建主义展开了猛烈的进攻，号召人们拿起民主这个武器和旧的意识形态进行斗争。陈独秀举起了新文化的大旗，揭开了一场规模空前的新文化运动的序幕。

《新青年》和北大成为宣传新文化运动的主要阵地，蔡元培是著名民主革命家和教育家，他在学术上实行“兼容并包、百家争鸣”的方针。他在担任北大校长期间实行了一系列改革：提倡学术研究，展开百家争鸣，不拘一格选人才，对中外教员一视同仁等。

他聘请新文化的倡导者陈独秀担任文科学长，李大钊担任图书馆主任。还有胡适、刘半农、钱玄同、周作人、鲁迅以及一批留学回来的自然科学家都先后到北大任教。但同时，北大也有一批以刘师培、辜鸿铭为代表的所谓旧派教授。通过改革，使北大成为当时全国思想活跃、学术兴盛的最高学府，培养造就了一批具有新思想的青年。

新文化运动的代表人物

胡适从美国留学回国后任北大教授，后任文学院院长。他积极参加新文化运动和文学革命运动，是文学革命和初期新文化运动中重要的代表人物。

《新青年》杂志

鲁迅早年留学日本，1918年初参加《新青年》的编辑工作，毛泽东称赞他是伟大的革命家、思想家和文学家。

民主和科学的口号

“民主”是指民主思想和民主政治，“科学”主要是指近代自然科学法则和科学精神。资产阶级宣扬民主，反对封建专制，把斗争矛头直指封建专制的理论支柱儒家思想；宣扬科学，反对封建迷信和愚昧。这一口号反映了中国社会发展的要求和人民的迫切需要，有力地推动了新文化运动的发展。但这一口号仍属于资产阶级旧民主主义性质，有它阶级和时代的局限性，它不能同群众运动相结合，不能用历史唯物主义观点看待中国文化和西方文化，因而不能从根本上推翻封建思想。

◀胡适——新文化运动发起人

主要内容

新文化运动既是一场思想革命，又是一场文学革命。作为思想革命，它提倡民主，反对专制；提倡科学，反对愚昧；提倡新道德，反对旧道德；提倡新文学，反对旧文学。前期的新文化运动实质是资产阶级的新文化反对封建旧文化的斗争。后期极力宣传马克思主义。

民主和科学思想的弘扬，动摇了封建思想的统治地位，并且推动了中国自然科学的发展，使人们的思想尤其是青年的思想得到空前的解放。后期传播的马克思主义，为中国先进的知识分子所接受，成为拯救国家、改造社会的思想武器。对五四运动的爆发起到了宣传动员作用，也有利于文化的普及和繁荣。

▼新文化运动纪念馆

局限性

新文化运动是由资产阶级激进民主主义者发动的。它有伟大的功劳，也有严重的缺点。运动的倡导者忽视人民群众，没有把新文化运动同广大群众相结合，使文化运动局限在知识分子的圈子里。他们还回避当时对军阀政府的实际斗争，也没有正面提出反帝的任务。以当时的文学革命而论，虽然提出建设“国民文学”，但当时的文学活动也只限于一部分知识分子中，还没有可能普及到工农群众中去。

▲新文化运动的主要阵地——北京大学红楼

相关知识全接触

陈独秀

陈独秀（1879~1942），字仲甫，安徽怀宁十里铺（今属安庆）人。新文化运动的倡导者之一，中国共产党的创始人和早期领导人。早年留学日本。1915年主编《新青年》，1917年任北京大学文科学长，1918年和李大钊创办《每周评论》。积极提倡民主与科学，提倡文学革命，反对封建的旧思想、旧文化、旧礼教。五四运动后，接受和宣传马克思主义。

文学斗士鲁迅

▶一代文豪鲁迅

少年鲁迅

一代文豪鲁迅先生也曾是写对联的好手。少年时代的鲁迅在上私塾时，先生就教他们做对。

一次， 塾师寿镜吾老先生出了上联“独角兽”，让学生们对下联。立刻塾房活跃起来，有的孩子对出“九头鸟”，有的孩子对出“三脚蟾”，有的孩子对出“百足蟹”等等，唯独周樟寿（鲁迅小时原名）一语不发，等课堂上平静下来后，他站起对出“比目鱼”。

课堂立时悄然，没有再应对的了。寿老先生在一一评论了前者之后，最后称赞周樟寿对得最好。因为“独非数字却有一”的意思，而“比”也非数字，却相当于“二”。两者虽俱无数字却都有数的含义，真是恰到好处。经老师的点拨，同伴们佩服得五体投地。

▲鲁迅故居

在农村的快乐时光

童年时代，鲁迅常跟母亲住到绍兴乡下安桥头外婆家里，后来又到皇甫庄大舅父家里寄居。安桥头、皇甫庄都在绍兴昌安门外水乡，宽狭纵横的河流静静地流过村边。

鲁迅喜欢到乡下去，他把那里看作是自由的天地，崭新的世界。因为在那里不仅可以免读深奥难懂的《四书》、《五经》，还可以同农民的孩子自由自在地生活在一起，到密如蛛网的河上去划船、捉鱼、钓虾，去欣赏带着点点渔火的水上夜景，或者到岸上去放鹅、牧牛、摘罗汉豆，呼吸清新的空气……

每逢村子里演社戏的时候，鲁迅就和小伙伴们一起摇船来到半个在岸上、半个在湖里的戏台前面，看武功演员翻筋斗。有时，他还和农民的孩子一起学演戏、扮小鬼。他们在脸上涂上几笔彩画，手握一杆杆钢叉跃上台去，愉快地玩耍着。

农村，对少年时代的鲁迅是很有吸引力的。在这片自由的天地里，鲁迅不仅学到了许多社会知识和生产知识，还和农民家的小朋友建立了深厚的友谊，逐渐了解了农民勤劳、质朴的性格，同时也看到了旧社会阶级压迫、阶级剥削的血淋淋事实。

鲁迅和农民的孩子常念诵的

▶三味书屋是当时绍兴城著名的私塾，鲁迅先生童年时曾在这里学习

一首渔歌中，就有这样悲惨的句子："一日七升，一日八升，两日勿落（两天不下河打鱼），饿得发白；一日七升，一日八升，两日勿落，要哭出声。"这些对鲁迅的思想发展产生了深刻的影响，使鲁迅知道农民"是毕生受着压迫的，很多苦痛，和花鸟并不一样"。

▶鲁迅纪念馆

弃医从文

鲁迅早年在日本仙台医学专科学校学习。

一天，在上课时，教室里放映的片子里一个被说成是俄国侦探的中国人，即将被手持钢刀的日本士兵砍头示众，而许多站在周围观看的中国人，虽然和日本人一样身强体壮，但个个无动于衷，脸上是麻木的神情。

这时身边一名日本学生说："看这些中国人麻木的样子，就知道中国一定会灭亡！"鲁迅听到这话忽地站起来向那说话的日本人投去两道威严不屈的目光。昂首挺胸地走出了教室，他的心里像大海一样汹涌澎湃。一个被五花大绑的中国人，一群麻木不仁的看客一一在脑海闪过，鲁迅想到如果中国人的思想不觉悟，即使治好了他们的病，也只是做毫无意义的示众材料和看客。现在中国最需要的是改变人们的精神面貌。

◀鲁迅的焦虑

他终于下定决心，弃医从文，用笔写文唤醒中国老百姓。从此，鲁迅把文学作为自己的目标，用手中的笔作为武器，写出了《呐喊》、《狂人日记》等许多作品，向黑暗的旧社会发起了挑战，唤醒了数以万计的中华儿女起来同反动派进行英勇斗争。直到生命的最后一刻，他仍夜以继日地写作。

种花木

鲁迅先生一生喜爱花木，即使没有栽种的地方，也爱在书桌上摆一盆绿色的生命。少年时，鲁迅就读了许多有关花木的书籍，像《花镜》、《兰蕙同心录》、《广群芳谱》等。中年的鲁迅最爱丁香花和木槿花。

▼北京鲁迅故居内他亲手种植的丁香树依然枝繁叶茂

1923年，鲁迅居住在北京西三条胡同一个四合院时，就种了好几株丁香树。夏秋之夜，每当夜深人静，他独自徘徊在花下，闻着略带苦涩的香气，以求解除疲劳。

1924年秋天，鲁迅在西安讲学时，下榻处窗外有一丛盛开的白木槿花，他对花凝视良久，忍不住想构思一部《杨贵妃》的剧本。晚年，鲁迅定居在上海大陆新村9号时，还特地在前院种上了夹竹桃、石榴、紫荆、桃花等花木。爱花之情可见一斑。

科技篇

Part 6

15 世纪以前，中国作为世界强国，一直是世界科技文化的中心。但是现代中国科技落后于西方，这已成为不争的事实。其中关于落后的起始时间，许多人认为始于明清之际，在此之前，中国古代的科学技术取得了辉煌的成就，尤其在宋元时期，中华民族的科学技术达到了登峰造极的程度。

20 世纪至今，我国培育了一大批优秀的科学家，科学技术突飞猛进，原子弹的制造确立了我国的大国地位，而神舟飞船的上天，则将我们的科学领域拓展进太空，一个新的科学时代的大门正在逐渐打开……

神医扁鹊

◀神医扁鹊

扁鹊，战国时医学家。姓秦，名越人，渤海郡鄚（今河北任丘北）人；一说为今山东长清一带人。学医于长桑君。

“扁鹊”一词原本为古代传说中能为人解除病痛的一种鸟，秦越人医术高超，百姓敬他为神医，便说他是“扁鹊”，渐渐地，就把这个名字用在秦越人的身上了。

扁鹊见蔡桓公

关于扁鹊，最著名的肯定是扁鹊见蔡桓公的故事。当时，扁鹊去觐见蔡桓公。扁鹊在桓公面前站着看了一会儿，说：“您有小病，现在还在皮肤的纹理中，不医治恐怕要加重。”桓侯说：“我没有病。”扁鹊退出以后，桓侯说：“医生喜欢给没有病的人治病，把治好‘病’作为自己的功劳！”

过了10天，扁鹊又觐见桓侯，说：“您的病在肌肉和皮肤里面了，不及时医治将要更加严重。”桓侯又不理睬。扁鹊退出后，桓侯又不高兴。

又过了10天，扁鹊又觐见桓侯，说：“您的病在肠胃里了，不及时治疗将要更加严重。”桓侯又没有理睬。扁鹊退出后，桓侯又不高兴。

又过了10天，扁鹊在觐见时远远看见桓侯就转身跑了。桓侯特意派人问扁鹊为什么转身就跑，扁鹊说：“小病在皮肤的纹理中，是汤熨的力量能达到的部位；病在肌肉和皮肤里面，是针灸的力量能达到的部位；病在肠胃里，是火剂汤的力量能达到的部位；病在骨髓里，那是阎王爷管辖的部位，医药已经没有办法了。现在病在骨髓里面，我因此不问了。”

又过了5天，桓侯身体疼痛，派人寻找扁鹊，扁鹊已经逃到秦国了。桓侯病死了。

扁鹊的“六不治”

扁鹊看病行医有六不治原则：一是依仗权势，骄横跋扈的人不治；二是贪图钱财，不顾性命的人不治；三是暴饮暴食，饮食无常的人不治；四是病深不早求医的不治；五是身体虚弱不能服药的不治；六是相信巫术不相信医道的不治。扁鹊在总结前人医疗经验的基础上创造总结出望（看气色）、闻（听声音）、问（问病情）、切（按脉搏）的诊断疾病的方法。在这四诊法中，扁鹊尤擅长望诊和切诊。当时，扁鹊的切脉技术高超，名扬天下。

▼扁鹊针刺行医图

出神入化的医术

▲扁鹊行医

关于扁鹊的故事很多。传说有一天，晋国的大夫赵简子病了，五日五夜不省人事，大家十分惊慌。扁鹊看了以后说，他血脉正常，没什么可怕的，不超过三天一定会醒。后来过了两天半，赵简子果然苏醒了。

有一次，扁鹊路过虢国，见到那里的百姓都在进行祈福消灾的仪式，就问是谁病了，宫中术士说，太子死了已有半日了。扁鹊问明了详细情况，认为太子患的只是一种突然昏倒不省人事的“尸厥”症，鼻息微弱，像死去一样，便亲去察看诊治。他让弟子磨研针石，刺百会穴，又做了药力能入体五分的熨药，用八减方的药混合使用之后，太子竟然坐了起来，和常人无异。继续调补阴阳，两天以后，太子完全恢复了健康。从此，天下人传言扁鹊能“起死回生”，但扁鹊却否认说，他并不能救活死人，只不过能把应当活的人的病治愈罢了。

行医四方　造福百姓

扁鹊在行医四方之中，造福了众多百姓。他随着各地的情况不同来改变自己行医的侧重点，不满足于一技一法，而是根据客观实际需要，兼通数科，一专多能。

扁鹊来到邯郸，听说当地人尊重妇女，就在妇科病方面下功夫，当了“带下医”，治好了许多妇女的多年疾病；来到洛阳，听说那里的人敬重老年人，而老年人多患耳目疾病，就当了“耳目痹医”，治好了许多老人的五官病，使不少老人从耳聋眼花中恢复了健康；来到咸阳，听说那里的秦人珍爱儿童，便做儿科医生。

这样一位杰出的医家，却受到卑鄙小人的陷害被刺杀。一代名医扁鹊，就这样不幸辞世了。

▲鄚州大庙中供奉的扁鹊像

扁鹊用自己毕生的精力，认真总结前人和民间经验，结合自己的医疗实践，在诊断、病理、治法上对祖国医学做出了卓越的贡献。扁鹊的医学经验，在我国医学史上占有承前启后的重要地位，对我国医学发展有重大的影响。因此，医学界历来把扁鹊尊为我国古代医学的祖师，是中国的医圣、古代医学的奠基者。

张衡与地动仪

▼张衡像

东汉时期，一台利用水力推动运转的大型天文仪器——“水运浑象”在东汉的京都洛阳制造成功。相隔20年后，安置在京都洛阳的又一台仪器——“候风地动仪”，准确地报告了西方千里之外发生的地震。这标志着人类开始了使用仪器记录研究地震的新纪元。

这两台著名仪器的发明者就是张衡——我国东汉时期伟大的科学家、文学家。张衡对中国古代的天文学、地震学和机械力学做出了杰出的贡献。

勤奋刻苦 访师求学

张衡，字平子，诞生于南阳郡西鄂县石桥镇一个没落的官僚家庭。张衡幼年时候，家境已经衰落，有时还要靠亲友的接济。

当时的南阳是经济和文化都很发达的地区，张衡在这样的环境熏陶下，加上自幼刻苦好学，在青少年时代就已经为后来从事文学和科学事业打下了基础。

▼张衡发明的浑天仪

从16岁开始，张衡便离乡游学，广结学者名流。后来他又到了当时的首都洛阳，就读于最高学府——太学，并成为学识比较渊博的学者。当时，官府也多次招聘他去做官，但都被他拒绝了。

公元111年，张衡应征进京，先后任郎中、太史令、公车司马令等低、中级官职，其中担任太史令时间最长，前后达14年之久。太史令是主持观测天象、编订历法、候望气象、调理钟律（计量和音律）等事务的官员。在他任职期间，对天文历算进行了精湛的研究，做出了重大的贡献。

浑天仪

汉朝时，关于天体运动和宇宙结构的学说已经出现了3种：盖天说、浑天说和宣夜说。

盖天说又称天圆地方说，认为天是圆的，像一把张开的伞，地是方的，像一个棋盘；浑天说认为天地的形状像一个鸡蛋，天与地的关系就像蛋壳包着蛋黄；宣夜说认为天没有一定的形质，日、月、五星（金、木、水、火、土五大行星）等都飘浮在气体中。张衡根据自己对天体运行规律的认识和实际观察，认真研究了这三种学说，认为浑天说比较符合观测的实际。而浑天说是最接近现代科学的，这说明，早在2000多年前，东汉的张衡的研究已经接近了现代科学的一些学说。

张衡在前人学说的基础上，根据自己的浑天说，创制了一个比以前都精确、全面的，能够精确地表现浑天思想的“浑天仪”。

▼张衡墓

浑天仪是一个可以转动的空心铜球。铜球外表刻有28宿和其他一些恒星的位置；球体内有一根铁轴贯穿球心，轴的两端象征北极和南极。球体的外面装有几个铜圆圈，代表地平圈、子午圈、黄道圈、赤道圈，赤道和黄道上刻有24节气。凡是张衡当时知道的重要天文现象，都刻在了浑天仪上。为了使浑天仪能自动转动，张衡又利用水力推动齿轮的原理，用滴壶滴出来的水力推动齿轮，带动空心铜球绕轴旋转。铜球转动一周的速度和地球自转的速度相等。这样，人们坐在屋子里，便能从浑天仪上看到天体运行的情况了。

▲地动仪

制造地动仪

东汉时，经常发生地震。有时候一年好几次。发生一次大地震，就会给百姓和国家带来很大的伤害。当时的皇上和老百姓都把地震看作是不吉利的征兆，认为是鬼神造成的。张衡却不信神邪，他对记录下来的地震现象经过细心的考察和试验，发明了一个能测出地震的仪器，叫做“地动仪”。

地动仪是用青铜制造的，形状像一个酒坛，周围铸着八条龙，龙头伸向八个方向。每条龙的嘴里含着一颗小铜球，龙头下面，蹲了一只张着大嘴的蛤蟆。哪个方向发生了地震，朝着那个方向的龙嘴就会自动张开，把铜球吐出。铜球掉在蛤蟆的嘴里，发出响亮的声音，就告诉人们那边发生了地震。

▶张衡制造地动仪

公元138年2月的一天，地动仪正对着西方的龙嘴突然张开来，吐出了铜球，这是报告西部发生了地震。可是，那天洛阳一点地震的迹象也没有，更没有听说附近有什么地方发生了地震。于是，朝廷上下都议论纷纷，说张衡的地动仪是骗人的玩意儿。

没过几天，有人骑着快马来向朝廷报告，离洛阳一千余里的金城、陇西一带发生了大地震，连山都有崩塌下来的，大伙儿这才真正信服了。虽然张衡后来在政治上并不顺利，但是他的这些科学发明和试验在我国科学史上留下了光辉的业绩。

救世济民的华佗

◀华佗画像

华佗（？～公元208），东汉末年医学家。字元化，沛国谯县（今安徽亳州）人。他曾到过很多地方为人治病，方法简单有效。

刮骨疗毒

三国初期，有一次，关羽到樊城去攻打曹操，右臂被毒箭射中。后来，伤口渐渐肿大，不能动弹。经名医多方诊治，始终无效。

一天，关羽和他的部将正在发愁。忽然，部下前来报告，说医生华佗要进见。关羽说：“请进帐来！”

▲北京颐和园传统长廊彩绘中的《刮骨疗毒》图

华佗进来后，关羽说：“您如果能把我的右臂治好，我是感谢不尽的。”

华佗说：“我正是为治您的病才来的。办法倒是有，只是怕您忍受不了疼痛。您中的箭是乌头毒箭，现在毒已入骨。我准备在房梁上钉上一个铁环，把您的右臂伸进铁环中去，再把您的眼睛蒙上，然后给您动手术。”

关羽说：“不用什么铁环，您就给我治吧！”翌日，关羽设宴犒劳华佗。饮宴完毕，关羽一边和谋士对弈，一边袒胸伸出右臂。

手术时，关羽忍受剧痛，依然谈笑自如；手术后，关羽站起来对华佗说：“现在我的右臂不疼了，您真是妙手回春啊！”

五禽之戏

华佗非常重视体育锻炼对人体健康的作用。华佗说：“人体必须经常劳动，但不能过度。经常活动能使消化能力强，血脉畅通，不易发生疾病。正如门轴一样，天天转动，就不会长蛀虫。”华佗这个看法是合乎科学道理的。

◀华佗的五禽戏示意图

华佗是古代医疗体育的创始人之一。他创造了一种叫做“五禽之戏”的体育运动。这种体育运动就是摹仿虎、鹿、熊、猿、鸟五种禽兽运动姿态的体操。体质衰弱的人，练“五禽之戏”，可以使体魄健壮起来；患病的人，练了“五禽之戏”，可以加速康复的进程；年迈的人，练了“五禽之戏”，可以容颜焕发，精神旺盛。

华佗博览古代医案，多年的临床实践，丰富了他的医疗经验。他断病准确，创造了许多奇迹，深受百姓爱戴。

大科学家祖冲之

◀祖冲之画像

南北朝时期的南朝，出现了一位杰出的科学家祖冲之。他出身于一个官宦家庭，从小就博览群书，人家都称赞他是个博学的青年。他特别爱好研究数学，也喜欢研究天文历法，经常观测太阳和星球运行的情况，并且做了详细记录。当时的南朝皇帝宋孝武帝听说了祖冲之的名气，就派他到一个专门研究学术的官署“华林学省”工作。在那里，祖冲之更加专心研究数学、天文了。

历法成就

一开始，祖冲之研究的是历法。我国历代都有研究天文的官，并且根据研究天文的结果来制定历法。到了南北朝的时候，历法已经有了很大进步，但是祖冲之认为还不够精确。祖冲之根据自己长期观察的结果，创制出一部新的历法，叫做“大明历”。这种历法测定的每一回归年（也就是两年冬至点之间的时间）的天数，跟现代科学测定的相差只有 50 秒；测定月亮环行地球一周的天数，跟现代科学测定的相差不到 1 秒，可见它的精确度极高。但是宋孝武帝还是不肯颁布新历。直到祖冲之死了 10 年之后，他创制的大明历才得到推行。

▶祖冲之运算图

圆周率的始祖

祖冲之在数学方面的成就尤为突出。其中，他最杰出的贡献是求得相当精确的圆周率。祖冲之在前人推算圆周率的基础上，利用割圆术的方法继续推算，经过长期的艰苦研究，精确地得出圆周率值在 3.1415926 和 3.1415927 之间。他还确定圆周率的两个分数形式的近似值，约率为 22/7，密率为 335/113。一千余年后，德国的渥脱和荷兰的安托尼兹才先后提出同祖冲之密率相同的数值。为了纪念祖冲之的杰出贡献，有些外国数学史家建议把 π 叫做“祖率”。祖冲之还曾经对古代数学著作《九章算术》做了注释，又编写一本《缀术》。

◀据考，圆周率是根据刘徽《九章算术》中的割圆术计算而来的，这张割圆术的邮票是由太平洋的一个岛国密克罗尼西亚发行的

科学巨星沈括

◀科学家沈括

在我国北宋时期，有一位非常博学多才、成就卓著的科学家、政治家，他就是沈括。

沈括，字存中，生于杭州钱塘（今浙江杭州）一官僚家庭。24岁开始踏上仕途。

宋神宗熙宁二年（1069年），地主阶级革新派的代表王安石被任命做宰相，开始进行大规模的变法运动。沈括积极参与变法，受到王安石的信任和器重，担任过管理全国财政的最高长官三司使等许多重要官职。熙宁九年（1076年），王安石变法失败。沈括被诬劾贬官。

三年后，因守边有功，升龙图阁直学士，但是不久又遭诬陷，降职做均州（今湖北省均县）团练副使。哲宗元祐二年（1087年），沈括花费12年心血编修的《天下州县图》完成，被特许亲自到汴京进呈。次年，定居润州梦溪园，在此安度晚年。

▲沈括故居梦溪园

沈括晚年在梦溪园认真总结自己一生的经历和科学活动，写出了闻名中外的科学巨著《梦溪笔谈》。《梦溪笔谈》是中国科学史上的坐标，是沈括一生社会和科学活动的总结，内容极为丰富，包括天文、历法、数学、物理、化学、生物、地理、地质、医学、文学、史学、考古、音乐、艺术等共约600条。其中约200条属于科学技术方面，记载了他的许多发明、发现和真知灼见。

沈括治水

沈括十分重视发展农业生产和兴修水利。早在他青年时期任沭阳县主簿的时候，就主持了治理沭水的工程，组织数万民工修筑渠堰，不仅解除了当地人民的水灾威胁，而且还开垦出良田7000顷，改变了沭阳的面貌。

◀沈括故居

熙宁五年（1072年），沈括主持了汴河的水利建设。采用“分层筑堰法”，测得开封和泗州之间地势高度。这种地形测量法，在世界水利史上是一个创举。

杰出的天文学家

沈括还是一个杰出的天文学家。熙宁五年（1072年），也就在沈括负责汴河水建设的同时还负责领导司天监，在任职期间，他先后罢免了6名不学无术的旧历官，并破格推荐精通天文历算、出身平民的卫朴进入司天监，主持修订新历的重要工作。沈括和卫朴治学态度认真，对旧历官凭借演算凑数的修历方法非常不满，主张从观测天象入手，以实测结果作为修订历法的根据。为此，沈括首先研究并改革了上浑仪、浮漏和景表等旧式的天文观测仪器。

▲南京紫金山天文台内约500年前的浑天仪仿制品，但其铸造工艺已是相当精湛

沈括和卫朴的一系列革新活动遭到守旧势力的攻击和陷害。比较先进的奉元历只实行了18年就被废止了。但是沈括并不因此而灰心，在晚年又进一步提出了用“十二气历”代替原来历法的主张。我国原来的历法都是阴阳合历，而“十二气历”却是纯粹的阳历。

地理学家、医学家

沈括在地学方面也有许多卓越的论断，反映了我国当时地理学已经达到了先进水平。沈括对医药学和生物学也很精通。同时他的药用植物学知识也十分广博，并且能够从实际出发，辨别真伪，纠正古书上的错误。

◀漏壶复原图

文武双全

沈括文武双全，不仅在科学上取得了辉煌的成就，而且为保卫北宋的疆土也做出过重要贡献。北宋时期，阶级矛盾和民族矛盾都十分尖锐。辽和西夏贵族统治者经常侵扰中原地区，掳掠人口牲畜，给社会经济带来很大破坏。沈括坚定地站在主战派一边，在熙宁七年（1074年）担任河北西路察访使和军器监长官期间，他攻读兵书，精心研究城防、阵法、兵车、兵器、战略战术等军事问题，编成《修城法式条约》和《边州阵法》等军事著作，把一些先进的科学技术成功地应用在军事科学上。同时，沈括对弓弩、甲胄和刀枪等武器的制造也都进行过深入研究，为提高兵器和装备的质量做出了一定贡献。

◀现陈列于南京紫金山天文台的圭表，它是我国最古老的一种铜制天文仪器，正南北方向平放的尺叫做圭，直立的柱叫做表。根据正午时表的影子的长度测定一回归年的日数和二十四节气等。于1439年制造

除此之外，他在物理、化学、数学等方面也成绩卓著，真可谓是我国历史上一位多才多艺的大学者，是11世纪第一流的科学家。

法医鼻祖宋慈

◀一代法医宗师宋慈

2005年，有一部热播的电视剧叫《大宋提刑官》。这部电视剧讲述了一个专门破案的提刑官宋慈正直清廉的人品和令人叹服的破案手段。宋慈是一个真实的人物。他是南宋的法医学家。字惠父，建阳（今属福建）人。

宋慈出身在一个朝廷官吏家庭，幼时的老师是吴稚，而吴稚是宋朝著名的理学家朱熹的弟子。因此，宋慈有机会与当时有名的学者交往。

宋慈20岁进入当时的最高学府太学读书。当时主持太学的真德秀也是一名著名的理学家，真德秀发现宋慈的文章出自内心，感情真挚，因此，对宋慈十分器重。宋慈早年的这些师友，对于他后来学业的进步与严谨缜密的思想有着相当的影响。

1217年，宋慈考中了进士。1226年，出任江西信丰县主簿。1232年，被任命为福建长汀知县。1239年，升任提点广东刑狱。之后的十几年，宋慈先后4次担任了高级刑法官。长期的法医工作，使宋慈积累了丰富的法医检验经验。

为官清廉　关心百姓

据记载，宋慈任长汀县令时，当地民间食盐大多由福州经闽江运来，路途漫长，要来年才能运到，加上中间层层剥削，卖价昂贵，百姓负担很重。宋慈便命令改道从广东潮州运盐，这样往返仅需3个月，不仅节省了运费和时间，更重要的是降低了食盐价格，这无疑为百姓办了件好事。

宋慈任南剑州通判时，正遇荒年，当地豪强趁天灾而囤积居奇，百姓饿死很多人。宋慈便向朝廷反映，要求分贫富接济灾民，越穷的得到的接济越多。朝廷怕饥民造反，便接受了宋慈的建议，使百姓顺利地渡过了灾荒。

当然，宋慈最著名的还是决狱理刑。对待案件，宋慈十分认真。宋慈任广东提点刑狱时，由于原先的广东官吏都不奉行法令，积下大量案件，宋慈在到任8个月内，深入现场察访调查，清理了一大批冤案、错案、悬案。由于宋慈以百姓性命为重，在百姓中间赢得了清官的名声。

◀千秋法祖宋慈墓

一生谨慎　断案如神

宋慈为官数十年，以雪冤禁暴为己任，对于判刑断狱一向十分重视。他对于狱中案件总是慎之又慎。若知道告发人系有意诬告，便坚决驳回；若在审理过程中产生疑问不能决定的，必经过反复调查和深思，唯恐判断错误，造成冤案。

有一次，接到报案说有一处民居失火，有人被烧死。他来到现场时，死者的妻子正对着烧焦的尸体哭得很伤心，看见宋慈来了，就跟宋慈说，她丈夫因为身体不适在家中休息，她出去劳动，回来的时候房子已经被烧毁，丈夫也被烧死了。

宋慈仔细检查尸体，发现尸体没有挣扎的迹象，背部贴着地面的地方明显烧伤痕迹较轻，而且死者的口中没有灰尘。宋慈由此敏锐地发现其中有蹊跷。

一般来说，一个清醒的人，就算重病在床，房子着火了，也会挣扎着企图自救的，因此不会出现身体着地部分烧伤程度明显较轻的现象。另一方面，由于呼吸和呼救，必然吸入大量的烟灰，而这个死者的口中是干净的。因此说明在着火之前，死者已经死亡。也就是说，死者并不是被烧死，而极有可能是有人将其杀害之后纵火，企图制造火灾的假现场。

于是，宋慈进一步深入调查，终于发现是死者的妻子因与他人通奸，被死者发现，于是与奸夫一起将死者勒死，之后放火焚烧了房子，造成失火死亡的假象。最后，凶手认罪伏法。

宋慈在二十余年的仕宦生涯中，为官清廉，生活朴实，晚年更加谦虚谨慎。他年老有病在身，仍亲自审察，一丝不苟，慎之又慎。

《洗冤集录》的编撰

宋慈在担任官员期间，就在工作之余开始总结审案检验经验，后来宋慈到湖南任提点刑狱那一年，就完成了《洗冤集录》的编撰工作，并且印刷发行。

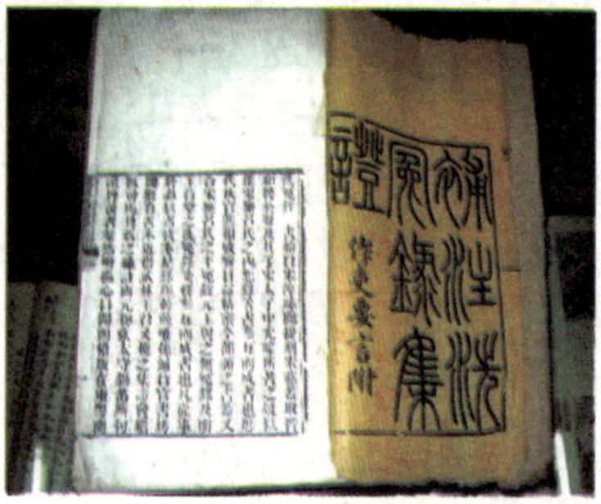

▶宋慈的《洗冤集录》的几个刻本

1249 年，宋慈去广州任经略安抚使，在这年春天，突然感到头晕目眩，但是他还是正常办公，在这年的 3 月 7 日在广州任内去世。

宋慈最大的贡献是留下了《洗冤集录》一书。这本书对于法医学有着多方面的贡献。在这本奇书里，记载了宋慈总结的一整套比较合理的验尸方法，他提出用各种草药和自然物品来检验尸体的各种症状，并且根据死者当时的气候条件以及死者的胖瘦老幼等不同情况，来判断尸变速度等。对于奇异的死亡现象，宋慈也认真地分析了检验方法。

《洗冤集录》自 13 世纪问世以来，成为历代刑狱官案头必备的参考书。后世的著作基本上是以此书为蓝本加以订正、注释和补充的。

后来,《洗冤集录》流传到海外，1779 年，法国人将此书翻译成法文发表，1863 年，荷兰人又将此书译成荷兰文出版。1908 年，德国人又转译成德文。此外,《洗冤集录》还曾被译成朝、日、英、俄等国文字。

《洗冤集录》在世界法医史上具有相当的影响与地位。《洗冤集录》是世界最早的法医学专著，比西方的同类书籍早 350 年，宋慈因而被后世誉为“古代第一名法医学家”、“世界法医学奠基人”。

水利专家郭守敬

▲郭守敬

郭守敬（1231~1316），字若思，顺德邢台（今河北）人，元代最著名的天文学家、水利学家、数学家。

初露水利才华

年幼的郭守敬和他的祖父郭荣一起生活，郭荣在数学、天文和水利方面颇有造诣，这对郭守敬的影响很大，使他从小就对自然科学知识产生了浓厚的兴趣。郭守敬长大后，拜当时著名的“邢台学派”代表人物刘秉忠为师，潜心学习数学、地理和水利。

▲日晷用于计算时间

郭守敬20岁那年，邢台城北的小河被泥沙淤塞，石桥被埋没。郭守敬运用学到的知识，组织民工勘测地形、制订方案，很快就挖出了石桥，疏浚了河道，初显出他在工程设计和施工方面的才干。

忽必烈统一北方后，为了发展农业生产，决定整治水利，征求这方面的人才。张文谦把郭守敬推荐给忽必烈，忽必烈很快就召见了郭守敬，使他得到了施展才干的宝贵机会。从此，郭守敬正式开始了他的水利、天文与测量生涯。

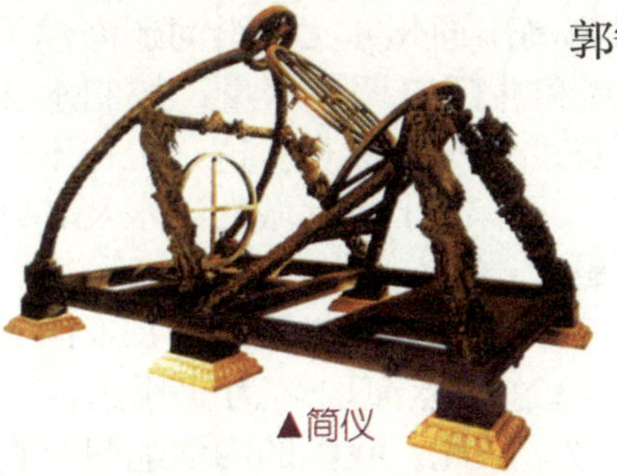
▲简仪

开发华北水利

忽必烈召见郭守敬时，考察了一下他的学识，结果郭守敬对北方水利情况十分熟悉，提出六条整治水利的措施。忽必烈非常满意，当即派郭守敬担任提举各路河渠的职务，经办河道水利的事。

郭守敬随张文谦视察西夏，发动民工修复、新建了数十条引黄灌溉渠道，并修建了许多闸坝。

大定二十七年（1187年），永定河洪水暴涨，危及北京的安全，郭守敬吸取前人的教训，在渠首增开了一条宽深的溢洪道，加上其他措施，终于在至元三年（1266年）全面整修了金口河，使这条旧渠道起到了既能灌溉又能漕运的作用。

重修京杭运河

至元十二年（1275年），元朝开始修筑京杭大运河。京杭大运河主要部分是业已存在的天然河道和古运河，但从大都到通州（今北京通州区）和从山东御河到汶河这两段，没有现成水道可以利用，需要开挖。郭守敬奉命勘察了今山东西南的泗水、汉水、御河等主要河流，设计了京杭大运河山东段的河道线路，为运河的全面沟通奠定了基础。

◀郭守敬铜像

至元二十六年（1289年），会通河开凿成功，江南的漕船从此可以直达通州。

单是开通会通河，漕运只能抵达通州，从通州到北京还得靠畜力拉送。这段旱路不仅效率低，而且耗费大。历代曾多次兴办水运，忽必烈也曾派人重新试验，结果均告失败。

至元二十八年（1291年），郭守敬在认真总结前人经验教训的基础上，就大都地区的水利建设提出了包括开凿大都至通州运河在内的11项建议。他经过详细勘测，发现大都西北神山（今凤凰山）的白浮泉（今龙泉）水清量大，西山诸泉也都可以利用，不必引用永定河的浑水；但是，大都与昌平之间有沙河和清河两条河谷低地，使泉水不能径直向东南引至大都。面对这种地形条件，郭守敬设计的渠线不是把白浮泉（海拔55米）水直接引向东南，而是向西至西山山麓；然后大体沿50米等高线南下，避开河谷低地，沿途拦截沙河、清河上源及西山诸泉，再向东南注入瓮山泊，沿渠修筑堤堰，这就是白浮堰；往下再向东南流入高粱河（今南长河），进大都城内的积水潭，以积水潭为停泊港；从积水潭东侧开河引水，向东南方向流至文明门（今崇文门北）。再经金代的闸河故道东流，穿过通州城，至城南的高丽庄与大运河相接。由于大都高出通州4丈，沿河还修建了约20座水闸和斗门以调节水量，控制水深和流速，保证船只平稳航行。这一工程不仅便利了航运，还解决了大都城的洪水及其郊区的灌溉问题。

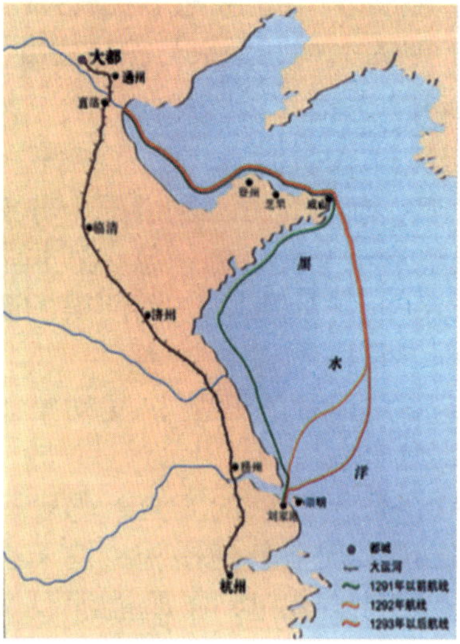

▲元代京杭大运河与海运略图

工程完工时，适逢忽必烈从上都返回大都，他当即给这段运河取名为“通惠河”，并奖赏郭守敬。从此，我国的内河船只可自杭州北上约3500里而直抵大都，整个运河由初建时以漕运为主，迅速衍生为货运和客运并举，将海河、黄河、淮河、长江和钱塘江五大流域水运交通相互沟通，成为当时中国最重要的交通命脉，这就是著名的元代京杭大运河。

华夏神医李时珍

▲李时珍画像

李时珍（1518~1593），明代医学家。字东璧，号濒湖，蕲州（今湖北蕲春）人，祖上世代为医。父亲李言是当地名医。李时珍继承家学，曾精研古籍及医典，并亲自上山采药，收集民间的经验。结合实践，历时27年，撰成《本草纲目》52卷。

雄心壮志

李时珍出身世医之家，童年的李时珍身体瘦弱，经常得病，深感生病的痛苦，于是，从小就立下了雄心壮志——做一名医药学家，像他的祖辈、父辈一样，当一名济世救人的医生。可是在当时，民间医生地位很低，李家常受官绅的欺侮。因此，父亲决定让李时珍读书应考，以便一朝成名，出人头地。

李时珍不敢违背父愿，14岁考取秀才，以后三次赴武昌应试举人，皆名落孙山。于是他恳求父亲，让他专心学医。父亲无奈，只好答应了他的请求。于是李时珍开始攻读《内经》、《伤寒论》、《本草经》等医书，每天天不亮就起来读书，坚持学习多年，二十几岁就能随父亲为人看病。

▲李时珍钻研医学

他特别重视收集药方，并整理了很多单方和验方。在治病过程中，他发现过去历朝写的《本草》一书，不仅品种不全，而且错误的地方也很多，就下决心要重新修订。经过十余年的刻苦钻研，李时珍约30岁时便成为当地很有名望的医生。

他刻苦阅读了八百余种医学书籍，足迹遍及了祖国名山大川，调查、采药、试验，终于修订了历代《本草》中的错误，充实了新的内容。他在年过花甲时，写成了《本草纲目》的初稿，后经三次修改，付出大半生心血，最后终于完成了这部伟大的著作，当年的壮志变成了现实。这时李时珍已61岁。

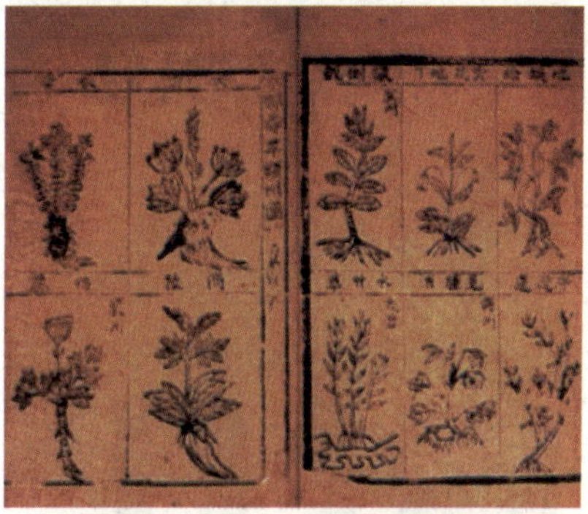
▲中医药学的圣典《本草纲目》，流传至今仍不失其权威性

李时珍晒"书"

有一位庸医，此人不学无术，可是却假充斯文，开口《伤寒论》，闭口《药性赋》，这位庸医家财万贯，更有藏书之癖，他平时不惜重金，购买天下医书，以此来炫耀自己。

李时珍祖上世代为医，家境仅温饱而已。再加上常常为贫穷患者义诊施

▲立志做一名济世救人的良医而终生遍访全国各地，调查、采药的李时珍

舍，因为无钱买书，李时珍为了精湛医道，博览众书，多次向这位庸医借书读，可是均被他无情拒绝。

有一年夏季，梅雨季节刚过，庸医便命家人将书房内的藏书搬到院子里晾晒。各种古典医籍摊晒了满满一院子，他自己洋洋自得地在院子里踱着方步。这时正巧李时珍去一病家治病路过这里，见满院子都是晒的书，便一时兴起，走进院子里，只见他解开衣襟，躺在晒书的架子旁，袒胸露腹，也晒起“书”来。庸医一见，莫明其妙，惊问道：“李先生，您这是做什么呀？”

李时珍笑道：“我也在晒书啊！”庸医更加不解地问道：“先生的书在哪里呀？”李时珍拍拍自己的肚皮说：“我的书装在这里面。”

庸医听后，知道李时珍是在挖苦他，惭愧得满面通红，无言以对。

反对炼丹

嘉靖皇帝迷信仙道，祈求长生不老。方士看准了皇帝的心意，便大炼不死仙丹，取悦皇帝，因而在全国掀起了一股炼丹热潮，但不少人服用仙丹后都中毒死亡。

▲位于湖北蕲州的李时珍陵墓

李时珍知道仙丹多用水银、铅、丹砂、硫磺、锡等炼取，含有毒素，于是大声疾呼：“丹药能长寿的说法，绝不可信！”

他列举服食丹药后死亡的例子，但有方士反驳说：“古代药书上说，水银无毒，服食可以成仙，是一种长生药。”

▶中国古代的炼丹炉

李时珍说：“前人遗留下来的知识可以参考，但一定要经过分析，我们不能尽信书上所说的。古书上也说过，‘食黄金能成神仙’，但有谁见过有人成了神仙呢？秦始皇、汉武帝都是吃仙丹望长生，结果还不是死了吗？所谓仙丹的成分，大多是有毒的物质，吃了不但不能长寿，反而会令人中毒死亡呢！”

李时珍虽然坚决反对服食仙丹，却以科学的态度应用炼丹的方法。他亲自研制水银来医治疮疥等病，又利用炼金术烧制外用药物，他还把研究的数据记载在《本草纲目》里，对后世影响深远。

中国铁路之父詹天佑

◀中国铁路之父詹天佑

异国求学

詹天佑于1861年出生在一个普通茶商家庭。儿时的詹天佑对机器十分感兴趣，常和邻家孩子一起，用泥土仿做各种机器模型。有时，他还偷偷地把家里的自鸣钟拆开，摆弄和琢磨里面的构件，提出一些连大人也无法解答的问题。

1872年，年仅12岁的詹天佑到香港报考清政府筹办的“幼童出洋预习班”。考取后，父亲在一张写明“倘有疾病生死，各安天命”的出洋证明书上画了押。

从此，他辞别父母，怀着学习西方技艺的理想，来到美国就读。

▲火车如长龙般在铁轨上前行

在美国，出洋预习班的同学们目睹北美西欧科学技术的巨大成就，对机器、火车、轮船及电信制造业的迅速发展赞叹不已。有的同学由此对中国的前途产生悲观情绪，而詹天佑却怀着坚定的信念说：“今后，中国也要有火车、轮船。”

他怀着为祖国繁荣而发奋图强的信念，刻苦学习，于1877年，以优异的成绩毕业于纽黑文中学。同年5月，他考入耶鲁大学土木工程系，专攻铁路工程。

在大学的4年中，詹天佑刻苦学习，在毕业考试中名列第一。

1881年，在120名回国的中国留学生中，获得学位的只有两人，詹天佑就是其中的一个。

初战告捷

1888年，詹天佑几经周折，转入中国铁路公司，担任工程师，这是他献身中国铁路事业的开始。

刚上任不久，詹天佑就遇到了一次考验。当时从天津到山海关的津榆铁路修到滦河，要造一座横跨滦河的铁路桥。滦河河床泥沙很深，又遇到水涨流急。铁路桥开始由号称世界第一流的英国工程师担任设计，但失败了；后来请日本工程师实行包工，也没成功；最后让德国工程师出马，不久也败下阵来。

▼耶鲁大学图书馆的一块浮雕，上面雕刻的竟然是中国大书法家颜真卿的《颜氏家庙碑》上的内容

詹天佑要求由中国人自己来做，负责工程的英国人在走投无路的情况下，只得同意詹天佑来试试。

詹天佑是一个认真踏实的人，他分析总结了3个外国工程师失败的原因后，便身着工作服与工人一起实地调查，严密测量。夜晚，借着幽暗的油灯，又仔细研究滦河河床的地质构造，反复分析比较，最后才确定桥墩的位置，并且大胆决定采用新方法——“压气沉箱法”来进行桥墩的施工。

▶负责修建京张铁路时的詹天佑，时任邮传部二等顾问官、京张铁路总办、总工程师

詹天佑果然成功了，滦河大桥建成了。这件事震惊了世界：一个中国工程师居然完成了3个外国工程师无法解决的大难题。

▲在詹天佑故居纪念馆内铺设了一段“人”字形的铁路

修筑京张铁路

1905年，京张铁路由于英、俄争夺筑路权相持不下，清政府决定由中国自建，任命詹天佑为总工程师。外国人讥笑中国“自不量力”、“胆大妄为”。

詹天佑决心为国争光。在修建京张铁路的过程中，面对艰巨的工程，詹天佑充分展示了他的才华和科学创新精神。细致测量，精心设计施工。

◀詹天佑塑像

开凿居庸关和八达岭两个隧道时，在没有新式开山机、抽水机和通风机设备的困难情况下，詹天佑创造性地采用两端开凿、中开竖井的施工方法，顺利解决了面临的道道难题。并对地势陡险、坡度大的八达岭，设计成“人”字路线，使列车顺利行驶。行车时遇到车厢脱节，还仿造了自动挂钩，人称“天佑钩”。

此条铁路6年计划，4年竣工，节约投资28万两白银。当时被外国工程师视为奇迹。

杂交水稻之父袁隆平

▲杂交水稻之父袁隆平

袁隆平1930年9月出生于北京，1953年毕业于西南农学院农学系。1995年被选为中国工程院院士。袁隆平院士是我国杂交水稻研究领域的开创者和带头人。杂交水稻研究成果获得我国迄今为止唯一的发明特等奖，并先后荣获联合国教科文组织、粮农组织等多项国际奖励。

苦学游泳

早在抗战初期，8岁的袁隆平随着父母从汉口逃难来到湖南省桃源县。一天，四弟不小心将他从船头挤入滔滔江水中，幸遇一位老船工及时搭救，才捡回条命。幼小的他决心要像船工老伯那样学会“划水”，也能在水里救人。

接着，他们又举家逃到重庆。夏日，每逢放学回家，最惬意的事便是去长江边上戏水。先学狗刨式，再学蛙泳，很快就会了，却总嫌速度不够快、不过瘾。要去救人，太慢了怎么行？几经苦练苦学，终于又学会了“自由式”。10岁还不到的一个孩子，竟胆大包天，敢去横渡长江了！

1947年，他家已经迁回汉口。湖北省举行游泳比赛时，他正在念高一，虽说十六七岁了，却个头瘦小、不显眼，体育老师不同意他参赛。他却暗自穿了运动服，搭了另一个参赛同学的自行车，巧妙地闯进赛场，竟一举获得汉口赛区男子自由泳第一名和全省男子自由泳第二名。

自此，袁隆平的“游兴”更浓，长盛不衰。在安江农校教书期间，只要一有时间，他便泡进沅江；长住海南搞杂交稻育种繁殖的日子，夜深了，他还要去大海的风浪中搏击一番……

▲喜欢读书的袁隆平

知识更新

袁隆平特别喜欢读书，每次出差，当地的书店他是必定要去逛的。晚上睡觉前也总要看看书，像是在用读书的方式催眠，看着看着便进入了梦乡。

他读书涉猎范围很广，除了专业方面的，也看国内外名著，像莎士比亚四大悲剧、《泰戈尔情诗》、《简爱》、《呼啸山庄》等，而且极其喜欢读英文原版，他认为这也是学习外语的一种方式。他说：“多掌

◀戏称自己是"知识农民"的袁隆平整日在田间地头搞研究，推广先进的杂交技术

握一门外语，就等于多打开了一扇知识的大门。"

袁隆平的外语功底深厚，除了儿时深受通晓英文的母亲的影响熏陶外，本人的痴迷、勤奋及对语言的敏锐感知和驾驭的天赋，更是他奔向成功的筹码。

在安江那个山寨小镇呆了几十年，他的英文几乎丢尽忘光了。为了知识更新和国际交流的需要，他决意重新把英文找回来。

他挤出时间看书、查词典、听收音机、背英语单词，进行强化训练。他说他曾强迫自己每天背100个单词，这样，即使丢掉了一半，也还记下了四五十个。年深月久，他的词汇量已相当大，涉及面又广，无论专业词汇，还是生僻词语，都反应敏锐、发音标准而且相当地道，完全能作为一种熟练的语言与国外交往。

▲袁隆平在试验田

他遍访数十个国家，无论是讲学、学术交流、参观访问，从来不依靠翻译。

走进水稻王国

袁隆平是新中国第一代大学生，1953年毕业于西南农学院，被分配到一个偏远落后的湘西雪峰山麓安江农校教书。

1960年，罕见的天灾降临中国。大饥荒夺去数千万人的生命。袁隆平亲眼目睹了这场灾难，严酷而沉痛的现实使他决意开始水稻高产育种研究。

1964年，袁隆平偶然发现了一株天然杂交水稻，优势非常强，这给了他很大启发。

虽然当时的理论以及国际上的普遍观点都认为，水稻没有杂交优势。但是袁隆平和他的同行们经过艰难探索，用9年时间实现了"三系"配套，并选育了第一个在生产上大面积应用的强优高产杂交水稻组合——南优2号，它立刻显示了增产效应，亩产达到623千克，比常规稻单产增加20%左右。为此，他于1981年荣获我国第一个国家特等发明奖，被国际上誉为"杂交水稻之父"。

▼袁隆平由于其在杂交水稻方面的杰出贡献而荣获世界粮食奖

中国第一架飞机

▲中国航空先驱，飞行大家冯如

冯如，1883年生于广东恩平一个贫农家庭里。童年仅读过几年书，便辍学牧牛了。他从小喜欢制作风筝和车船等玩具，对神话故事尤其是飞天故事更是满怀向往。他12岁随父亲漂洋过海到美国谋生。他目睹美国先进工艺，认为国家富强必须依靠工艺的发达，改变中国贫穷落后面貌非学习机械、发展工艺不可。于是，他白天当勤杂工，晚上读机械学，苦心钻研数年，精通36种机械原理，发明了抽水机、打桩机，制成了性能优良的无线电收发报机。

致力于航空事业

1903年12月，美国莱特兄弟发明了世界上第一架飞机，引起冯如极大的兴趣。1904年，日俄两国为争夺中国东北三省爆发战争。冯如得知祖国主权被践踏，骨肉同胞遭蹂躏，非常气愤。他沉痛地对朋友说："日俄战争大不利于中国，当此竞争时代，飞机为军事上万不可缺之物……倘得千数架飞机，分守中国港口，将足以固吾圉，并足以慑强邻矣。"

▲冯如在准备飞行表演

从此，他致力于祖国的航空事业。1906年，冯如以"壮国体，挽利权"为宗旨，向华侨筹资，开始研制飞机。在此其间，他屡遭挫折，志气不磨，终于在1909年制成一架试验性飞机。9月21日，他驾驶自制飞机翱翔在奥克兰市的上空，以804.7米的航程超过莱特兄弟首次试飞259.7米的成绩。美国报纸惊呼："中国人航空技术超过西方。"

1910年3月，美国莱特和亚屈在洛杉矶表演飞行，但表演者非常保守，冯如虽然没有得到教益，却大长了奋发图强的志气。3个月后，他制成一架当时具有世界先进水平的飞机。那时候，孙中山先生正在美国进行革命活动。他闻讯特地赶到奥克兰参观冯如的飞行试验，高兴地说："我国大有人才啊！"孙中山勉励冯如把聪明才智贡献给祖国。10月，冯如驾驶自制的飞机参加国际比赛。他以时速104.6千米，飞高213.2米，航程32.1千米，获得冠军。

1911年10月10日，武昌起义爆发。11月9日，广东光复，冯如立刻参加革命军，被任命为陆军飞机长，准备组织飞机侦察队。1912年，他在广州一次飞机表演中失慎蒙难，年仅29岁。

冯如制造的飞机是我国第一架飞机，冯如的精神也鼓舞着后人。

“东方红”一号

1970 年 4 月 24 日，我国第一颗人造地球卫星“东方红”一号在酒泉卫星发射中心成功发射，《东方红》乐曲响遍全球，它向全世界宣布中国人造卫星上天了！“东方红”一号的成功发射，开创了中国航天史的新纪元，使中国成为世界上继苏、美、英、法、日之后独立研制并发射人造卫星的国家。

研制发射人造卫星

1956 年，中国把开发火箭技术纳入国家 12 年科学发展规划。1958 年毛泽东主席发出“我们也要搞人造卫星”的号召。于是，中国科学院把研制发射人造卫星列为 1958 年第一次重点任务，揭开了中国向太空进军的序幕。

许多科技工作者奋发图强，埋头苦干，克服困难，完全依靠自己的力量，踏上了征服太空之路。1964 年，我国中程导弹再次发射成功。

在当年 12 月召开的三届人大会议期间，赵九章上书周恩来总理，陈述理由，认为抓卫星工作现在是时候了。与此同时，钱学森也提出研制人造卫星的建议，并得到了聂荣臻的赞同。

1965 年 8 月，中央专委原则上同意国防科委提出 1970~1971 年发射我国第一颗人造卫星的报告，从此，中国的人造卫星事业从多年的学术和技术准备，转入有计划、有步骤地开展工程研制的时期。

“东方红一号”的研制及发射

当时我国与西方国家并没有开始正式的外交关系，没有办法引进国外已有的技术，只能依靠自己的创新。1965 年 10 月 20 日至 11 月 30 日，中国科学院受国防科委委托，在北京召开了中国第一颗人造卫星总体方案论证会，历时 42 天。会上，科学家钱骥报告了中国第一颗人造卫星总体方案。来自各方面的约 120 位专家，对发射人造卫星的目的、任务进行了反复论证，确定中国的第一颗人造卫星为科学探测性质的试验卫星。主要用来为以后设计各种应用卫星收集数据和各项参数，并且进一步明确了第一颗卫星“必须首先考虑政治影响，应该比苏联和美国的第一颗卫星先进、可靠，要比他们的卫星质量大、发射成功率大、工作寿命长、技术新、能听得见”。发射时间定在 1970 年。

▲中国第一颗人造卫星“东方红”一号

经过艰苦的研究和创造，1970 年，中国的第一颗卫星“东方红”一号卫星终于研制出来了。1970 年 4 月 24 日 21 时 35 分，“长征”一号运载火箭载着“东方红”一号卫星从中国西北酒泉卫星发射中心发射升空，21 时 48 分进入预定轨道。

自力更生制造原子弹

1945 年 8 月 13 日，美国人在广岛投下了原子弹。原子弹巨大的威力让世人瞠目结舌。新中国建立以后，以美帝国主义为首的西方国家开始了对中国的长期封锁。而美国的原子弹无疑是一种军事上的震慑。为了打破美国和苏联核大国的核垄断，中国政府决定研制原子弹。

研制原子弹

1958 年，中国开始了核工业，原子弹正式开始研制。在中国开始研制原子弹的时候，向当时社会主义国家阵营的苏联求助。1957 年，中国与苏联经过多次谈判协商，10 月份，两国正式签订了国防新技术协定。核武器研究院的科技人员听到这一消息，都极为兴奋。

1959 年初来了一位苏联专家，但是他对原子弹的技术问题只字不提。

1960 年 7 月 16 日，苏联和中国的关系开始恶化，苏联政府决定撤走在华的全部专家，单方面撕毁了协议。中国的核技术也就立刻陷入了困境。这时，中共中央果断决定，自力更生，自己动手搞出原子弹。

我国的原子弹正式起步研制是 1959 年下半年，这个时期正是我国经济困难时期，粮食定量供应，副食品短缺。科研人员每天在食堂都吃不饱，但回到研究室立刻开展工作。

远在新疆罗布泊核试验基地，百万大军在那里从事科研工作和基建工程，那里大戈壁的客观条件本身就很艰苦了，在三年国家经济最困难的时候，曾经出现过断炊的现象。

1964 年初，我国科学家们成功研制了核材料铀 235。铀 235 研制过程确实是一件了不起的系统工程，从探矿、选矿、开采到最后的提取成功，有上百道工序，经过了许多家工厂。从南方的矿山开挖、选矿，由粗加工到细加工，再到精加工，一步一步筛选，一步一步提取，将半成品送到北方某工厂，再由北方某工厂加工后送到西部多家工厂，最后提取。整个工艺流程要经过大半个中国，缺少一道工序也不成。

1964 年 10 月 16 日下午 3 时，我国西部地区新疆罗布泊上空，中国第一次将原子核裂变的巨大火球和蘑菇云升上了戈壁荒漠，第一颗原子弹爆炸成功。

◀中国第一颗原子弹爆炸成功

“神舟”飞船遨游太空

▲用于中国首次载人发射的「长征」二号F型运载火箭

1999年11月20日凌晨，甘肃酒泉航天发射基地在发射场内新建了高达百米的载人发射塔，在发射塔上，一艘大型运载火箭屹立着。这是一艘在“长征”二号捆绑式火箭基础上改进研制的“长征”二号F运载火箭，火箭顶端安装着“神舟”一号试验飞船。6时30分7秒，火箭发射，10分钟后，“神舟”一号与火箭分离，并准确进入预定轨道。

▲「神舟」一号

叩开了中国的载人航天之门

“神舟”飞船是我国研制的第一艘宇宙飞船。“神舟”一号入轨后，分布于中国大陆的地面测控站和身处太平洋、印度洋海域的“远洋”一号、“远洋”二号、“远洋”三号和“远洋”四号测量船接力式地对它进行跟踪测量，并把各项测量参数汇总到位于北京的指挥控制中心。

地面各观测站在飞船飞行期间，还对飞船内部的生命保障、姿态控制系统进行了充分的测试，结果基本达到了设计要求。在绕地球正常飞行了21小时后，地面指挥中心向飞船发出了姿态调整、轨道舱分离、反推发动机启动等一系列指令。

21日凌晨3时，“神舟”一号顺利完成了返回地球的准备工作，进入返回轨道。再入大气层后，“神舟”一号按预定指令依次打开引导伞、减速伞和主伞，徐徐下落。在接近地面时，主伞自动抛落，着陆缓冲发动机在距地面仅1.5米高时点火，进一步减速，使飞船平稳安全落地，着陆点在内蒙古中部地区。

▲发射前酒泉卫星发射中心科技人员为「神舟」四号加载中国航天「模拟人」

至此，中国载人飞船的首次不载人轨道飞行试验获得圆满成功，这一壮举揭开了中国航天史的新篇章。中国的载人航天之门从此被叩开了。

航天事业走在世界前沿

之后的2001年1月10日“神舟”

▲『神舟』六号在酒泉卫星发射中心发射成功

二号飞船发射升空，首次在飞船上进行微重力环境下的空间生命科学、空间材料、空间天文和物理领域的科学试验；2002 年 3 月 25 日“神舟”三号发射并用了 6 天零 18 小时围绕地球飞行了 108 圈，“神舟”三号还搭载有多个试验装置以及植物的种子等；2002 年 12 月 30 日，“神舟”四号发射。至此，我国已经做好了发射中国第一艘载人飞船“神舟”五号的全部准备工作。

2003 年 10 月 15 日，中国在酒泉卫星发射中心进行首次载人航天发射。10 月 16 日，航天员杨利伟走出返回舱，标志着我国首次载人航天飞行圆满成功。

▲搭载着我国首颗探月卫星“嫦娥一号”的“长征”三号甲运载火箭在西昌卫星发射中心三号塔架点火发射

“神舟”五号宇宙飞船的成功发射与返回，震惊了世界，这标志着中国成为继苏联和美国之后世界上第三个掌握太空载人技术的国家，中国的航天工业历史性地走在了世界的前沿。

2005 年 10 月 17 日，中国又一次成功发射了“神舟”六号宇宙飞船。“神舟”六号搭载了两名航天员，围绕地球飞行了整整 119 小时，也就是 5 天，各项技术比“神舟”五号都先进了很多。

2007 年 10 月 24 日，中国发射首颗绕月人造卫星“嫦娥一号”，主要用于获取月球表面三维影像、分析月球表面有关物质元素的分布特点、探测月壤厚度、探测地月空间环境等。

相关知识全接触

“神舟”六号刷新我国载人航天的多项纪录

第一次进行多人多天太空飞行试验。“神舟”一号到四号是无人驾驶太空飞行试验，“神舟”五号是一人一天的太空飞行试验，“神舟”六号是两人多天的太空飞行试验，为未来航天员在空间站生活和工作奠定了基础。

第一次进入轨道舱。航天员首次往返轨道舱，进行了失重状态下的关闭返回舱门及检漏试验。

第一次进行真正有人参与的空间科学试验。杨利伟在“神舟”五号上没有进行真正意义上的空间科学试验。这次费俊龙、聂海胜参与的空间科学试验包括：实施对地观测、海洋污染监测、大气状况监测、植被状况监测以及生物科学和材料科学的研究。

第一次在太空生活中的创新：航天员完成压力服穿脱试验、吃上热食和复水食品、使用“太空马桶”、喝上采自地下 1700 米的矿泉水、自测血压、在睡袋里睡眠、拍摄到首次在轨干扰力试验。

美德篇

Part 7

一个人，会因拥有美德而变得更美丽，一个国家，会因拥有美德而变得更和谐；一个世界，会因拥有美德而变得更缤纷。

中华美德是中国传统文化中独一无二的瑰宝。中华民族创造了中华传统美德，同时又在中华美德的哺育下发展壮大起来。我们理所当然要继承我们祖先给予我们的这笔丰厚的礼物，并把中华美德发扬光大。

虞舜孝行

虞舜耕田

◀孝顺的舜

虞舜，本姓姚，名重华。舜的出身很惨，舜的父亲瞽瞍年纪大了，而且十分愚顽，是一个不明事理的人，对舜相当不好。舜的母亲叫握登，非常贤良，但不幸的是，在舜小的时候她就去世了。母亲去世，瞽瞍又娶了个妻子，后母是一个没有妇德之人，生了弟弟象和妹妹系。象性情粗傲，父亲偏爱后母和弟弟，三个人经常联合起来谋害舜。只有妹妹心地善良。

舜对父母非常孝顺。小时候，他受到父母的责难，心中所想的第一个念头便是："一定是我哪里做得不好，才会让他们生气！"于是他更加细心地检省自己的言行，想办法让父母欢喜。如果受到弟弟无理的刁难，他不仅能包容，反而认为是自己没有做出好榜样，才让弟弟的德行有所缺失。他经常深切自责，有时甚至跑到田间号啕大哭，自问为什么不能做到尽善尽美，得到父母的欢欣。人们看到他小小年纪就能如此懂事孝顺，没有不深为感动的。即使在父亲、后母和弟弟都将他视为眼中钉欲除之而后快的情况下，他仍能恭敬地孝顺父母，友爱兄弟。他希望竭尽全力使家庭温馨和睦，与他们共享天伦之乐。

◀孝感动天

舜一片真诚的孝心，不仅感动了邻里，甚至感动了天地万物。他曾在历山这个地方耕种，与山石草木、鸟兽虫鱼相处得非常和谐，动物们也都纷纷跑来帮忙。就连温驯善良的大象，也来到田间帮他耕田；娇小敏捷的鸟儿，成群结队，吱吱喳喳地帮他除草。

人们为之惊讶、感佩，目睹德行的力量是如此巨大。即便如此，舜仍是那样的恭顺和谦卑，他的孝行得到了很多人的赞美传颂。不久，全国各地都知道了舜是一位大孝子。

虞舜继位

那时候尧帝正为传位的事情烦心，听到四方大臣的举荐，知道舜淳朴宽厚、谦虚谨慎。但治理天下唯有德才兼备的人才能胜任。

尧帝把两个女儿——娥皇和女英嫁给了舜，并派了九位男子来辅佐他。希望借由两个女儿来观察、考验他对内的行持；由九位男子来考验他对外立身处事的能力。

在家里，舜并没有因为自己的妻子是帝王的女儿而有所偏爱，他让两位公主和普通的农妇一样去田里干活，并且让她们好好孝顺公婆。这两位公主——娥皇和女英不愧是尧帝的好女儿，不仅把家里家外操持得井井有条，而且多次预先设下巧计，让舜逃过父亲、继母和弟弟所下的毒手，使一家人完整、和睦。

▶舜帝陵庙内古人留下的《二妃苦竹图》

有一次，瞽瞍让舜上房修补屋顶。舜上去之后，想不到瞽瞍就在下面放火。大火熊熊往上燃烧，就在万分危急的时刻，只见舜两手各撑着一个大的竹笠，像大鹏鸟一样从房上从容不迫地跳下来，原来聪慧的妻子早已有所准备了。

又有一次，瞽瞍又让舜去凿井，舜在两位夫人的预先安排之下，在井的半中腰，从一旁又凿了一个横向的通道。当舜下到井底深处后，瞽瞍就和象一起往井里倒土，要把舜埋在里面。正当他们得意洋洋地以为舜这次必死无疑之时，没想到舜却安然无恙地出现在他们面前。即使在这样的情况下，舜仍然没有丝毫怨言，一如既往地履行为人子、为人兄的本分。瞽瞍他们见害不死舜总不甘心，于是又想请舜喝酒，灌醉后趁机弄死他。娥皇和女英给了舜一包药，要他去洗澡。第二天舜去赴宴，喝了一天也没醉，瞽瞍他们的计划又落空了。

历经种种考验之后，尧帝并未马上将王位传给他，而是让他处理政事 20 年，代理摄政 8 年，28 年之后才正式把王位传给舜。

舜做了帝以后，瞽瞍他们很害怕舜会报复。可舜回乡拜见父亲，还像原来一样孝敬他。又把弟弟封到有鼻去做侯，皇天不负苦心人，舜的孝心孝行，终于感化了他的父母，还有弟弟象。

相关知识全接触

▼王祥卧冰求鲤

卧冰求鲤

晋朝时，有一个叫王祥的人，亲生母亲很早去世了，父亲续娶的妻子朱氏做了王祥的母亲，也就是王祥的继母。

这位继母心胸狭窄，在王祥的父亲面前多次说王祥的坏话，坏话说得太多，父亲也不由得相信了。正因为这样，致使他失去了父亲的信任与关爱。

但王祥还是和以前一样，对待父母极为孝顺。正值寒冷时节，继母想吃活鱼。隆冬季节，河水都已结冰，上哪儿去找新鲜的鱼呢？王祥在岸边伫立良久，脱下自己的衣服，赤身卧在冰上，希望能用自己的体温把冰溶化。

忽然之间，坚冰自动裂开，裂口处蹦出两条活鲤鱼，王祥高兴地拿着这两条活鲤鱼回家孝敬继母。

老莱斑衣

◀老莱子相传即老子

老莱子，春秋时期楚国人，关于他的生平众说纷纭。《史记》怀疑老莱子就是老子，但是历史上并不可考，所以他真正的名字没有人知道。

老莱子生性非常孝顺，侍奉父母尽心尽力，事事体贴入微，关怀备至。父母亲在他无微不至的照料下，过着幸福安乐的生活，家里充满祥和。人如果能在晚年安享天伦之乐，这样的人生是多么有意义，多么令人欣慰。

虽然已经年过 70，但是老莱子在父母亲的面前，从来都没有提到过一个“老”字。因为上有高堂，双亲比自己的岁数都要大得多，而为人子女的人，如果开口说老，闭口言老，那父母不就更觉得自己已经走入风烛残年，垂垂老矣了吗？更何况，许多人即使年事已高、儿孙成群，也总是把自己的儿女永远当成小孩一样来看待。

不难想象，一个人年过古稀，他的父母少说也有九十多岁了。对于大多数年近百岁的人来说，身体都会比较虚弱，而且行动不便，耳聋眼花。要跟他讲讲话，可能他已经没有办法听得很清楚了。由于腿脚不太灵活，纵使想要带他们到处去走走看看，也不是一件容易的事情。所以老人的生活，往往都比较孤寂、单调。善解亲意的老莱子很能体恤父母的心情，为了让父母能够快乐起来，他装出活泼可爱的样子，来逗双亲高兴。

在孝顺父母的方式上，老莱子别有一番与众不同。他有一次特别挑了一件五彩斑斓的衣服，非常鲜艳。就在他父亲生日的那天，他身着这件衣服，装成小孩的样子，在父母面前又蹦又跳，一边嬉戏玩耍，一边迈动轻盈的舞步，真像是童心未泯的老顽童。从他挥洒自如的动作中，还可以看出，为了不让父母操心，天性孝顺的老莱子，对身体的健康始终非常关注。所以虽然年过 70，但还能轻

▲老莱子彩衣娱亲

松活泼地在父母亲的面前，迈动轻快诙谐的舞步，让父母欢喜。

一天，厅堂旁边刚好有一群小鸡，老莱子一时兴起，就学老鹰抓小鸡的动作，来逗双亲高兴。一时鸡飞狗跳，热闹不已。小鸡一颠一颠地到处跑，特别可爱。而老莱子故意装成非常笨拙的样子，煞费苦心，而又无可奈何。看到这番情景，双亲笑得合不拢嘴，温馨的画面，流露出人伦至孝的光辉。

▲老莱子山庄是老莱子隐居自耕奉养双亲的庄园，其内陈列着中国古代著名的二十四孝故事的蜡像

为了让父母在生活上有喜悦的点缀，在日常生活中，他经常会想出一些点子，逗父母欢笑。有一次，他挑着一担水，一步一晃地经过厅堂的前面，见二老闲坐于堂中，他想让父母开心一笑，便假装滑倒。突然扑通一声，做出一个滑稽的跌倒动作，还故意发出婴儿般的啼哭声，以此逗父母笑。

“这个孩子真是养不大，拿他一点办法都没有。”父亲哈哈大笑，母亲一旁说着。年纪大的人眼睛昏花、耳朵不灵，行动更是不便，老莱子就在家里扮演一个快乐的丑角。他从没有把自己当成是年纪大的人，在父母面前，他永远都像小孩子那样活泼可爱。

为了让父母亲过上幸福快乐的生活，老莱子想尽种种办法来体慰父母的心。他把这句善体亲心的话，发挥得淋漓尽致。这个幸福的家庭，千百年来，令人羡慕不已，赞叹不尽。有诗赞曰：

戏舞学娇痴，春风动彩衣。双亲开口笑，喜气满庭帏。

相关知识全接触

老莱子的“孝”

老莱子的“孝”，是以返“朴”归“真”为内容的“人性”复归意义上的“纯孝”。“孝”是人伦的核心内容，孝敬父母、善事长辈是无条件的。如果孝敬父母、善事长辈是有条件的，便是“伪孝”。

老莱子的“孝”，一方面是对春秋末期代表奴隶主贵族统治的霸政所带来的社会伦理破坏的批判，另一方面也表达了自由民和小生产者对社会伦理的理想追求。虽然这种追求不免带有空想色彩，然而这的确是阶级社会中被压迫、被剥削的劳动人民对正常的社会伦理的一种企求。

这种“孝”，同无私的母爱、父爱一样伟大，是劳动人民所追求的，是帝王和统治阶级内一切有“良知”的人所羡慕的。当然，在阶级社会中这种“孝”是很难实现的，然而人们总是如老莱子一样，希望着、追求着。正因为如此，老莱子的“孝”几千年来为炎黄子孙称道、传诵。

仲由负米

▲仲由为亲百里负米

中国有句古语："百善孝为先"。意思是说，孝敬父母是各种美德中占第一位的。一个人如果都不知道孝敬父母，就很难想象他会热爱祖国和人民。古人说："老吾老，以及人之老；幼吾幼，以及人之幼。"我们不仅要孝敬自己的父母、爱护自己的孩子，还应该尊敬别人的老人、爱护别人的孩子，在全社会形成尊老爱幼的淳厚民风。

仲由是春秋时鲁国人，字子路，是孔子的学生。仲由小的时候家境贫寒，长年靠吃粗粮野菜度日，但他非常孝敬父母。

他觉得自己吃野菜没关系，但怕父母营养不够，身体不好，很是担心。

家里没有米，为了让父母吃到米，他必须要走到百里之外才能买到米。百里之外在当时是非常远的路程，可仲由为了能让父母吃到米，不论寒风烈日，都不辞辛劳地跑到百里之外买米背回家。

冬天，冰天雪地，天气非常寒冷，仲由顶着鹅毛大雪，踏着河面上的冰，一步一滑地往前走。抱着米袋的双手实在冻得不行，便停下来，放在嘴边暖暖，然后继续赶路。

夏天，烈日炎炎，汗流浃背，仲由都不停下来休息一会儿，只为能早点儿回家给父母做可口的饭菜；遇到大雨时，仲由就把米袋藏在自己的衣服里，宁愿淋湿自己也不让大雨淋到米袋；刮风就更不在话下。

虽然买米是这样辛苦，但是仲由却毫无怨言，孝敬之心始终没有间断和停止过。如此的艰辛，却能持之以恒，实在是极其不容易。

后来仲由的父母双双过世，他南下到了楚国。楚王聘他当官，给他很优厚的待遇，一出门就有上百辆的马车跟随，还囤积了上万钟的粟米，坐的地方垫着厚褥子，所吃的饭菜很丰盛，每天山珍海味不断，生活非常富足。

▲位于濮阳县城北5千米处的仲由墓

但他并没有因为物质条件好而感到欢喜，反而时常感叹。他是多么希望父母能在世和他一起过好生活，可是父母已经不在了，即使他想再负米百里之外奉养双亲，也是不可能了。

单衣顺母

▲闵损单衣顺母

闵损是春秋末年鲁国人，字子骞。曾拜孔子为师，是孔子弟子中著名的“七十二贤”之一。

闵损的母亲在他很小的时候就不幸过世了。父亲怜他衣食难周，便娶后母照料子骞。后母起初对子骞还可以，几年后，后母生了两个儿子，从此对子骞与以往有了很大的差别，有好吃的，就偷偷地给自己亲生的两个儿子吃，而不给子骞吃，还经常不让子骞吃饱饭。子骞对这些事情从不在意，也从来不和父亲讲。

冬天到了，由于家里穷，棉絮就比较难得，后母做棉衣时很偏心，给亲生儿子用厚厚的棉絮，却给子骞用芦花絮。后母的两个孩子穿着保暖的棉衣，就算是在户外玩耍小脸也是红扑扑的。可怜的子骞却裹在单薄的芦花做成的衣服里，数九寒天，子骞衣单体寒，经常被冻得四肢僵硬、脸色发紫，但他默默忍受着。就是在这种极大的差别中，子骞也从来没有一点儿怨言。

一天，天气非常寒冷，子骞的父亲外出办事，要子骞驾车。冰天雪地，子骞身上芦花做的衣服哪里能抵挡得住冬天的严寒！一阵寒风吹过，子骞由于寒冷剧烈抖动的身体实在没法抓紧缰绳，一失手，驾车的辔鞍就掉了，自己也摔到了地上，划破了衣服，露出了芦花。

坐在后面的父亲由于马车的震动身体猛晃，很是生气，心想：这么大了连马车都驾不好！便要下车呵斥。正要斥骂时，突然发现子骞脸色发紫，浑身颤抖，很是奇怪，突然看到子骞划破的衣服里满是不能御寒的芦花，顿时脸色大变，眼睛湿润。

原来，子骞的“棉衣”里全都是一丝丝的芦花絮，没有一片棉花的影子！这样寒冷的天气，怎么能忍受得了呢？让孩子在这三九天里受这样的冻，这样的苦，是自己没有尽到做父亲的责任啊！

这时，父亲火冒三丈，他没想到同床共枕的妻子竟然如此狠心，居然对一个小孩子都这么漠然，回到家后就决定把妻子赶出门去。子骞看到后母和两个小弟弟抱头痛哭，难分难舍，扑通一声跪在地上，含泪抱着父亲说：“母亲在的时候，只有我一个人寒冷，可是如果母亲不在了，家里的三个孩子都要受冻挨饿了。”他的这番话使父亲非常感动，于是就不再赶他的后母了。

看到子骞一点儿都不怀恨于心，后母深受感动，她对自己的行为感到非常后悔，从而改变了自己错误做法，把子骞当成自己的孩子一样爱护。从此母慈子孝，合家欢乐。

曾参杀猪

◀孔子的学生曾参

曾参（公元前 505~ 公元前 436）是孔子的学生。他自幼立志将言而有信作为做人的基本品德。长大后，他当官、处事，时时坚持以信为本。《论语》上记载了曾参的修养原则："吾日三省吾身：为人谋而不忠乎？与朋友交而不信乎？传不习乎？"

曾参很孝敬父母，也懂得为人父母之道。他强调做人要诚实，也用这个原则来对待和教育自己的孩子。

有一天，曾参的妻子要上街，小儿子拉着她的衣襟，又哭又闹，要求跟着去。曾参的妻子被闹得没有办法，为了摆脱儿子的纠缠，便哄他说："好孩子，你在家等着，你父亲回来，让他杀猪给你煮肉吃。"孩子被哄回家去了。

曾参回到家，看见小儿子在摆弄菜刀，便一把夺下，并问其原因，儿子说："母亲亲口答应我，让你给我杀猪！"

曾参想：现在不过年不过节，猪也不肥，如何能杀猪，便斥责儿子："小孩子不准撒谎。"儿子认真地说："孩子自幼受父亲教诲，从不敢撒谎。但母亲答应我杀猪，要是不杀，算不算不守信用？"

曾参听后高兴地说："既然你母亲答应了，说杀就杀！"于是，父子俩便磨刀捆猪忙起来。

曾参的妻子回到家，只见曾参拿着绳子在捆猪，旁边还放着雪亮的尖刀，正准备杀猪。妻子忙制止他说："我刚才是和孩子说着玩的，并不是真的要杀猪呀！"

曾参说："孩子是不能欺骗的。孩子小，什么也不懂，只会学父母的样子，听父母的教训。今天你说话不算数，骗了孩子，就是在教孩子讲假话。再说，母亲骗了孩子，孩子觉得母亲的话不可靠，以后再对他进行教育，他就不容易相信了。这样做，对家教是很不利的。一头猪算得了什么，让孩子从小养成诚实守信的品行，才是关系他一辈子的大事啊！"

结果，他说服了妻子，把猪杀了。

曾家的这头猪也许还没有养到该杀的时候，他杀了这头猪是一个损失。可是，换来的却是在孩子面前一个诚实的形象。同时，他的做法对他的妻子也是一个教育，让她记住：作为一个母亲，无论什么时候，也不应该在孩子面前说假话。

▲三省堂是为纪念曾子"吾日三省吾身"而建，院中原有三省堂、斋居所、神庖等建筑，清末倒圮

季札让国

▲延陵季札雕像

季札是周朝吴国人，因受封于延陵一带，又称“延陵季子”。他的父亲寿梦是吴国的君主，季札是四兄弟中最有德行的，所以寿梦一直有意要传位给他。季札的兄长也都特别疼爱他，认为季札的德行才干足以继承王位，所以都争相拥戴他即位。但是季札不肯受位，坚持要把王位让给哥哥。

哥哥诸樊觉得自己的德能远在季札之下，一心想把持国的重任托付给他，但被季札婉言谢绝了。他说：“曹国之人想拥立贤能的子臧为国君，来取代无德的曹王，但被子臧所拒绝。为了坚守臣民应有的忠义，并打消国人拥立的念头，子臧离开曹国，奔走到了宋，使曹国的君主仍然得以在位执政。子臧谦恭无争的美德，被人们赞美为能‘守节’的盛德之人。前贤的殷鉴历历在心，国君的尊位哪里是我季札所希求的呢？虽然我无德，但祈求追比贤圣则是念念在心啊！”

季札的厚德感动了吴国人，他们如同众星捧月般，一心想要拥戴季札为王。季札不得已退隐于山水之间，每日躬耕劳作，以表明他坚定的志节，才彻底打消了吴人的这个念头。

有一次，吴国派遣季札出使鲁国。到了鲁国，季札听到了蔚为大观的周乐。季札以深密的感受力和卓绝的见识，透析了礼乐之教的深远蕴涵以及周朝的盛衰之势，语惊四座，使众人为之侧目。

◀鲁国故城

季札出使郑国之时，见到了子产。他们一见如故，就好像是多年的知心之交。季札对时局有着异常明晰的洞察力，临别前，他语重心长地对子产说：“郑国的国君无德，在位不会很久，将来国主的位置一定会传到你的手中。你治理郑国的时候，务必要谨慎，务必以礼来持国，否则郑国很难避免败亡的命运。”言之谆谆，当子产目送季札远去时，仍然觉得音犹在耳，心里不禁万分怅惘。

▶传说季札去世后，墓前立有孔子手书『呜呼有吴延陵君子之墓』10个古篆字碑

吴王诸樊一直到过世之前，都还念念不忘弟弟季札。他留下遗训，让后人将王位依次传给几位弟弟，这样最终就能传到幼弟季札的手里，以满足先王寿梦生前的遗愿。但被季札再一次拒绝了。为了表明自己坚定的决心，他再度归隐而去。

刘邦敬老得贤臣

◀汉高祖刘邦雕像

高阳（今河南杞县西边）有位很有韬略的老人名叫郦食其，酒量大得惊人，少年时就嗜好饮酒，常混迹于酒肆中，自称为高阳酒徒。

刘邦知错得贤才

公元前209年，陈胜、吴广打起“伐无道，除暴秦”的旗帜，于是天下群雄起而响应。项梁、项羽起兵于会稽，刘邦发难于沛县。当陈胜、项梁等起义军路过高阳时，郦食其非常轻视他们，认为他们都是些鼠目寸光之辈，不足以举大事，只对刘邦十分敬仰，说他有雄才大略，可以和他一起共事。

不久，刘邦和项羽兵分两路进军关中，楚怀王与他们约定，先进入咸阳者为关中王。

刘邦率领大军直捣秦国国都的门户——函谷关。他途经高阳，要消灭驻扎在那里的秦军。

郦食其来到刘邦居住的驿舍，进到屋里，看见刘邦正坐在床边，让两个女子给他洗脚。这不是见贤者之礼，郦食其故意慢慢腾腾地走到刘邦面前，作揖而不拜。刘邦见来人是个约60岁的儒生，就坐在床边纹丝不动。

郦食其看到刘邦这样傲慢无礼，非常生气，高声问道：“足下带兵到此，不知是帮助秦国攻打起事的诸侯呢？还是帮助各诸侯讨伐暴秦？”

刘邦听他说话这么随便，明知故问，也不下拜，举止故作斯文，于是大动肝火，吼道：“你真是一个不识时务的书呆子！天下人谁没有尝过暴秦的苦头？天下的豪杰都讨伐秦，我怎么会去助秦？”

郦食其不紧不慢地说：“我是高阳酒徒，不是什么书呆子。足下如果真心讨伐暴秦，为什么见到年长的人这样无礼？您对待贤人这样傲慢，谁还愿意为您献计献策呢？没有贤才相帮，仅凭个人的力量是推不倒暴秦的。”

▲函谷关是我国历史上建置最早的雄关要塞之一，因关在谷中，深险如函，故称函谷关

刘邦听了这番话，知道自己失礼了，急忙擦脚穿鞋，整好衣冠，向郦食其道歉，请他上座，并立刻谢罪说：“过去听人说过先生的容貌，今天见面才知先生的来意，不知如何破秦?”

郦食其见刘邦改变了态度，又虚心求教，便对他说：“足下的兵马还不到1万，就打算长驱攻入秦国的国都，这好比是驱赶着羊群扑向老虎，只能白白送命。依我看不如先去攻打陈留，陈留是战略要地，交通四通八达，城中积存的粮食很多，作为军粮足够用。我又认识县令，让我来劝说他投降，如不投降，你可以举兵攻打，我做内应，大事就可成功。”

郦食其向刘邦献出了这条妙计，刘邦非常高兴，请郦食其先行到陈留，然后选派一员大将领一部分精兵赶到。

郦食其来到陈留县，向县令陈说利害，希望他能投降刘邦。县令因惧怕秦法的苛重，不敢贸然从事，予以拒绝。

▶虽然西楚霸王项羽力能扛鼎，但在楚汉争霸中还是输给了汉王刘邦

就在当天，郦食其率众杀死了县令，并将县令的人头抛到城下，并派人报告刘邦。

刘邦见大事已成，就引兵攻打县城，并大声疾呼：“将士们赶忙投降，你们的县令已被砍头了！要不然，你们也要被砍头的。”城上守军见县令已死，无意再守，开城投降。

第二天，刘邦的大队人马进入陈留。由于郦食其事先早已为刘邦写好了安民告示，刘邦一进城，就受到百姓的欢迎。刘邦看到陈留果然贮有大量的粮食，十分佩服郦食其的神机妙算，于是封他为广野君。

刘邦在陈留招兵买马，军队扩大了将近一倍，抢在项羽之前攻入了关中。最后统一了天下，建立了汉朝。

郦食其的悲惨结局

公元前204年楚汉相争时，郦食其建议刘邦说：“楚汉相争久持不下，这样百姓骚动，海内动荡，人心不安。希望你急速进兵，攻取荥阳，有了粮食，并且占据了险要地方，天下就归属于你了。”并说自己愿意去说服兵众将广、割据一方的齐王田广。

刘邦采纳了郦食其的建议，派他去游说齐王。

郦食其到了齐地，向齐王晓以利害，齐王欣然同意。他罢兵守城，天天和郦食其纵酒谈心。这时由于韩信乘机攻齐，被齐王误解，认为这是郦食其出卖了他，于是将郦食其烹杀。

临死前，田广对他说：“你能阻止汉军，我就放了你。”郦食其说：“举行大事，就不要顾及细小的事，大的德行，我不会推辞，你也不必多说了。”说罢慷慨就义。

郦食其为汉朝立下了汗马功劳，但他的名字却往往不为人所知道，但“高阳酒徒”却是家喻户晓。

黄香温衾扇枕

▲温衾扇枕的黄香

黄香是东汉湖北江夏人，在他9岁时，母亲就去世了，黄香十分伤心。虽然只有9岁，但他已深深懂得孝的道理。在母亲生病期间，小黄香一直不离左右，守护在母亲的病床前。母亲去世后，黄香每天都非常思念去世的母亲，常常潸然泪下，乡里的人看到他思念母亲的情景，都称赞他是个孝子。

失去了母亲的黄香，更把全部的孝心都倾注于父亲身上，他对父亲更加关心、照顾，家中的大小事情都亲自动手去做，一心一意服侍父亲，尽量让父亲少操心。

三伏盛夏，酷热难当，黄香家低矮的房子更是格外闷热，而且蚊蝇很多。到了晚上，大家都坐在屋外乘凉聊天。小孩子这时总是会乘机要求大人们讲故事，要不就是追逐着在夜幕下玩耍。入夜了，大家也都困了，准备睡觉去了，这时才发现小黄香一直没在这里。

原来，细心的小黄香担心劳累一天的父亲因天气太热，睡不好觉，为了让父亲休息好，晚饭后，黄香总是拿着扇子扇枕席，把蚊蝇赶跑，还要扇凉父亲睡觉的床和枕头，使劳累了一天的父亲早些入睡。左手扇累了，换右手，右手酸了，再换左手。

就这样一下又一下的扇着，一直扇到席子已经暑气全消，黄香才会去请父亲上床睡觉。一夜、两夜……整整一个夏天都是这样。

过了秋天，隆冬来临，天气特别寒冷，每到晚上整个屋子就冷得像冰窑一般。那时，农户家里没有任何取暖的设备，确实很难入睡。要是碰上下雪的日子，就更难过了。

一天，黄香晚上读书时感到特别冷，捧着书卷的手一会儿就冰凉冰凉的了。他想：这么冷的天气，爹一定很冷，他老人家白天干了一天的活，晚上还不能好好地睡觉……想到这里，小黄香心里很不安。为了让父亲少挨冷受冻，他读完书便悄悄走进父亲的房里，给他铺好被子，然后脱了衣服，钻进父亲的被窝里，用自己的体温温暖了冰冷的被窝之后，再请父亲去睡，这样父亲就可以免去寒冷之苦了。

黄香用自己的孝敬之心温暖了父亲的心。日复一日，年复一年，黄香的孝行传遍了左邻右舍，传遍了全县，也传遍了全国。人人都夸奖黄香是个孝顺的孩子。有诗赞曰：

冬月温衾暖，炎天扇枕凉。儿童知子职，千古一黄香。

郑板桥教子

郑板桥名燮，字克柔，号板桥，晚年署作板桥老人，江苏兴化人，是清代著名的书画家、诗人，“扬州八怪”之一。他的诗、书、画皆享有很高的声望，被人称为“三绝”。

▲三绝奇才——郑板桥

郑板桥52岁时才有儿子，起名小宝。虽然是老来得子，可郑板桥从来不溺爱儿子。为了把儿子培养成有用的人，他非常注重教育方法。

郑板桥被派到山东潍县去做知县，将儿子小宝留在家里，让妻子及弟弟郑墨照管。郑板桥看到当时富贵人家的子弟，又担心自己的儿子被娇惯宠坏，所以他身在山东，而心里却一直挂念着家里的儿子。

▲郑板桥行书五绝扇面

郑板桥知道把儿子小宝委托弟弟郑墨照管会比自己更娇惯，所以他不断抄录很多诗词、民谣寄回家中让小宝读。比如“九九八十一，穷汉受罪毕，才得放脚眠，蚊虫跳蚤出”。小宝在母亲的带领下，背记着诗句，从而明白了许多的人生哲理。

“娇子如杀子”，这是多少人用血泪换取的经验教训。当郑板桥听说在家的小宝常常对别的孩子夸耀：“我爹在外面做大官！”有时还欺侮佣人家的孩子，就立即写信给弟弟郑墨说：“我52岁才得一子，岂有不爱之理！然而爱他要有正确的方式。不能过分溺爱，溺爱不是真正的爱。”所以，他要弟弟和家人对小宝严加管教，注意“长其忠厚之情，驱其残忍之性”。

▲郑板桥行书论书轴，纸本，纵104.4厘米，横54.5厘米。此轴为行书论书法，原文在《郑板桥全集》集外诗文中刊入。未署年月，大约是晚年之作

弟弟和家人按照郑板桥的意愿对孩子进行教育，收效很大，就给郑板桥写了封信，讲了孩子的长进，并说，照此下去，长大之后准是个有出息的人，能当个官儿。郑板桥看完这封信后，觉得弟弟对小宝太姑息了，这样做对孩子并没有什么好处，立即回信说：“我们这

些人，一捧书本，便想中举，中进士，做官，如何攫取金钱，造大房屋，置多田产。起初便走错了路，越来越坏，总没个好结果。”他还说：“读书中举、中进士、做官，此是小事，第一要明理做好人。”

▲郑板桥故居

小宝长到6岁以后，郑板桥就把小宝带在自己身边，亲自教他读书，要求每天必须背诵一定的诗文，并且经常给小宝讲述衣食得来之不易，并让他参加力所能及的家务劳动。到小宝12岁时，他又叫儿子用小桶挑水，天热天冷都要挑满，不能间断。

由于父亲言传身教，小宝的进步很快。当时潍县灾荒十分严重，郑板桥一向清贫，家里也未多存一粒粮食。有一天，小宝向妈妈哭诉自己饿了，妈妈拿一个用玉米面做的窝头塞在小宝手里说：“这是你爹中午节省下的，快拿去吃吧！”

小宝走到门外，高高兴兴地吃着窝头。这时，一个光着脚的小女孩站在旁边，看着他吃。小宝发现这个用饥饿眼神看着他的小女孩后立刻将手中的窝头分一半给了小女孩。郑板桥得知后非常高兴，对小宝说：“孩子，你做得对，爹爹真喜欢你！”

后来，郑板桥身患重病，几经调治不见好转。临终前，他把儿子叫到床前，说：“儿啊！我想吃你亲手做的馒头。”儿子当面不敢违拗，只得答应了。

不久，下人来报：“老爷，少爷说他不会做。”郑板桥说：“他不会去问一问厨师么？唉！今后非饿死不可。”

下人把郑板桥的话对小宝一说，小宝马上去请教厨师。快到吃饭时，小宝费了九牛二虎之力终于把馒头蒸了出来。他连忙装满一托盘，边进房边高兴地叫父亲。谁知走近一看，大吃一惊，父亲早已紧闭双目了。

▲郑板桥71岁时所作之稀世珍品《丛竹图》

司马光卖马

▶诚实守信的司马光

北宋宰相司马光在年老的时候，日子过得比较紧。有一次，家里没有钱用，司马光叫来老仆吕宜，让他把自己骑了多年的老马牵到集市上去卖。临走时，司马光一遍又一遍地抚摸着为他服务多年的马，依依不舍，好一会儿才把马缰绳交给老仆吕宜。

管家把马牵到集市去卖，一位老者欲买，但嫌50缗钱太贵了。管家说："实不相瞒，这是我家司马相公的坐骑，只因现在他忙着编书，用不着它了，才舍得让我来卖。不然的话，50缗钱可不卖！"

老者听后诚恳地说："有幸能买到司马相公的好马，那就货不二价吧，我明日如数带钱来牵马。"

管家回府后，兴奋地将情况报告给了司马光。司马光自言自语地说："这马跟我6年了，真有点儿舍不得……哎！这马有病，我怎么忘了交待呢？"管家说："我知道这马有病，但它膘肥体壮毛色好，谁看得出有病，如说有病怎能卖50缗？"司马光认真地说："不能这样！你明天一定要对买主说清楚，并重新议价，我看30缗就行了。"

◀夏县温公祠内司马光雕像

第二天，管家如实向买马人说明此马有病，并一再说司马相公特意关照不能让买主吃亏上当。集市上知道此事的人都称颂司马光为人诚实。

司马光如此诚实，这在一般人看来，简直是不可思议的。其实，这都是司马光的父亲在他小时候对他严格要求和教育的结果。

在司马光6岁时，有一天他和姐姐一起在父亲书房里玩，砸核桃吃。核桃仁吃着很涩，姐姐对他说："把核桃仁外面的一层薄皮去掉就不涩了。"可司马光无论如何也剥不掉，姐姐帮了一下忙，也没有剥掉，就走开了。

这时，正好有个下人来倒开水，就教司马光把核桃仁放到茶杯里，倒上开水泡一会儿再剥。果然，很容易就把核桃仁的皮剥掉了。

过一会儿，司马光的姐姐又回来了，看到桌子上放着白白的核桃仁，就问司马光："这是谁剥的？"司马光得意地说："是我剥的啊！"父亲听见司马光撒谎，很生气，走到司马光身边严厉地说："这明明不是你剥的，为什么说谎？你这么小就不诚实，以后还有人相信你吗？"

司马光说谎，挨了父亲的批评，从此他决心改过，诚实守信，所以才有了后来"司马光卖马"的故事。

宰相肚里能撑船

宋真宗时期，王旦担任朝廷宰相之职，位高权重，但他处理任何一件事都十分谨慎小心、细致周到。皇上十分器重这样一位尽职尽责的大臣，因此长期让他担任宰相一职，国家大小事情都特别放心交给他办。

▶宋朝名相寇准

当时朝廷还有一位大臣——寇准，他刚直忠正，也是皇帝的左右手。但寇准见王旦官职在自己之上，心里有点不大服气，隐隐约约感到自己屈才。所以他在见到皇上的时候，言语之间不知不觉就会提到王旦，而且不由自主地对王旦的言行有所诋毁。

在朝廷之上，寇准曾公开指责王旦的缺点，当然这缺点可能只是寇准自己认为的，但王旦全都虚心领纳，可谓从善如流。

反过来，因为寇准作为国家重臣，兢兢业业，努力做好自己的本职工作，王旦认为寇准忠心耿耿，足以担当重责大任。因此，每次在皇上面前，王旦都称赞寇准的优点，认为他是一个值得众人学习的榜样。

宋真宗觉得非常惊讶，有一次，他和王旦私人交谈的时候问道："寇准经常说你的短处，你却常称赞寇准，你为什么能这样做呢？"

王旦听了，微微一笑，说道："我在相位已经这么久了，缺失一定很多，但因职位较高，一般大臣都不敢指出我的缺点，而寇准能够直陈我的不足，可见他是正直之人，这也是臣下看重他的原因。有这样的大臣，既是国家之福，也是我的良师益友啊！"

皇上听了，不禁开怀大笑。有一次，寇准私下来找王旦，希望他能向皇上推荐自己当宰相。王旦很是震惊，义正词严地说："当将军当宰相这样的职位，怎么可以去求得呢？"寇准听到王旦这样的回答，感到非常惭愧。

▲当地人民为纪念寇准忧国爱民的政绩，将此楼改名为寇公楼

后来，寇准被朝廷派官为武胜军节度使、同中书门下平章事，他万分感激皇上的知遇之恩，入朝拜谢皇上，泪如泉涌，激动地说："如果不是陛下了解微臣，怎会有臣下的今天？"

皇上对他说："你能当节度使，又能当同平章事，都是王旦推荐的。"寇准知道了事情的真相，对王旦的正直宽宏自叹不如。

友好往来篇

Part 8

中国古语有云：来而不往非礼也。尽管国家之间的交往并不完全是由礼节促成的，而是由经济和文化交流需要才使得各国之间有了交往的实际行为。即便如此，历史上还是流传着许多中外友好往来的佳话。

丝绸之路

▼丝绸之路群雕全貌

在人类历史上，有一条漫长而著名的道路，它承载了东西方贸易、文化的交流，它是人类文明史上最长、最著名的“一条路”。这条路绵延约7000千米，从长安出发，贯穿亚洲，直达欧洲大陆，这就是著名的丝绸之路。

丝绸之路，更确切地说，是一条路线。它是实实在在的路，却又不是普通的路，而是担负着政治、外交、贸易、文化、宗教、技术等多种使命的文明之路。

从古至今，以一种商品来命名一条路，这是先河，而且，它的影响力是世界上任何一条路都无法比拟的。当然，这条路上并不只有丝绸，还有香料、瓷器、纸张等。

◀丝绸之路的『开路人』——张骞

世界公认丝绸之路的“开路人”是西汉的著名人物张骞，是他迈出了艰难的第一步。他成就了丝绸之路，丝绸之路也让他永载史册。

出使大月氏

西汉初年，蒙古草原上崛起了一个强悍的部落——匈奴，它欺压汉朝达数十年之久，而汉朝不得不用“和亲”和“馈赠”等办法来缓和矛盾，即便如此，匈奴依然频频骚扰汉朝北部州郡。

汉武帝继位后，汉朝逐渐强盛起来。他从匈奴俘虏的口中得知，西域的另一个强大部落大月氏与匈奴有世仇，就计划联络大月氏夹攻匈奴，从而彻底消灭匈奴。派谁去完成联络大月氏的重大使命呢？满朝文武竟无人愿当此重任，汉武帝一生气，便下诏悬赏招募能人。汉中人张骞得知此消息后，便以一个小小郎官的身份自告奋勇地应召了。

公元前138年，张骞率领着约100人首次出使西域。可是，他们刚进入河西走廊，就做了匈奴人的俘虏。匈奴首领单于企图诱降他，让他娶妻生子，将他扣留在匈奴部落十余年，但他始终不失汉节。终于，张骞在公元前129年寻机逃脱，继续向西行进，辗转到达了大月氏领地。可是，这时候的大月氏已经安居乐业，报仇雪恨的想法差不多忘光了。

▼丝绸之路地图

他在大月氏逗留了一年多以后，只得返回。归途中，又被匈奴俘获，扣留了一年多。后来正逢单于亡故，匈奴内乱，他才得以再次逃脱。这一次出使前后共花了 13 年时间，于公元前 126 年回到长安。

这次出使虽未达到目的，但张骞向汉武帝述说了 13 年来的奇异经历和所见所闻后，汉武帝大喜，封他为大中大夫。

▲敦煌莫高窟初唐壁画《张骞出使西域》

张骞二使西域

张骞于公元前 119 年第二次出使西域。在出使西域前的几年中，他所从事的事业都与开拓西域息息相关，个人荣辱也系于一生。他曾随军北击匈奴，凭借他对河西一带的熟知，帐前立下汗马功劳，被封为博望侯。又曾配合霍去病远征河西，遗憾的是，他在东部战场牵制敌军，未能取得像霍去病那样的赫赫战功，反而因战败而失侯削爵，被免为庶人。

张骞虽被削为平民，但汉武帝对西域仍念念不忘，经常召见张骞。张骞便献上联络乌孙等国采取怀柔外交的计策。武帝采纳了他的建议，命他再度出使西域，并封他为中郎将。

这次出使与第一次大不相同。他不再担心会成为匈奴俘虏，因为此时匈奴已被击溃逃往漠北，河西走廊已牢牢控制在汉朝之手。同时，这次出使的气派也大多了。他率领三百余人的庞大队伍，带着数以万计的牛羊和不计其数的金银，还有大批最受西域人欢迎的丝绸织物，浩浩荡荡地向西域开进。

这次出使的目的地是乌孙国。到达乌孙后，他又派遣副使到大宛、康居、大月氏、大夏、安息等国。所到之处，无不大量馈赠丝绸，炫耀着大汉的强盛和富有。

一年之后，这些副使纷纷同出使国的使者一同回到汉朝。自此，西域诸国成为汉朝的属国，并开始与汉朝进行频繁的贸易往来。同时，西域各国的商人们不仅仅把汉朝的丝绸等商品销往本国，还继续往西，销往西亚各地。像丝绸、瓷器这些中国的特产，一到了西亚立刻受到了人们的欢迎。当地的商人们又把这些商品继续往西贩运，一直到达了欧洲。从此以后，东西方的商贸、文化交流被打通。这条东起长安的所谓“丝绸之路”一直向西延伸，直达古罗马帝国。随着时间的推移，线路越来越丰富，交流也越来越繁盛。

▼张骞、班超出使西域路线图

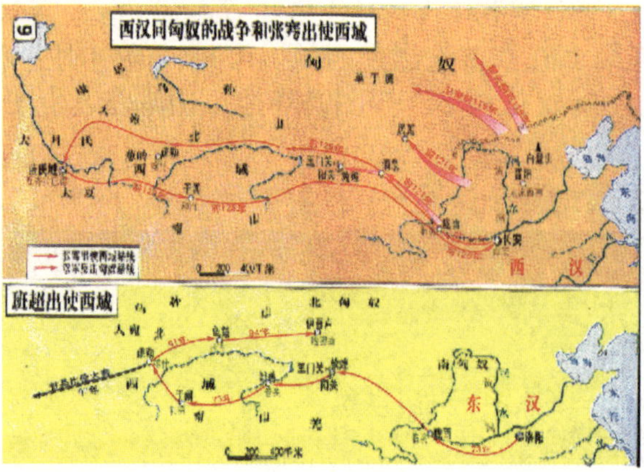

张骞两次出使的目的其实都是政治和外交上的，结果，他的初衷都没有实现，却无意间成就了以商贸、技

术、文化为主要内容的“丝绸之路”。

公元 73 年，汉明帝又派班超率 36 人出使西域，他的副使甘英出使大秦(古罗马)，甘英虽然没有到达大秦，但却到达了遥远的波斯湾，他们的努力保障了丝绸之路的畅通，并进一步拓展了丝绸之路。

古丝绸之路

经过东、西两汉的发展，丝绸之路已基本定型。它东起长安，沿渭水西行，循着河西走廊至敦煌，在敦煌分成了南北两路。南路出阳关，沿着昆仑山北麓一路西行，经和阗、喀什，翻过帕米尔高原，进入阿拉伯地区，一直可通古罗马；北路则出玉门关，到吐鲁番，沿天山北麓西行，再与南路逐渐汇合。进入阿拉伯地区后，丝绸之路的分路则更多，但最终的目的地都是古罗马。

在新疆绵延的丝绸之路上，遗留着许多举世闻名的关隘、城堡、亭障、石窟寺、驿站、墓葬、烽火台。新疆有 14 处石窟寺、约 990 个窟，较大的有克孜尔千佛洞、库木吐拉千佛洞、克孜尔尕哈千佛洞、森木塞姆千佛洞和柏孜克里克千佛洞。这些石窟寺的雕塑、壁画，融中国、印度、波斯文化于一炉，具有独特的艺术风格。除佛画艺术外，对当时各民族居民的生产和生活方式都有生动的反映。

▲位于罗布泊的楼兰古城遗址

古丝绸之路上，最令人神往的莫过于楼兰古城。它处于罗布泊西北角，是丝绸之路的咽喉，曾经有过商旅往来盛极一时的历史，如今只剩下被流沙淹没的古城遗址。其中保存最好的遗址，要数吐鲁番盆地的高昌和交河故城。总之，古丝绸之路留下了无数可供探索的奥秘。

丝绸无疑成了这条路上最重要的商品，同时，印度的香料、波斯的玻璃等奇珍异品也都汇入进来，中亚、西亚、南亚以及欧洲地区的各种物产也不断传入中原。时至今日，棉花、葡萄、苜蓿、胡桃、红花、芫荽、大蒜、胡豆、胡瓜等农作物已成为我国重要的农产品，这些农产品都是那个时代传入我国的。

与此同时，东西方文化的交流，使华夏与古印度、古希腊、古罗马的文明互相交融，创造了更加丰富多彩的灿烂文明。佛教的传入、敦煌艺术的兴盛以及由此在后世衍生出的更加博大精深的中华文化都与丝绸之路息息相关。

在陆地上的丝绸之路繁盛的时候，海上的丝绸之路也被开辟出来。海上丝绸之路产生于汉代，到了唐、宋以后中国造船技术高度发展。船大可经风浪，加之有罗盘针，中国与印度、波斯、阿拉伯等国的商船便经常往来于南洋和印度洋之间，频繁地进行航海贸易。史学家们便把中国南方海上西行的道路称为“海上丝绸之路”。到了明朝郑和下西洋的时候，海上丝绸之路发展到了顶峰。

金佛西来

东汉汉明帝时期，从西方传来一门宗教，这门宗教最后成为中国宗教史上最重要的宗教，也为中国哲学添上了浓重的一笔。

▶佛祖释迦牟尼的父亲净饭王生病时，佛祖不顾传经说法的劳累，日夜守候在父亲的身边。父亲病逝后，释迦牟尼又强忍悲痛，亲自抬棺送葬

求取佛经

有一天，汉明帝做了个梦，梦里看见有个金人，头顶上有一道白光，绕着大殿飞行，然后升到天空，往西去了。第二天，他把这个梦告诉大臣们，许多大臣说不出那个头顶发光的金人是谁。有个博士傅毅说：“天竺有神名叫佛。陛下梦见的金人准是天竺的佛。”

傅毅所说的天竺就是现在的印度次大陆，是佛教创始人释迦牟尼出生的地方。释迦牟尼约出生于公元前 565 年，原是个王子。传说他在 29 岁那年，抛弃了王族的舒适生活，出家修道。他创立了一个宗教，叫做佛教。释迦牟尼到处宣传佛教。他传教四十余年，收了不少信徒，大家尊称他“佛陀”。他死了之后，弟子们把他生前的学说记载下来，编成了经，这就是佛经。

傅毅的话引起了汉明帝的好奇心，于是他就派蔡愔和秦景两名官员到天竺去求佛经。蔡愔和秦景经过千山万水，终于到达了天竺国。天竺人听到中国派使者来求佛经，非常欢迎。天竺有两个和尚，一个名叫摄摩腾，一个叫竺法兰，受到了蔡愔和秦景的邀请，到中国来讲经。

公元 67 年，蔡愔、秦景带着两个天竺和尚，用白马驮着一幅佛像和 42 章佛经，经过西域，回到了洛阳。汉明帝并不懂佛经，对佛教的道理也不清楚，但是对送经前来的两个和尚倒很尊敬。第二年，他命令在洛阳城的西面按照天竺的式样造了一座佛寺，把送经的白马也供养在那儿，这座寺就叫白马寺。汉明帝并不懂佛经，王公大臣也不相信佛教，所以到白马寺去烧香的人并不多。

汉明帝虽然派人求经取佛像，但他其实并不相信佛教，倒是提倡儒家学说。他还亲自到太学（我国古代的最高学府）去讲过经（这里指儒家的经典书籍）。据说去听讲的和观看的，竟有 10 万人之多。虽然那时的人们并不相信佛教，可是，佛教却在中国扎下了根。

达摩传经

经过漫长的发展，许多中国人开始信仰佛教。到了魏晋南北朝时期，佛教已形成了不小的规模。这时，另外一个从印度来的和尚达摩，又一次把佛教的一个宗派——禅宗带入中国。

南朝梁代年间，梁武帝非常信仰佛教。公元520年，他派人把达摩接到南京传法。但是当时南朝的佛教重视讲义理，与达摩的禅宗重坐禅的理论不合。于是达摩便来到北魏，开始在洛阳一带游历，传习禅宗。后来达摩来到嵩山少林寺，从此住下来。

▶达摩面壁图

达摩在少林寺坐禅时，面壁九年，一天到晚默然而坐。他的这种修行方法，又被称为“壁观”。传说达摩渡江北上的时候，并不是坐船，而是在江岸折了一根芦苇，立在苇上过江的。达摩的事迹被人们传颂，越来越多的人们开始相信佛教。达摩死后，达摩的继任者们把禅宗和中国的文化结合起来，使得佛教得到进一步发展。

法显取经

关于佛教早期在中国的传播，不能不提到一位赴印度取经的人，他是我国有记载的最早前往印度取经的僧人，他就是晋朝的和尚法显。法显在20岁时受了戒，当了和尚。由于他修学精勤，已深解不少经论，但那时佛教初传东土，佛教经律论还非常缺少，他深感不足。于是在公元399年，法显和慧景、道整等和尚从长安出发了。法显一行横渡流沙河，穿过荒漠，跋涉葱岭，一路上经过了约有30个小国，终于到达了印度。

到达印度之后，法显一行只剩下他一个人，其他人不是畏难退缩了，就是在途中病死了。法显到了中印度，先投摩揭度国南天王寺。诸长老听说是东土僧人不惧万里艰险而来，十分喜悦，热情给予各种学佛机会。法显在此居住3年，潜心研习梵语梵书，亲自书绘经像，得《摩诃僧祇律》、《萨婆多律》，又手抄《杂阿含毗昙心经》、《方等般泥洹经》等多部经书。法显又参访了一些小国，并专诚到佛陀当年得道的菩提树下朝圣参拜。后来到师子国（今斯里兰卡），得到《弥沙塞律》、《长杂二含》及《杂藏经》等经书。

▶最早去印度取经的晋朝高僧法显

学成之后的法显搭乘商人的大船，循海东返。商船最终到达了我国的青州长广郡牢山（今山东青岛崂山）。青州太守李嶷信仰佛教，听说有本国僧人从天竺取经归来，敬佩异常，亲自带了随从迎接。随后，李嶷把法显送到了南朝宋的京城建业，宋的皇帝将法显留下。之后，法显和西域禅师佛驮罗跋陀罗一起翻译佛经，共译出《摩诃僧祇律》、《方等般泥洹经》等百万余字的佛经。法显还根据旅行见闻，撰成《佛国记》（又名《法显传》），为研究南亚次大陆各国古代史地的重要资料。

后来法显在荆州逝世，享寿86岁。

玄奘取经

◀玄奘像

玄奘，原姓陈，名祎，洛州缑氏（今河南偃师）人。玄奘是他出家后的法号。因为他精通印度佛学中的《经藏》、《律藏》和《论藏》，所以也有人叫他唐三藏。

唐朝初年，玄奘到四川研究佛经。那时候，四川比较安定，从各地来了很多有名的高僧。玄奘向他们请教，学问大有长进。他看遍了国内的佛经资料，有不少问题解决不了。于是，他学习梵文，决心到佛教的发源地天竺去学佛经。

当时中国的西部地区还在突厥的控制之下，唐朝政府严禁百姓私自出境，官府拒绝了玄奘的申请。玄奘没有被困难吓倒，贞观元年（627 年）八月，他跟随一些商人由长安出发，踏上了西行的道路。走到甘肃西部，快到玉门关的时候，玄奘骑的马死了，跟随他的两个小和尚也跑了，后面官府的差役又追了上来，玄奘躲在客店里，不知如何是好。瓜州的州官李昌拿着追捕文书走了进来，问道："师父就是玄奘吧？"玄奘犹豫了一下，没有回答。李昌说："师父如说实话，弟子可以给您想个办法。"玄奘见李昌态度诚恳，就说出了自己的名字。李昌赞叹道："师父决心取经，研究佛法，真了不起，我一定鼎力相助。"说完便撕碎了追捕文书，说："师父赶快走吧，天黑就出不了关了。"玄奘又惊又喜，迅速逃离客店，奔向玉门关。

历尽千辛万苦，玄奘终于来到了高昌国（今新疆境内）。高昌王本是汉人，也是一个佛教徒。他很尊敬玄奘，苦苦请求玄奘留下来，答应给他优厚的酬劳。玄奘说："我远游是为求佛，现在被大王阻留，大王只能留住我的身体，却留不住我的精神。"高昌王还是不让他走，他一连 3 天不吃不喝。到了第四天，高昌王深受感动，答应送他西行，并且送给他衣物、干粮、挑夫和 30 匹马，还给沿途各国写信，请他们保护这位远行的高僧。

此后，玄奘又翻山越岭，整整走了一年，于公元 628 年夏天到达天竺。

在这里，他看到 151 尺高的石像和 1000 尺长的石刻卧佛像，还看到成群的巨象往来运输。他几次横渡恒河，遍访佛教史上的古迹。他访问了伽耶城（今印度比哈尔邦加雅城），那里有一棵 5 丈多高的菩提树，佛教创始人释迦牟尼曾经在这棵树下苦修。他到了佛经中所说的西天灵山，参观了释迦牟尼说法的地址。这些实地考察，使玄奘对佛经的理解更深入。

摩揭陀国（今印度比哈尔邦南部）的那烂陀寺是天竺佛教的最高学府，已经有七百余年的历史，常年有僧徒 1 万多人。玄奘到寺院的那天，约有 1000 名和尚捧着香、花迎接来自中国的客人。

那烂陀寺的住持戒贤是个年过百岁的佛教权威，他早已不讲学了，但是为了表示对中国的友好，特地收玄奘为弟子，重开讲坛，用15个月的时间，给玄奘讲了最难懂的佛经。

玄奘夜以继日地钻研佛经，取得了优异的成绩。在那烂陀寺，能通晓20部经论的有1000人，通晓30部的有500人，通晓51部的只有10人，玄奘就是这10人中的一个。但是他并不满足。10年中，他在天竺到处求教，终于像戒贤一样，通晓了全部经论的奥妙。玄奘博学的声誉传遍整个天竺。

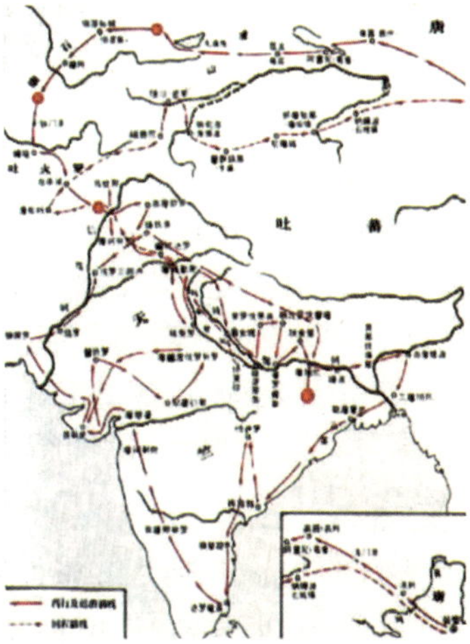
▶玄奘西行图

公元641年，玄奘路经曲女城（今印度恒河西岸之勒克），受到戒日王的欢迎。戒日王是个狂热的佛教徒，他决定在曲女城举行盛大的法会，公开辩论。

辩论大会举行的时候，戒日王邀请玄奘为论主。出席会议的有天竺十八国的国王和六千多位著名的教徒。玄奘坐在为他专设的珠宝床上讲法，他举出许多例子，反复论证他的观点，听讲的人没有一个不佩服的。散会那天，各国国王拿出许多金钱送给玄奘。玄奘分文不要，全部送给贫苦的百姓。

戒日王一再诚恳地挽留玄奘留在印度，还有一位国王甚至表示，只要玄奘肯留下来，愿意为他造100所寺院。但是，玄奘怀念阔别十余年的祖国，他决心回国。临走的那天，戒日王以及当地的印度朋友，挥泪相送了他几十里。

公元645年初，玄奘带着657部佛教书籍，经由西域回到了唐朝的都城长安。这时候，距离他从长安出发已经整整18年了。

玄奘当年出国是违犯禁令偷偷出去的，现在，唐太宗知道了他的全部情况，很佩服他的顽强精神，特地派房玄龄去长安城外迎接他。

玄奘朝见唐太宗，介绍了他旅途的所见所闻和西域、天竺各国的风土人情。唐太宗听得津津有味。他劝玄奘还俗，帮助他治理国政，玄奘婉言谢绝了。

不久，玄奘开始了翻译佛经的工作。他每天五更起床，三更才睡，19年间，共译出74部佛经，1335卷，约1300万字。他的译文流畅优美，忠于原意，有些专用名词，例如“印度”，就是他翻译的时候确定下来的。

▲置有玄奘头顶骨舍利子的佛塔，现安放在西安大雁塔内

长期艰苦的翻译工作耗尽了玄奘的精力，唐高宗麟德元年（公元664年）二月，这位伟大的旅行家和杰出的翻译家去世，葬于长安兴教寺（今陕西西安南郊）。

鉴真六次东渡

鉴真大师像

鉴真（公元688~公元763），唐朝僧人，日本佛教律宗创始人。本姓淳于，扬州江阳（今江苏扬州）人。鉴真东渡，对促进中日关系和文化交流，做出了重要贡献。鉴真作为中日两国友好的使者，立下了不朽的功勋，是值得人们永远怀念的。

接受邀请

唐朝时，日本经常派使臣、留学生、僧人和商人到唐朝访问、学习和通商。因为这些人是政府派遣到唐朝来的，所以被称为“遣唐使”。

这一年，日本第九次“遣唐使”来到了中国，其中有两个年轻的和尚，一个叫荣睿，一个叫普照。他们到中国除了学习佛教，还有一项很重要的任务，就是邀请中国的高僧到日本去讲学和授戒。

鉴真东渡纪念馆

荣睿和普照在中国住了10年，虽然学到了不少佛学知识，可是却一直没有邀请到去日本讲学的高僧，倍感失望。

就在他俩准备动身回国的时候，打听到扬州大明寺的鉴真和尚德高望重，学问高深，还曾给4万人授戒。他俩就立刻从长安赶到了扬州。

可是当见到鉴真的时候，他们又犹豫了。鉴真已经是一个满脸皱纹、年近60岁的老人。这么大的年纪还肯远离家乡、漂洋过海吗？又一想，要是错过这个机会，恐怕再也找不到比鉴真大师更合适的人了。于是，俩人深深地向鉴真施礼，说明了来意，恳求他能到日本讲学授戒。

▲鉴真东渡文物

▲中国人民邮政为纪念鉴真东渡而发行的邮票

鉴真被他俩的真情诚意打动。于是带领弟子一行二十几个人一起去日本。

屡遭失败

鉴真等人先后四次东渡日本都失败了。第五次东渡时，刚出海的时候，船走得又快又稳，鉴真非常高兴。可是没过多久，海面上突然刮起大风，天很快暗了下来，大块的乌云遮住了太阳，风越刮越猛，海水掀起一个接一个像小山一样的巨浪。他们乘坐的那只木船，就像一片无依无靠的树叶，一会儿被海浪高高抛起，一会儿又被埋入波谷。

◀鉴真塑像

船上的人一个个东倒西歪，有的使劲抱着船舱里的木柱子不敢动弹；有的因为晕船，大口大口地呕吐起来。木船在这种险恶的环境里颠簸了一天又一天，随时都有葬身海底的危险。

到了第六天的时候，无情的海风才渐渐平息，海水也慢慢平静下来。船上的人由于几天没吃没喝，加上严重的呕吐，一个个面色青黄，浑身没有一点力气。人们的嘴唇都干得裂了口子，嗓子也好像在冒烟，实在是难受极了，可是船上连一口淡水也没有。

有人用瓢舀了一些海水，尝了尝，又苦又涩，实在不能下咽。

第七天下午，西南天空又出现了一块乌云，人们的心立刻提到了嗓子眼儿。可是，很快他们又高兴地欢叫起来，原来这是片雨云，顷刻之间降起大雨。这真是救命的雨水，人们站在甲板上仰着头，使劲张开干渴的嘴接水喝，又从船舱里把能盛水的器皿都搬出来接满了雨水。

船继续向前驶去，到第十四天，眼前出现了一块大陆地，他们使出最后的力气，拼命地划动船桨，很快就靠岸了。这是什么地方呢？虽说是快到冬天了，这里仍是一片苍翠，到处是挺拔的剑麻、成片的椰林。

原来船走错了方向，他们到了我国海南岛的最南端。这第五次东渡，虽然历尽千辛万苦，却失败了。但他们百折不挠，公元 752 年，日本政府又一次派遣唐使团到了中国。

▲鉴真历尽艰难，最后终于到达日本

遣唐大使听说了鉴真五次东渡的经历，对鉴真极为敬佩，就在第二年 10 月回国的时候，绕路到扬州专程拜访鉴真，并邀请他一同前往日本。

第二年，日本遣唐使团准备回国，鉴真和随行的徒弟、工匠 38 人，都随着这个使团前往日本。经过 1 个多月的航行，终于到达日本。

马可·波罗

◀为东西方文化交流做出贡献的马可·波罗

在世界文明史上，有一位著名的旅行家叫马可·波罗，他不远万里从欧洲来到东方的中国，在中国生活了很长一段时间之后又返回到欧洲，他总结了在中国的游历见闻，写了一部著名的游记《马可·波罗游记》，让西方人第一次见识了中国的富饶和广阔，进一步刺激了后来的地理大发现。

马可·波罗游历中国

马可·波罗的家乡威尼斯是一个古老的商业城市，他家祖辈世代经商，父亲和叔父常奔走于地中海东部，进行商业活动。1260年，他的父亲和叔父经商先到伊斯坦布尔，后又来到中亚的布哈拉，在这里他们俩遇到了一个波斯使臣，并和使臣一起到了中国，见到了元世祖忽必烈。

1269年，马可·波罗已经15岁，他的父亲和叔父从东方回到了威尼斯。他们在东方的见闻，使得马可·波罗既羡慕又向往，他也很想做一个商人来漫游东方。

2年后，马可·波罗的美好愿望实现了。1271年，他的父亲和叔父再次动身来中国，决定带马可·波罗同行。于是，年轻的马可·波罗以意大利威尼斯商人的身份，怀着了解东方的心愿，踏上了东行之途。

▲古老的商业城市威尼斯

他们由威尼斯起程，渡过地中海，到达小亚细亚半岛，经由亚美尼亚折向南行，沿着美丽的底格里斯河流域，到达伊斯兰教古城巴格达，由此沿波斯湾南下，向当时商业繁盛的霍尔木兹海峡前进，继而从霍尔木兹海峡向北穿越荒无人烟的伊朗高原，折而向东。在到达阿富汗的东北端时，马可·波罗由于适应不了高原山地的生活，不幸病倒了，只好停下来疗养。一年之后，马可·波罗恢复了健康，继续前行。

不久，他们又面临翻越帕米尔高原的艰苦行程。久病初愈的马可·波罗以坚强的毅力克服了重重困难，到了喀什，又沿着塔克拉玛干沙漠的西部边缘行走，不久抵达叶尔羌绿洲，继而向东到达和阗和且末，再经敦煌、酒泉、张掖、宁夏等地，费时三年半，于1275年夏抵达元代上都（今内蒙古自治区多伦西北）。上都是忽必烈夏季避暑的行宫，正式国都在北京，当时称为大都，以后马可·波罗等人到达大都，并居住十余年。

马可·波罗到达大都时已经21岁，风华正茂，由父亲和叔父带着他觐见了忽必烈。忽必烈非常高兴，在宫内设宴表示欢迎，并留他们在宫中居住下来。马可·波罗善于学习，很快熟悉了朝廷礼仪，掌握了蒙古语。忽必烈在和马可·

波罗的接触中，发现他具有敏锐的观察力，因此对他很器重，除了在京城大都应差外，还几次派他到国内各地和一些邻近国家进行游览和访问。

马可·波罗出访过云南。他从大都出发，经由河北到山西，自山西过黄河进入关中，然后从关中逾越秦岭到四川成都，再由成都西行到建昌，最后渡过金沙江到达云南的昆明。他还去过江南一带，在他的游记里有淮安、宝应、高邮、泰州、扬州、南京、苏州、杭州、福州、泉州等城市的记载，其中在扬州他还担任过 3 年总督。此外，马可·波罗还奉使访问过东南亚的一些国家，如缅甸。马可·波罗和他的父亲、叔父在中国旅居约 17 年。

1292 年初，马可·波罗护送元室公主前往波斯，离开了大都。他们从福建泉州出海，经苏门答腊、印度等地到达波斯。在波斯登陆并完成使命之后，马可·波罗坐船经伊斯坦布尔，于 1295 年回到了离别约 20 年的家乡威尼斯。

《马可·波罗游记》

马可·波罗漫游东方归来的消息轰动了威尼斯，从社会名流到一般市民，争相看望他的人络绎不绝。马可·波罗带回许多东方珍宝和东方的故事，东方珍宝让他成了一个富豪，人称“百万君”，但东方的故事却让他得了“百万谎言的人”的称号，在很多威尼斯人看来他的故事无异于“天方夜谭”，实在不可信。

马可·波罗回家不久，威尼斯与热那亚两个城市，因为市场竞争，爆发了一场激烈的战斗。马可·波罗为了保卫自身和威尼斯的商业利益，奋勇加入了威尼斯的战斗行列。激战结果，威尼斯舰队大败，热那亚人获得胜利，马可·波罗受伤被俘，关进了热那亚的监狱。马可·波罗因为从东方回来已经有点名望了，虽然禁锢在监狱里，监内监外仍不断有人找他谈东方的事情，而马可·波罗为消磨时光，也经常向监狱里的人叙述东方各国的奇风异物。

他的叙述，特别引起同狱人鲁思梯谦的注意。鲁思梯谦是比萨小说家，从小受到比萨文化传统的熏陶，精通法语，用法语写过骑士小说。他觉得马可·波罗的游历见闻很有意思，如不写成书那是非常可惜的。于是征得马可·波罗的同意，将他的口述，用当时在欧洲流行的法兰西语记录了下来。这样，一部举世闻名的《马可·波罗游记》或称《东方见闻录》就诞生了。

▲马可·波罗纪念币

1299 年，威尼斯与热那亚的战争宣告结束，马可·波罗被释放回威尼斯。从此，他经营商业，并娶妻成家，生有两个女儿，再也没有出外远游。

1324 年，马可·波罗逝世于威尼斯。他的游记《马可·波罗游记》第一次较全面地向欧洲人介绍了发达的中华物质文明和精神文明，将地大物博、文教昌明的中华形象展示在世人面前。从这个意义上说，马可·波罗作为中西文化交流的先驱者，是当之无愧的。

《坤舆万国全图》

▶利玛窦像。这幅画像采用油画技法，把利玛窦刻画得肃穆庄严，右上角太阳的光辉照亮整个画面，在利玛窦的身上充满了宗教的神圣感

在南京博物馆，珍藏着一幅珍贵的世界地图。据记载，这是中国最早的世界地图，它就是明朝末年一位著名的西方文化使者利玛窦绘制的《坤舆万国全图》。不过，利玛窦的原图早已失传，现在南京博物馆珍藏的《坤舆万国全图》是明朝的一个太监根据利玛窦的蓝本临摹的。

利玛窦，字西泰。1552 年出生于意大利。在他 19 岁的时候，加入了耶稣会，并立志传道四方。1577 年，利玛窦乘船到印度传教。后来，他来到中国的澳门。这时中国政府已经允许澳门做葡萄牙人的居留地，耶稣会已创立了一座会所，并且成立了天主教区。利玛窦到了澳门之后，开始学习汉语，准备在中国传教。

1583 年，利玛窦来到广东肇庆拜见当时明朝的新任总督。肇庆是当时广东省的省城，风景非常优美。利玛窦到了那里，首先拜见了知府和王公们。知府对于这位外来的朋友十分欢迎，热情地接待了他。

这时，利玛窦向知府提出一个请求，希望得到一块空地，建造教堂和住处。知府立即派人带他到西门外江边看地方，当时江边正在建筑一座九层高的八角塔，利玛窦觉得这地方非常合宜，就在附近选了一块地。6 个月之后，利玛窦请一些人帮助他修建了一栋欧式洋房。利玛窦建造的房屋，完全是欧式的，下层一共 5 间，中层暂作教堂的一间客厅，上层为教士们住室，前面有一个阳台，从远处看来，式样非常美观，而且与旁边的九层高塔互相辉映。中国的百姓没有见过这样的洋房，很惊奇，利玛窦建造洋房的事情轰动了全城。

从此，利玛窦就常住在肇庆。为了传教，利玛窦开始利用自己知道的知识，通过对数学和地理的研究，并参考欧洲地图，于 1584 年绘制了一张世界地图，并放大尺寸，改绘成中国字的地图，这就是《坤舆万国全图》。利玛窦把这张地图与时晷、报时钟等西方的物品当作礼物，送给当地的中国官员。中国官员都觉得非常新奇，很佩服利玛窦的学问，还得到了一些学者的尊敬。

▼《坤舆万国全图》局部

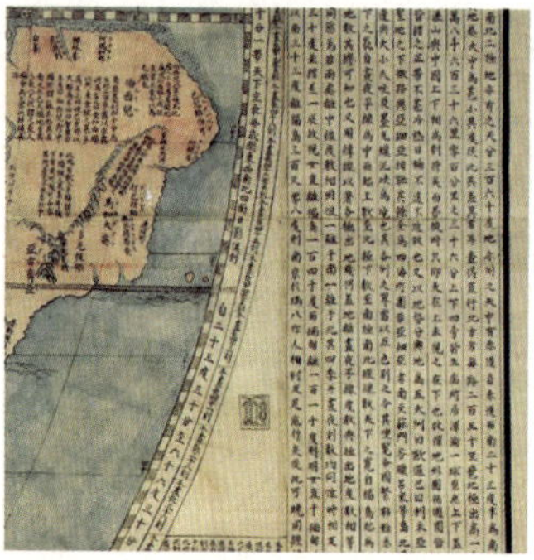

虽然官员们跟利玛窦的关系很好，但是当地士绅百姓与他存在隔阂，称他为“番僧”，不时发生矛盾冲突，有人甚至往他的房屋上扔石头。为了缓解当地百姓的敌对情绪，利玛窦改穿中国式的大褂长袍，决定暂时不谈宗教，并出重金聘请当地有名望的学者介绍中国的情况，讲解经书，以便与中国的知识分子有更多的共同语言。他积极学习中国文化，将天主教义融合进中国的古代

经籍之中，从《中庸》、《诗经》、《周易》、《尚书》等书中摘取有关“天”和“帝”的条目，比做西方天主教义中的天主。

他又用西方科学技术博取当地人民的好感。为吸引中国人的目光，利玛窦还公开展览西方先进的机械制品和科技成果，如钟表、三棱镜、圣母像、地图等。为迎合中国人“中国是中央帝国”的观念，利玛窦改变了世界地图在西方的原始面貌，使中国刚好位于地图中央。这些都引起了中国人的浓厚兴趣，从此利玛窦的住宅门庭若市。他利用在国内所学的知识，致力于制造天球仪、地球仪，成为西方先进自然科学知识的传播者。

此后，利玛窦又在南昌、南京传教游历 10 多年，他的汉语越来越纯熟，中国的民俗越来越深刻地影响了他，他也结交了许多中国朋友。但在大多数人眼里，他仍然只是一个西洋杂货郎。利玛窦听从了中国朋友的忠告，换上儒装，一边学习翻译中国的四书五经，一边接近中国的士大夫阶层，如徐光启等人。他颂扬中国文化的博大精深，融合中西方两种哲学观念，并用先进的科技产品敲开了贵族、官员们的大门。

1601 年，利玛窦带领部分随行人员来到北京，向当时的统治者明朝万历皇帝献上了自鸣钟等西方先进物品，并且把自己绘制的《坤舆万国全图》也献给了万历皇帝。万历皇帝对利玛窦的礼物非常感兴趣，特地在皇宫内为自鸣钟盖了一座钟楼。

▶利玛窦献给万历皇帝的自鸣钟（复制品）

万历皇帝第一次看见那座高大的自鸣钟时，钟还没有调好，于是他命令立刻召见神父们。其实，他不仅对传教士们进贡的礼物感兴趣，也想看看这些送礼的外国人。但最后他并没有亲自接见传教士们，而是派了两个画师去给利玛窦画了像。传教士们被允许在北京长期居住，明政府每隔 4 个月给他们发一次津贴。

由于在北京定居的影响，传教团的地位在短短几年之内就变得十分稳定，天主教的信仰在各地滋长起来，中国成为利玛窦神父主持下的独立传教区。

▶与利玛窦一起合作的徐光启

利玛窦在传教的同时，也和中国许多文人交往，一起研究东西方文化。他与中国的学者徐光启一起合作，根据西方的数学理论翻译了《几何原本》，使得现代数学进入了中国人的视线。

1610 年 3 月，利玛窦因病在北京去世，万历皇帝为他在阜城门外拨了一块墓地。利玛窦的译著有《天学实义》和《几何原本》等。那时候，没有一个西方人在中国的影响比得上利玛窦，他被中国人尊称为“利西泰”。

乒乓外交

新中国刚刚成立时，西方许多国家拒绝承认这个新兴的东方社会主义国家。特别是以美国为首的资本主义国家，长时间同中国没有外交关系。再加上以苏联为首的社会主义国家集团同以美国为首的资本主义国家集团的对立，在新中国成立之后的十几年里，中国同美国等西方国家的正式外交交往几乎为零。到了 20 世纪 60 年代末，毛泽东主席决定改变这种状况。而此时的美国等西方国家也越来越意识到，中国作为一个大国参与到国际社会事务当中是十分重要的，也急切想同中国建立外交关系，但是一直苦于没有机会。

▲1972 年，美国总统尼克松在周恩来总理的陪同下检阅仪仗队

1969 年，尼克松当选美国总统，感到结束越南战争、脱离泥潭必须借助中国的默契配合。而这时，中国和苏联因为珍宝岛事件，关系趋于紧张，苏联在边界线陈兵百万，中方试图确立以遏制苏联为目标的多极均势外交。

中美两国同时产生了接近的要求。1969 年 7 月，美国宣布放宽对中国人入境签证和贸易的限制。10 月，美国通知中国，将停止派驱逐舰到台湾海峡巡逻，并托巴基斯坦和罗马尼亚总统向中国带话，声称不同意苏联关于建立亚洲集体安全体系的建议，希望与中国直接对话。

1970 年 1 月 20 日，中美恢复大使级谈判。但是当年 3 月，又因为美军入侵柬埔寨的事件，中国抗议美国入侵友邦，中美关系再次中断。一直到美军撤出柬埔寨后，中美关系又恢复了。

▲1970 年 10 月 1 日，毛泽东和斯诺及夫人在天安门城楼上。同年 12 月，在和斯诺的谈话中，毛泽东表示欢迎美国总统尼克松访问中国，改善中美两国关系

同年 12 月，毛泽东在接见美国记者斯诺时，请他转告尼克松总统，欢迎他访华。

1971 年 4 月，中国乒乓球队参加了在日本名古屋举行的第 31 届世界乒乓球锦标赛。在名古屋，美国乒乓球队的运动员和中国乒乓球代表团官员经常会碰面，并有了私下的接触。美国乒乓球代表团频频表示，希望能够有机会访问中国。于是，中国乒乓球代表团官员向国内请示，是否能邀请美国乒乓球队访华。

4 月 4 日，美国乒乓球运动员科恩巧合地与中国球员梁戈亮练了十几分钟球，之后，他又无意中搭上了中国球员的交通车。中国的乒乓球运动员庄则栋主动向科恩赠送了一幅绣有黄山风景图的杭州织锦，并和科恩合影留念。后来科恩又回送庄则栋一件带有和平标志的运动衫。这一戏剧性事件被新闻媒体广为报道，产生了极大的影响。

▶获奖的中国乒乓球运动员庄则栋

4 月 7 日是美国队离开日本之前的最后一天。这一天，毛泽东主席决定，同意邀请美国乒乓球代表团访华。这个决定实现了中美两国 1949 年以来的第一次民间交往，“打开了两国人民友好交往的大门”。

4 月 10~17 日，美国乒乓球代表团的 15 名运动员以及 4 名记者来到中国，访问了北京、上海和广州三座城市。美国乒乓球队在中国受到了欢迎，周恩来总理亲自接见了他们。

▶1972 年 9 月，周恩来与日本首相田中角荣在上海机场

美国乒乓球队访问中国的事情在国际上引起了轰动。美国总统尼克松随即发表了声明，宣布了向中国人发放访美签证等 5 个改善中美关系的新步骤。这两件事传达了两国领导人之间希望能够建立友好外交关系的重要信息。

1971 年 7 月，美国国务卿基辛格秘密访问了中国，并和毛泽东主席、周恩来总理进行了会谈和协商。经过这些准备，中美关系之间的寒冰终于解冻了。

1972 年 2 月，美国总统尼克松应毛泽东主席邀请，来到中国进行了正式的国事访问，双方在上海达成了实现两国关系正常化的历史性文件《上海公报》。

▶1972 年 2 月，周恩来总理在机场迎接美国总统尼克松。28 日中美发表《上海公报》

尼克松访华填平了中国与西方国家之间的巨大鸿沟。1972 年 9 月 25~30 日，日本当时的首相田中角荣访华。29 日，中日双方签署了两国政府联合声明，宣布中日两国关系正常化并正式建立外交关系。从此，中国与西方国家的友好外交往来越来越频繁。

美国乒乓球队对中国的访问，是促成中国同西方国家恢复正常友好邦交关系的契机，所以当时的这一外交手法被称之为“乒乓外交”。

图书在版编目（CIP）数据

不能忘记的历史 / 郭漫主编 .-- 北京：航空工业出版社，2007.4（2016.6 重印）
ISBN 978-7-80183-946-6

Ⅰ．①不… Ⅱ．①郭… Ⅲ．①中国历史—青年读物②中国历史—少年读物 Ⅳ．①K209

中国版本图书馆 CIP 数据核字（2011）第 050618 号

不能忘记的历史
Buneng Wangji de Lishi

航空工业出版社出版发行
（北京市朝阳区北苑路 2 号院 100012）
发行部电话：010-84936555 010-84936343
北京阳光彩色印刷有限公司印刷 全国各地新华书店经售
2007 年 4 月第 1 版 2016 年 6 月第 8 次印刷
开本：787×1092 1/16 印张：13 字数：260 千字
印数：44001-49000 定价：29.80 元